運用之妙

庚午 鐵侶武忍記

生有涯學
泰山無涯

為老同學運昌兄文集
泰山履痕題

秀勝

泰山履痕

1990 年 9 月陪同安作璋先生在岱庙读碑（右前为安作璋先生，左前为作者）

1992 年 5 月，陪同康殷先生鉴赏岱庙馆藏青铜器（中为康殷先生，左一为作者）

1995 年 3 月，在罗马考察古城古建筑保护（左一为作者）

1998 年 9 月，陪同世界遗产中心专家莱斯·莫洛伊在泰山实地考察（右为作者）

1999 年 6 月，陪同杨辛先生攀登泰山十八盘（右为杨辛先生，时年 77 岁）

1999 年 9 月在法国巴黎参加联合国教科文组织的研讨会

1999 年 9 月参观巴黎卢浮宫

泰山履痕

米运昌 著

山东画报出版社

济南

图书在版编目（CIP）数据

泰山履痕 / 米运昌著. -- 济南 : 山东画报出版社,
2024. 9. -- ISBN 978-7-5474-5092-5

Ⅰ. K928.3-53

中国国家版本馆CIP数据核字第202488KT20号

TAISHAN LUHEN

泰山履痕

米运昌 著

责任编辑	陈先云
特邀编辑	崔秀娜
装帧设计	王高杰

主管单位 山东出版传媒股份有限公司
出版发行 山东画报出版社
　　社　　址　济南市市中区舜耕路517号　邮编 250003
　　电　　话　总编室（0531）82098472
　　　　　　　市场部（0531）82098479
　　网　　址　http://www.hbcbs.com.cn
　　电子信箱　hbcb@sdpress.com.cn
印　　刷 山东新华印务有限公司
规　　格 170毫米×240毫米　16开
　　　　　　19印张　189千字　57幅图
版　　次 2024年9月第1版
印　　次 2024年9月第1次印刷
书　　号 ISBN 978-7-5474-5092-5
定　　价 68.00元

如有印装质量问题，请与出版社总编室联系更换。

序

我有机会先读了米运昌同志的文集《泰山履痕》。

泰山以巍峨挺拔、历史悠久著称于世，因为自远古至今，泰山就与中华民族的发展密切相关。泰山是中华民族精神的一个象征，是黎民百姓心目中的神山圣山，让世世代代中国人瞻仰和向往。

《泰山履痕》一书，主要的特点是对泰山风景名胜作了客观、真实的介绍，对涉及的内容以求实的态度作了认真的诠释。书中无论是讲古老泰山的形成，还是讲其悠久的历史，都参考众多科研成果和资料，用简洁明了的语言记述了泰山的成因和历史上发生在泰山上下的重大事件。对历史景点，努力用时代前进的变化比较其不同，善于从碑碣刻石内容中点明要点以启发人的思考。文集中每一篇文章都会给读者留下一定的印象。譬如，《岱庙"秦既作畤""汉亦起宫"质疑》一文。作者引用历史资料说明秦畤、汉宫并不是祠泰山之神的场所，不能作为岱庙创建秦汉的证据。但直至今日，仍有许多人在讲述岱庙创建历史时将其引作史据。其实，这也不是一种实事求是的态度，每一件事物，不是越古越好。当然，也可能他们没有读到这篇文章。我们应该按照米运昌的这一观点，正本清源，才是对岱庙古建筑的历史尊重。

米运昌同志 1982 年 1 月从山东师范大学历史系一毕业就分配到泰山管理部门工作。曾是任职八年的泰安市博物馆（岱庙）第一任馆长。后长期担任分管文物工作的泰山管委会副主任。在泰山上下为保护、管理和研究泰山，工作近三十年。20 世纪 80 年代，他有机会聆听了北京大学组织十三个系科的老师对泰山资源考察成果的全国专家评审会；曾是泰安市委、市政府组织的"泰山登天景区"保护建设工程的具体实施负责人之一；他作为建设部组织由 22 个中国历史文化名城所在省市规划局（处）长和全国著名风景名胜区管委会负责人参加的中国古城古建筑考察培训团成员之一，在意大利接受国际古代文化保护修复培训中心（ICCROM）专家的培训，系统考察了意大利罗马古城的保护管理。正是有着深厚的历史专业功底，长期的风景区工作经验，在中外古建和文物管理理念的融合中，米运昌同志从更高的视野管理和研究泰山。也启发他多角度，多视角认识泰山，基于此，他发表的有关泰山的文章和论著，有着自己的观点和感悟。米运昌同志希望把自己对泰山的这些感受及时地告知更多的人，三十年中，笔耕不辍，不时发表文章。为了让大家在有限的精力和时间中能全面了解泰山，写成《怎样游泰山》；为了让人们更了解中国著名古建筑之间的异同，发表了《也说中国三大殿》；为了宣传泰山文化，他举办讲座，给专业工作者和大学生们，系统讲述《泰山文化的主题诉求：国泰民安》；他写成《泰山古今》一书，由东方出版社出版。还在学术期刊发表有关泰山的论文。正是这种刻苦努力，主动思考，他也乐意和大家分享自己对泰山文化的理解和感悟，终于集腋成裘，才有了今天的《泰山履痕》文集。

当然，这些文字反映了米运昌同志对泰山文化的理解和从泰山风景点得到的感悟。也不可否认其对泰山文化的认识和感念，还有不够深刻和全面的地方，有些观点也只能是一家之言。泰山文化博大精深，相信还有更多的有识之士对泰山文化的理解和研究更好、更深。我们期待泰山文化研究的不断繁荣昌盛。

人民和社会需要更多介绍泰山和研究泰山的优秀作品问世。

愿米运昌同志和所有热爱泰山的人们一起在泰山文化的研究中不断努力和进步。

是为序。

郭德文

2023 年 8 月 21 日

目　录

序·郭德文 / 1

写在前面 / 1

泰山攻略 / 1

　　怎样游泰山 / 2

泰山古今 / 7

　　东天一柱 / 8

　　历史长卷 / 17

　　华夏之魂 / 29

　　造化钟神秀 / 39

　　齐鲁青未了 / 118

景观欣赏 / 137

　　初识天烛峰 / 138

　　岱庙碑碣知多少 / 141

　　读《登高必自》碑 / 148

　　读《高山流水亭记》/ 150

　　感受泰山快活三 / 153

　　能使鲁人皆好学

　　　　——游五贤祠小记 / 155

　　恰似老干新绿时

　　　　——写在唐槐院重新开放之际 / 157

山城之间有条历史的线 / 159

石墙碧瓦 简朴荣华

　　——三阳观建筑风格欣赏 / 162

泰安"城中见山"规划意境赏析 / 164

泰山与世界文化遗产的标准 / 167

天贶殿壁画欣赏 / 170

闲话泰山五岳独尊 / 177

走进桃花源深处 / 180

探源求真 / 183

何处方为十八盘 / 184

岱庙"秦既作畤""汉亦起宫"质疑 / 187

岱庙创建溯源 / 191

也说中国三大殿 / 198

泰山对所在地域行政区划的影响 / 201

泰山申报世界遗产的过程及体会 / 207

泰山唐代双束碑与武则天 / 211

泰山文化的主题诉求：国泰民安 / 217

谈谈张迁碑反映的汉末社会历史 / 228

一部研究泰山宗教发展史的力作

　　——刘慧《泰山宗教研究》序 / 234

一书在手 读懂泰山

　　——读张用衡《泰山石刻全解》/ 237

自然环境对泰山木构架古建筑的影响及其保护措施 / 244

履痕点点 / 253

开阔视野 / 254

现代罗马的古城风韵 / 256

雄姿依然斗兽场 / 259

罗马的城市喷泉印象 / 262

登上圣彼得大教堂的圆顶 / 265

匆匆走过佛罗伦萨 / 267

威尼斯水城与船 / 270

从成田机场到山梨县水乡 / 273

白领带与碎石地面 / 274

美术馆与度假别墅 / 275

岱庙城墙垛口形式的异同 / 276

愿泰城更美好 / 277

我的家乡白龙峪 / 279

后　记 / 283

写在前面

记得明代有一位叫做王思任的文学家在他的《登泰山记》中写过这样一段话：

"生中国或不见泰山，见泰山或不能游，游矣或不能尽，尽矣或不能两日之内毫无所蔽，无人而独领。"

大意是说：

有的人生在中国，而见不到泰山；有的人见到泰山，而不能游；有的人虽游而不能登顶；有的人虽能登顶，而不能以两日内达到遍游。他却以自己两日能遍游泰山，尽览其胜而自豪。

他还为自己感知的泰山大发感慨：

"（泰山）维天东柱，障大海，镇中原，钟圣贤，兴云物，润兆民，府神鬼，变化无方。

（泰山）奇不在一泉、一石间也。此不可以游赏而可以观。善观者，观其气而已矣。"

大意是讲：

他视泰山为国家社稷安定的柱石，钟灵毓秀，包罗万象，变化莫测。

更指出如何观赏泰山：泰山展示的是一种景象、气势、胸怀，给人的是一种精神的震撼。

王思任希望人们都应该像他那样去遍游泰山、感知泰山。

我在泰山管理部门工作近三十年，保护、管理和研究泰山，发表过一些有关泰山的文章和论著。这里，选取其中一部分辑成一册，也是对自己认知泰山的一个总结。

　　《泰山履痕》代表了我对泰山的认知和感悟。

泰山攻略

怎样游泰山

　　泰山之胜，在于一登。大概人人都想为自己的一生留下一个记录：我登过泰山了！

　　但是，怎样游泰山才能步步有景，处处成趣，饱览泰山的雄姿和它所记载的古老、灿烂的中华民族文化？

　　泰山位于我国华北平原的东部。盘亘于山东半岛的西部。主峰海拔1545米，总面积426平方公里，是黄河下游中华民族古文化的发祥地之一。它处于太阳升起的东方，主峰突兀雄伟，拔地通天。由原始社会氏族部落的山石崇拜，发展到奴隶社会、封建社会君主帝王的封禅大典。这里成了君王登封告祭之所。史籍上载有远古七十二君"封泰山，禅梁父"之说；后又留有秦皇、汉武以来十二个皇帝登封祭祀的足迹。它成了他山不可与齐的"五岳独尊""东天一柱"；历代文人墨客亦慕名而至，挥毫咏叹。正是这种历史给泰山留下了无数的名胜古迹。从岱庙至玉皇顶，分布于山上山下的二十余处古建筑，隐藏在雄伟秀丽的景色之中，确实是一座东方文化的宝库。

　　如果你启程前，能了解一下泰山的历史，掌握名胜古迹的分布，那么，在你攀登中就会临其境，知其在；览其物，知其源。为此，你可以读一读司马迁《史记》中的《秦始皇本纪第六》《孝武本纪第十二》《封禅书》，司马光《资治通鉴》中的《唐纪二十八》，《宋史》中的《本纪第七·真宗二》。这些会使你了解到封建帝王与泰山的联系及其在泰山上留下的遗迹。

　　如果你能再读一读陆机、李白的《泰山吟》，杜甫的《望岳》诗，姚

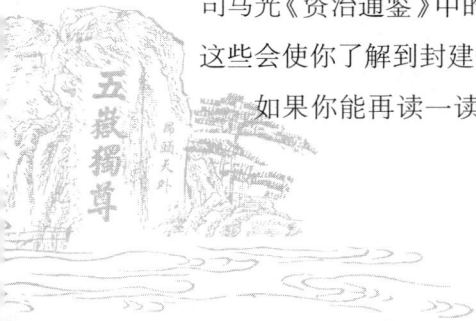

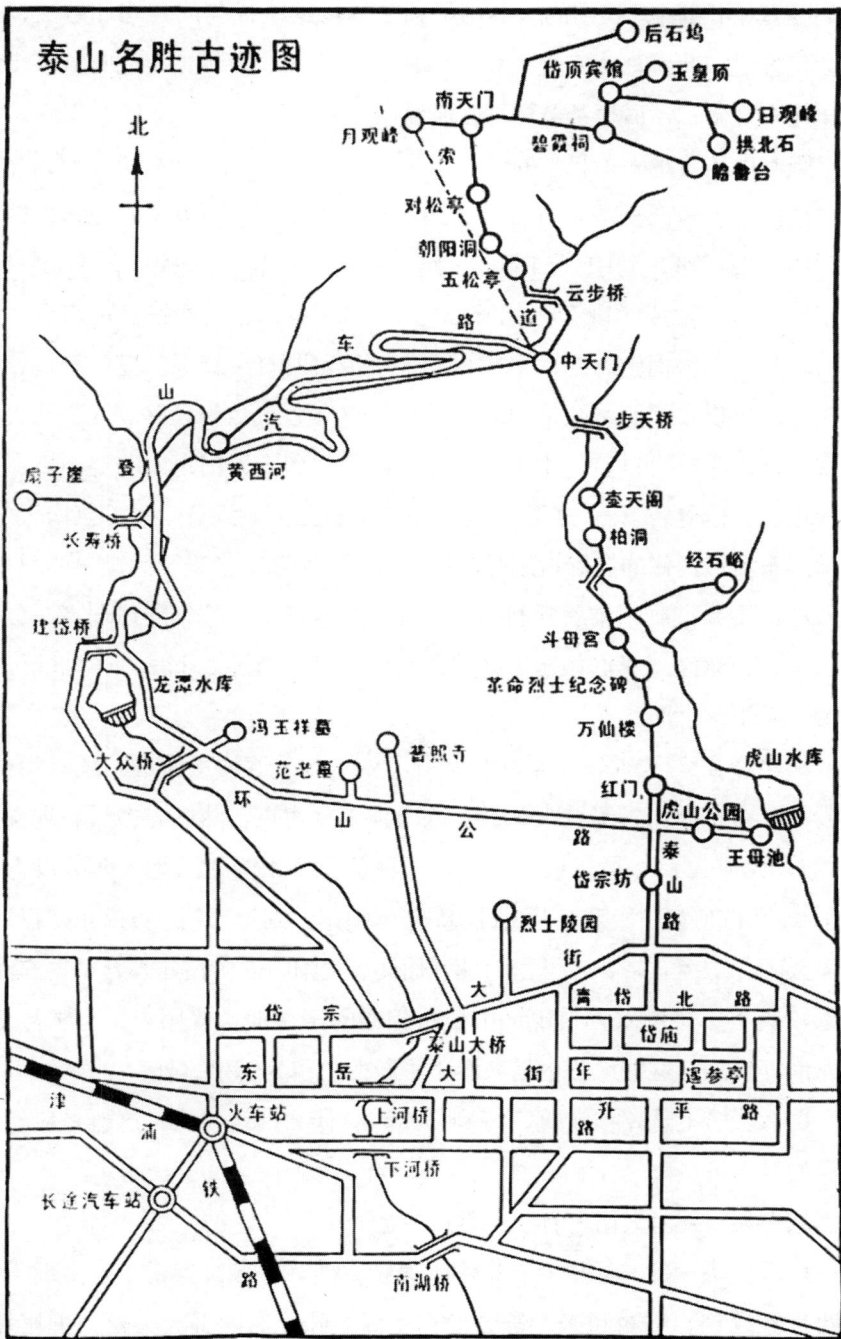

泰山名胜古迹图

北

后石坞
岱顶宾馆　玉皇顶
南天门　　　碧霞祠　日观峰
月观峰　　　　　　　拱北石
索　　　　　　　瞻鲁台
对松亭
朝阳洞
五松亭　　云步桥
路　　　道　　中天门
车　　　　　步天桥
山　　汽
黄西河　　　　　奎天阁
登　　　　　柏洞
扇子崖　　　　　　　　　经石峪
长寿桥
斗母宫
建岱桥　　　革命烈士纪念碑
龙潭水库　　　万仙楼
大众桥　冯玉祥墓　　　虎山水库
　　　范老墓　普照寺　红门　虎山公园
环　　山　公　路　　王母池
　　　　　　岱宗坊　泰
　　　　　烈士陵园　山
　　　　　街　　　路
大　　　　　青岱北路
岱宗　　　　岱庙
东岳大街　　　遥参亭
火车站　上河桥　年　升　平　路
津浦　　下河桥　路
长途汽车站　铁
路　　南湖桥

泰山名胜古迹图

3

鼐的《登泰山记》，杨朔的《泰山极顶》等。这些优美的诗句和散文，都将会使你进一步领略大自然所赋予泰山的真善美。当然，其他有关泰山的著作还有许多，读后也都会增加你游览泰山的兴致。

登泰山还要走一条科学的游览路线。

泰山并不像西岳华山自古一条路。泰山主峰的南面，自山麓起，曾有东、中、西三路，到中天门汇成一路，经过十八盘，过南天门登玉皇顶。今东路早废，形成了现在人们所称的东（原中路）、西两路。东路自一天门石坊起，拾级而上，越六千六百六十六级台阶直至极顶。盘道两边，名胜古迹星罗棋布。西路原是蜿蜒山道，1987年建成盘山公路。人们从火车站乘公共汽车，可以直达中天门。如今中天门到南天门之间的空中索道已正式运行。但倘若下汽车后就乘索道缆车，这虽无需几分气力可至南天门，但那遍布盘道两侧的名胜古迹却难以望及了。何况，尝受不到登攀的艰辛，也就体会不到克服困难后胜利的喜悦。这样游泰山，除年老体弱者，似乎失去了大半意义。我们如能借助现代交通工具，通过如下安排，则既可以遍游，又不至于筋疲力尽。

由西路在火车站乘汽车到中天门，然后沿盘道徒步前进。过云步桥、朝阳洞、对松山，去攀登十八盘。以山顶为食宿点，然后先去后石坞探幽（后石坞是泰山自然风景最美之处，而目前游泰山的人又绝大多数没有走到）。再回岱顶览胜。第二天观日出后，坐缆车回到中天门。再沿东路盘道，经壶天阁，访经石峪、斗母宫，过万仙楼、红门，去游岱庙。若精力充沛，在泰山脚下，还可以去看由环山公路相通的王母池、普照寺、冯玉祥墓、黑龙潭等景点。这些地方也是来泰山不游而总引为憾事之处。

那么，沿上述路线游览，每到一处，看什么，访什么？这也是应有所侧重的。

从中天门到南天门，有三个重点游览处：

1. 云步桥一带。这里刻石集中，景物俱佳。许多寓意于景、寓理于物的哲理性题刻，细嚼起来，都会使你感到余味无穷。五大夫松、御帐坪，会使你遥想到秦始皇的仓皇避雨、宋真宗逍遥赏景的情景。云桥飞瀑、望

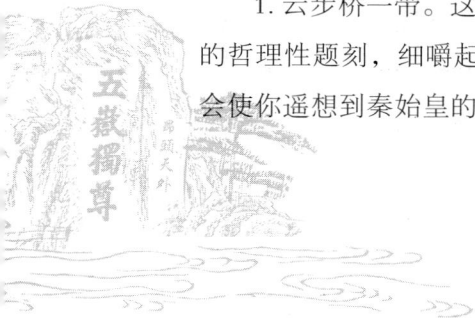

人松、飞来石又给人以置身仙境之感。

2. 对松山一带。盘道两侧，双峰对峙，古松叠翠，如伞似云。至此，你才会领略到泰山松景的奇丽秀美。与对松亭隔溪相对的摩崖题刻中，可以寻得乾隆皇帝御笔题写的诗句"岱宗最佳处，对松真绝奇"。

3. 南天门一带。碧瓦红墙的天门之下，悬起一挂十八盘的天梯。当你汗流浃背，征服了十八盘，弓步定喘之时，那"门辟九霄仰步三天胜迹，阶崇万级俯察千嶂奇观"的对联，以及李白"天门一长啸，万里清风来"的佳句，都会使你感慨万千，欣喜若狂。

后石坞探幽，岱顶览胜应先远后近。登上天街之后，切不可只迷恋于"会当凌绝顶，一览众山小"的岱顶风光。小憩之后，可约几人再做伴同行。沿玉皇顶后的蜿蜒山道一直东去，就是那泰山自然风光绝妙之区。这里虽有几处庵观故址，可真正令人心醉的是奇石异木，特别是那千姿百态的松姿！置身其中，举目眺望：峦峰之上，深壑之中，万木千岩，奇枝古松遍是。复登岱顶，信步天庭，可细访矗立天际的无字碑、洋洋大观的唐摩崖、危石陡立的舍身崖、金碧辉煌的碧霞祠。但也切莫忘记在岱顶停留的有限时光里，去寻觅泰山有名的四大奇观：旭日东升、晚霞夕照、黄河金带、云海玉盘。夜幕垂空之后，你若复思一番：汉武帝的一字不錾、唐玄宗的御书千言、元君庙的铜鸥铁瓦、舍身崖的愚民轻生，都会增进你对中国几千年封建社会历史的了解。

由中天门沿东路下，其间，盘道平缓，名胜古迹散布两侧，无大集中点。漫步轻游，即可一目了然。只是远处路东的经石峪不可轻易错过。郭沫若有诗颂此："经字大如斗，北齐人所书。千年风韵在，一亩石坪铺。阅历久愈久，摧残无代无。祇今逢解放，庶不再模糊。"凭栏放目，字映眼帘，会引起你无边的遐想。

岱庙，这昔日皇帝的祀神处，今天已成博物馆。这组古建筑群的主体建筑——宋天贶殿，和北京太和殿、曲阜大成殿都是我国古代著名的殿堂建筑。这里除汉柏唐槐、铁塔铜亭外，设有文物陈列室，处处使你驻足凝视。大型壁画、珍贵文物、历代碑刻、汉画像石，都会丰富你的历史文化

知识，进一步充实你对泰山的理解。即所谓遍游泰山，登极顶观其宏，入岱庙览其微。

环山路边的名胜古迹也有数处：王母池畔的吕祖洞、六朝松侧的筛月亭、冯玉祥墓镶刻的"我"之诗、黑龙潭上的长寿桥。这一景一物，一字一木，都各有一番情趣。

另外，你若已经从泰山南麓登过泰山，领略过了泰山丰富的人文景观和南麓景色，再来泰山时，可以到新开发的天烛峰景区和桃花源景区去游览。天烛峰景区在泰山东麓。从泰山区艾洼村附近的天烛胜境坊开始，沿一条石砌山道，经后石坞可至岱顶；桃花源景区可从泰城西边的桃花源游览公路乘车直达，又有索道从桃花源直达南天门。这两个景区都以自然景色秀美、树林郁蔽成荫、峰岭变化多姿称奇。有一番与泰山南麓不同的景观特色。置身其中，令人会有另外一种感受。

（此文最初是为山东人民广播电台写的广播稿，后发表于《知识与生活》杂志 1986 年第六期。本文略有修改）

五岳独尊

泰山古今

东天一柱

泰山是中国古老大山之一。

泰山位于华北大平原的东侧，雄峙于山东省中部，跨连泰安、济南两市，总面积约 426 平方公里，主峰玉皇顶在泰安市城区北部。泰山南缘为北纬 36°10′，其北缘为北纬 36°42′，西襟黄河，东临黄海，以其得天独厚的地理位置和自然条件成为中国东部的一座雄伟壮丽、巍峨挺拔的高山。

泰山挺立于华北平原内鲁中南一带的中低山地区之中。周围相邻的山地区域中的最高山峰都比泰山主峰低 300～400 米。泰山主峰玉皇顶海拔1545 米，而鲁中地区的最高山峰海拔为 1108 米，沂山山脉的最高山峰海拔为 1032 米，蒙山一带的最高峰海拔也只有 1156 米。其他众多低山、丘陵的山顶海拔高度又都在 400～800 米之间。这就形成了山东丘陵群山之中唯独泰山最高的群峰拱岱的地理形势。广阔千里的华北堆积平原海拔仅百余米，与泰山形成了 1300 米以上的相对高差。从平原仰望泰山，更觉其气势磅礴、雄伟无比。中国东部，万里沃土之上，唯其最高。这正是泰山在我国五岳之中海拔高度虽然仅居第三位（西岳华山主峰海拔为 2100米，北岳恒山主峰海拔为 2017 米，中岳嵩山主峰海拔为 1490 米，南岳衡山主峰海拔为 1290 米），而以突出的相对高差独具其他四岳（甚至中国万千之山）都所不及的"拔地通天"之势！同时，由山麓到极顶，泰山山形起伏显著。以巍巍泰山的主峰玉皇顶为中心，四周低矮群山环绕，而且群山海拔向外逐渐下降直至平原地带海拔 100 余米处。因此，由下及顶，

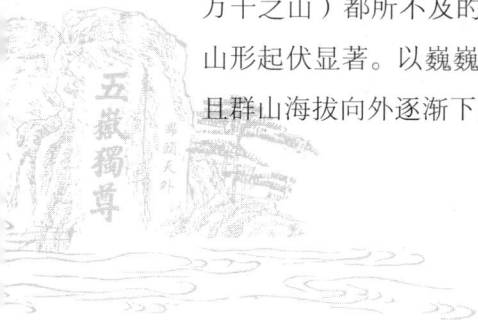

泰山玉皇顶　刘水摄

高度逐步增加，形成泰山山势累叠，主峰高耸之状。整个泰山山脉盘卧、绵亘于100余公里之间。其基础宽阔而形体浑厚，给人以"稳""重"之感。泰山的形状恰如古人所喻"泰山如坐"，以至有成语"重如泰山""稳如泰山"之说。

1300多米的相对高差，盘亘于426平方公里的面积之上的巨大形体，终于使泰山成为中国东部的一根擎天巨柱。

泰山是如何开始形成的呢？

泰山地区的地层明显地分为基底和盖层两部分。基底的岩层通常称为"泰山杂岩"。这是指太古界的泰山群地层，它是一套巨厚、复杂的各种成因和类型的混合岩化沉积岩系。主要是由条带状混合岩化片麻岩、角砾状混合岩化角闪岩和混合花岗岩等岩石组成。这类岩系在泰山地区露头良好，其总厚度大于1100米，是我国古老的岩层之一。据新泰市侵入泰山群地层的纬晶岩脉白云母的同位测定，绝对年龄为25亿年。其盖层则主要为下生界寒武－奥陶纪的灰岩，总厚度为2000米左右。其中由灰岩和砂页岩所组成的典型地层，在泰山西部的张夏、崮山、炒米店一带发育最好，是我国华北寒武系的标准地层剖面。在灰岩之上，局部地区零星分布有中生界的海陆交替相含煤地层和侵入岩林及第三系胶结的沙砾层。在平原和山间谷地之中，第四系洪冲积等松散沉积物也发育较好。泰山地区地面大片出露的岩性为混合岩化片麻岩、花岗岩、花岗闪长岩、辉长岩脉等。这些岩石大多数成分比较均匀，节理发育易于球形风化进行的岩石；经长期风化剥蚀，在方棱的岩块上棱角渐渐不显；表层风化较深，向内逐渐减弱。这就形成了现在我们在泰山上常见的外形浑圆，像洋葱头那样多层的球形风化岩石。

过去有的学者根据组成今日泰山的最主要的岩层——泰山杂岩的同位素测定其的绝对年龄为25亿年，认为是太古代的泰山运动使该地区抬升成为陆地后，又遭受长期的风化剥蚀、侵蚀而致，遂定泰山约25亿年前就开始形成。其实，在泰山地区泰山杂岩之上，广泛地覆盖着厚约2000米的古生代寒武－奥陶纪的海相灰岩和砂页岩地层。局部地区还存在石

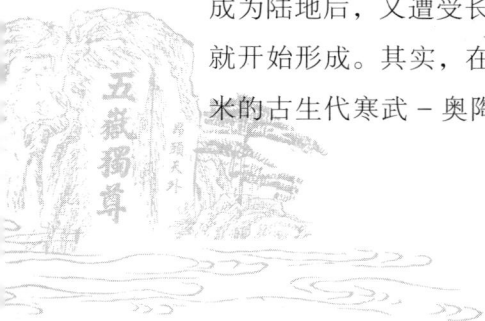

灰－二叠纪的海陆交替相的煤系地层。这说明该层泰山运动成陆之后，在距今6亿～5亿年间，还经过地壳下沉形成汪洋大海，而后又随着华北地区整体上升，逐渐成为陆地；局部地区仍是时海时陆。虽然今天的泰山所在地，在距今4亿年左右就结束了海洋历史，上升为陆地；但泰山山地的形成，主要是在中生代强烈的燕山运动的影响下，随着整个鲁中南山区发生褶皱、断裂和岩浆活动而迅速上升，才结束了海陆交替的地质发展史。今日泰山的基本轮廓主要是喜马拉雅运动所形成，又在燕山运动所形成的断块山地基本骨架的基础上继续发展的。其后期的构造运动受燕山运动形成的断裂系统控制。距今约1亿年的中生代晚期，由于太平洋板块向亚欧大陆板块挤压和俯冲，泰山在燕山运动的影响下，地层发生了广泛的褶皱和断裂而形成泰山穹窿。在频繁而激烈的地壳运动中，泰山山体沿着100余公里（自今莱芜至泰安）的泰前大断裂快速抬升，并且隆起的过程中遭受风化剥蚀。这时因断块发生了间歇性的升降差异，南部山区猛烈抬升，造成了南高北低的明显掀斜块山。最后在山体高处，原来覆盖着的2000

醉心石　张仁东摄

米的沉积岩全部剥蚀掉，古老的泰山杂岩重见天日，开始形成了泰山的雏形。受变质影响的花岗岩，因抗蚀性强，就构成了山势陡峻、河谷深切、危岩千仞、嵯峨峻拔的险峰高崖。也就形成了泰山极顶的较大海拔，以及与周围较大的相对高差和阶梯状的地形特点。因此，应当认为泰山形成的时代是从中生代侏罗纪中期的燕山运动计算起，即泰山形成距今约有1亿年的发展历史。

泰山及其附近为典型的季风气候。受蒙古气团和太平洋气团的交替影响，形成了冬春干燥多风，夏季炎热多雨，秋季晴朗少雨的气候特点。泰安市平均气温12.8℃，山区比平原低1.6～8.4℃。市区七月份平均气温26.3℃，一月份为−2.7℃。但泰山高于0℃的天数有280天，而且随海拔高度的上升逐渐减少。

泰山海拔高度高，相对高差大。因此，太阳辐射强度大，总量多，日照十分丰富。有关资料表明，除夏秋几个月外，泰山顶的日射总量平均比其南部毗邻的平原地区大。又因山高而紫外线丰富，是休假疗养的理想之处。泰山顶的年日照量比济南多156小时，比青岛多400小时。泰山各月的日照量分布有差异，尤以3～6月份最多。山上无暑热，而有寒冷。与海滨城市青岛相比，虽然两地纬度几乎相同，但由于泰山受山地影响，青岛受海洋影响，气温又有明显差异。泰山上最热月七月份，平均气温17.8℃，比青岛最热月八月（平均气温25.1℃）的气温低7.3℃。而最冷月泰山（1月，平均气温−8.6℃）比青岛（1月，平均气温−1.2℃）低7.4℃。因此，冬季泰山比青岛冷，但夏季泰山又远比青岛凉。盛夏时节，我国华北大部地区骄阳似火，酷暑炎热令人难受。而泰山之上凉爽可人，十分难得。泰山上最高气温通常出现在午后，最低气温一般出现在日出之前。泰山冬干夏湿多雾，云雾尤以七八月份为甚。至时，能见度较差。其余月份晴日多，能见度较好。泰山山区各部分降水量不等，主要随高度升高而增多。平均年降水量为1132.0毫米，多集中于夏季。山下平原一带降水量分布也不均匀。泰山以南平原为722.6毫米，西部夏张只有685毫米，都明显比泰山上降水量少。泰山正是由于地形的抬高作用而形成降水量的高值

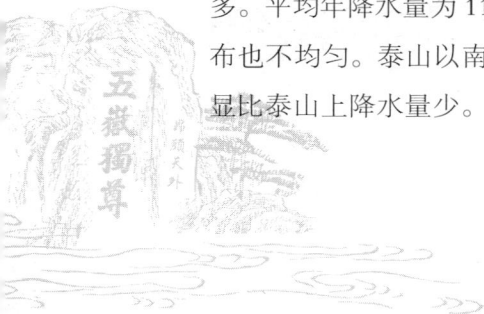

12

中心。泰山南北坡各水系的分水岭不在泰山山顶，而是在主峰以北的青羊台一带。山南的水汇入大汶河，山北的水汇入玉符河和大沙河，均属黄河流域。泰山周围多为山洪性河道，谷底坡度大。河流源短流急，陡涨陡落，旱季基本断流，河谷多呈"V"形。山谷底层巨石累累，沙地较少。因河道受断层控制，多跌水，谷底基岩被流水侵蚀成穴，积水成潭。遂有黑龙潭、天井湾、白龙池、三潭叠瀑等散布于谷、溪之间的自然奇观。泰山山顶受高空风影响为主，风速大。而山下山谷风明显。由于地形影响，泰山水热条件也随高度增加产生一定的变化，造成泰山垂直气候变化明显。泰安市日平均气温稳定通过10℃以上的持续期为206天，泰山顶上却只有130.4日。因此，泰山顶上属中温带气候，而其所在的泰安以及济南、青岛又属暖温带气候。

泰山地形起伏，在坡地、谷地和森林中形成局地小气候。尤其在山地南坡、东坡的向阳有风的谷地之中，水热条件优良，能生长部分亚热带植物，如茶树、竹子之类。这种气候带系跨度大的特点又造成泰山植被丰富、植物种类繁多。

泰山植被类型多样。各类松林、落叶松林、侧柏林、栎林、刺槐林散布山间，生长上下有序；沟谷、庙宇和村宅附近则有杂木林茂盛生长；小片竹林星散于麓区的普照寺、罗汉崖等处景点；苹果、葡萄、杏、核桃、板栗，各种果园绵延于山麓；山地上下还有不同种类组成的混丛和草本植物群落；陡崖之上则有颇具特色的岩石植物和石隙植物的群聚。不包括农田、果园和水体在内，泰山植被可粗略地划分为11类森林：松林（油松、赤松、华山松、黑松）、落叶松林（华北落叶松、日本落叶松、长白落叶松、兴安落叶松）、侧柏林、栎林（麻栎、栓皮栎）、刺槐林、华北五角枫林、杨树林、（毛白杨、加拿大杨）、赤杨林（赤杨、毛赤杨）、黄檗林、杂木林（枫杨、毛白杨、栾树、梓树、车梁木等）、竹林（淡竹、刚竹、毛竹）；两类灌丛：上部灌丛（连翘、小叶子香、阿穆尔小檗、天目琼花等）和下部灌丛（荆条、酸枣等）；1类灌丛草甸：山顶灌丛草甸（苔草、乌苏里凤菊、拳参、地榆等草本种类和胡枝子，几种绣线菊等灌木种类）；3类草甸：山

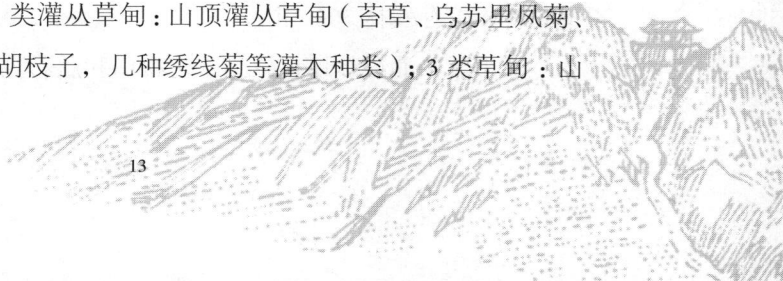

顶草甸（苔草、乌苏里凤毛菊、地榆等）、中上部草甸（结缕草）、中下部草甸（野生草、管草）；3类石质地稀疏植被：基岩和岩隙植物群聚（地衣、藓类、中华卷柏等岩石种类和来自周围群落的岩隙种类）；古石海、石河植物群聚（含植物种类同上）；石质河滩植物群聚（含植物种类同上）。

泰山植物区系丰富。根据有关资料统计，泰山有维管束植物880余种，分属于137科527属。其中人工栽培100余种类。常见种类，除前述植被类型中已经提到的之外，乔本中尚有榆树、槐树、桑树、枸树、槲树、栾树、梧桐树、旱柳树、臭椿树、黄连木、紫椴树、糠椴树、水榆、花椒等。灌木中有几种胡枝子、孩儿拳头、吉氏木兰、欧李、卫矛、珍珠梅、照山白、映山红等。草本还有白草、大油芒、荻、几种蒿、几种黄芪、山丹、黄花菜、野菊等。

泰山药用植物也非常丰富。根据有关部门最近的调查，确定泰山药用植物有110科、448种（包括野生及栽培的）。其中有四大名药：泰山参（桔梗科党参属的羊乳）、泰山何首乌（萝藦科鹅绒藤属的白首乌）、紫草（紫草科紫草属）、黄精（百合科黄精属）。

泰山植物区系的地理成分主要以华北成分为主。但由于地处暖温带的南部并且受海洋影响较大，因此在暖温湿润的小生物境内，零星分布有一些南方的植物种类。如榔榆、刺楸、盐肤本、山胡椒、白檀、山矾、紫珠、海州常山等。还有一些人工引种的南方植物种类，如茶、杉木、水杉、柳杉、黄山松、络石、毛竹、杜仲、乌桕、油柏等，这些植物种类在泰山山区有利的局部地段上生长良好。同时，近年来还在泰山连续发现了十几个新的植物种类。其中多数以泰山命名，如泰山柳、泰山花椒、泰山盐肤本、泰山椴、泰山菲、泰山苋、泰山麟毛蕨、泰山岩蕨和山东白鳞莎草等。

泰山森林的原始面积是十分茂盛的。有关史籍曾有"茂林满山，合围高木不知有几""朱樱满地""竹树森林，未风先鸣"的记载。但在明清以后的数百年间，泰山植被遭到严重的破坏，茂密森林毁灭殆尽。到新中国成立时，仅存残林3000亩。

泰山天然油松林现在只见于对松山和后石坞两处，面积约700亩。这

里海拔 1000 ～ 1400 米，地势陡峻（陡度 30° ～ 45°），露岩较多（约占地表 30%），土层薄而不均匀。古老的松树扎根在岩石间瘠薄的土壤之中，顽强地生长。虽然树龄都在 100 ～ 300 年之间，但松树胸径一般只在 30 ～ 80 厘米，树高多在 6 ～ 12 米之间。由于林相稀疏，阳光充足，树冠多呈平顶"桌状"，形成一种不可多得的巉岩古松奇观。

新中国成立以来，泰山植被演变进入了一个新阶段。自 20 世纪 50 年代起，泰安人民政府和人民广泛进行植树造林。现在茂密的人工森林大都建于那个时代。经过 30 余年的努力，今天的泰山森林覆盖率已达 70% 以上，而植物覆盖率已近 90%，成为中国长江以北绿化最好的大山之一。由于山林茂密，野生动物得以繁衍生存。泰山山间丛林之中有狼、狐、獾、狸、翡翠、火燕、金翅、云雀、百灵、杜鹃等 100 余种飞禽走兽。而生长在泰山溪水潭池之中的"赤鳞鱼"，更是稀有的鱼类珍贵生物。泰山"赤鳞鱼"肉嫩味美，清代时曾为泰安向宫廷进贡的佳品。

望人松　刘水摄

　　由于泰山具有暖温带季风气候，山麓谷峰各处，四季变化十分明显，植被季相变化也各有特点。

　　泰山以其独特的地理位置和丰富的地貌环境，在大自然的造化演变和人类社会的不断改造之中，一年四季纷呈神韵各异、绚丽奇伟的风貌，总以万千变化的奇丽秀美之姿，时时展现出北国山岳的自然风光之美。对此，有位作家曾有这样一段生动的描述："晴观群峰拱岳，众山若丘；阴看云浩如海，茫茫如雾；春则遍山吐翠，百花烂漫；夏则云烟缭绕，气象万千；秋则山苍水湲，红叶满天；冬则山舞银蛇，松柏雪帘。"

　　泰山，这座雄峙东天的高山，不论人们何时登临，它都以博大宽厚的胸怀欢迎来者。任你登高远眺，任你静览细观。总有不尽的景致，给人以无尽的遐思。

五嶽獨尊

历史长卷

　　泰山是同中华民族发展史密不可分的一座历史之山。

　　泰山地处黄河下游，是中华民族先民们繁衍生息的发源地之一。自有人类在这片土地上活动起，泰山及其所在地域就极其密切地同人类的进化、中华民族的形成和发展一起载入史册。泰山养育了人类，中华民族在其形成和发展进程中又不时地将自己的生存、繁衍、进步和文明刻记在这座大山之上。从远古的人类起，历经原始社会、奴隶社会、封建社会、半殖民地半封建社会，到今天的社会主义社会，无不在这座历史大山上留下时代演进的痕迹。纵观泰山上下，就可粗见中华民族几千年，乃至几万年、几十万年的沧桑巨变。泰山是历史的见证者，泰山是一幅中华民族历史形成和发展的立体画卷。

　　在泰山东南的沂源县发现了距今四五十万年的猿人化石；在泰山东部的新泰乌珠台附近发现了距今 5 万年的“智人牙”化石。这些珍藏在中国历史博物馆的“沂源猿人”“新泰智人”化石的发现，证明了早在人类进化之初，泰山周围地域已经是中华民族的先民们生活栖息、不断繁衍的地方。

　　1959 年，在泰山之南只有 25 公里之距的大汶口镇首先发现并发掘的“大汶口遗址”，正是距今 6000 ~ 4000 年之间，已经进入了原始社会新石器时代的中国先民们生活的典型遗址之一。这些被后来命名为“大汶口文化”的丰富遗存，体现了黄河下游流域的人类在母系氏族时代和母系氏族向父系氏族过渡时代生活的繁荣景象。陶器制品种类繁多：鼎、豆、壶、罐、

钵、盘、杯等都有，并有彩陶、红陶、白陶、灰陶、黑陶等多种类型，特别是彩陶器皿，花纹精细匀称，几何形图案规整。磨制的石器、骨器也十分精美。陶器器皿之上还有类似后来象形文字的一些早期符号等。墓葬之中殉葬物（主要是猪头及陶器等）的多寡告诉人们：这个时代已经出现了阶级分化的萌芽——贫富不均现象。大汶口文化以其特有的丰富内涵成为中国史前文化中的一种典型代表，而且在世界古代史上也成为不容忽视的远古文化类型之一，引起了世界史学界的关注。这种文化遗存不仅分布于泰山周围，而且遍布于山东和邻近的几个省份。早于大汶口文化30多年发现的"龙山文化"（1928年发现），同样先见于泰山北麓章丘县（今济南市章丘区）龙山镇的城子崖。大量考古材料已经证明，龙山文化正是黄河下游流域大汶口文化的延续和发展，龙山文化以其素面磨光、胎薄如蛋壳的黑陶精美制品，展现了这个时期源于大汶口文化，又精于大汶口文化的更高的生产水平。龙山文化"是新石器时代末期的文化，分布的地区很广：凡山东半岛、河南地区、杭州湾地区、辽东半岛等地都有分布"（周谷城《中国通史》）。

　　大汶口文化、龙山文化的发现，有力地证明了早在远古的新石器时代，泰山一带已是人类频繁活动的重要地域，而且先进于同一时期其他地域的文化。泰山南北养育着一支组成中华民族先民的重要原始部落群体："中国古代文化，创始于泰族，导源于东方。炎、黄二族后起，自应多承袭之"（蒙文通《古史甄微》）。取代夏朝的商就生活在黄河下游一带，相传商的始祖契曾居于泰山之南的滕县（今滕州市）一带。而相土就曾建东都于泰山脚下。有周以来的两个诸侯大国齐国、鲁国就封疆于泰山。

　　远古人类艰难地生活在恶劣的自然环境之中，对于一些自然现象如风、雨、雷、电及洪水等的发生不能理解。为生存乞灵于某一种物体，这就形成了各种各样不同的原始图腾崇拜；为生存还要乞灵于上天，也就产生了远古人类心目中的"神灵"。于是，由山岳崇拜，遂又产生了燔柴祭天的活动："遂类于上帝，禋于六宗，望山川，徧（遍）群神。""柴，望秩于山川。"（《史记·封禅书》）

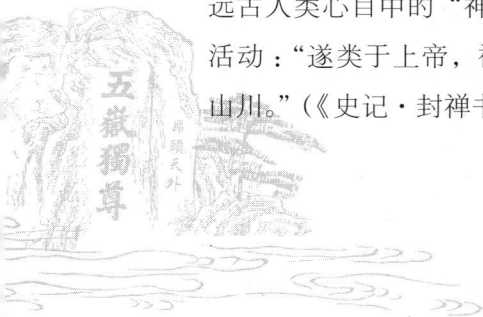

生活在黄河下游，而又主导着人类进化的先民们，在他们视野之中，也就自然而然地选中了华北大平原上他们代代栖息生活的地域中可与"天"相通的高山——泰山，作为祈求、答谢天地神灵的场所。于是泰山上下就有了传说自远古起的封禅活动。封禅，"此泰山上筑土为坛以祭天，报天之功，故曰封；此泰山下小山上除地，报地之功，故曰禅"（《史记·封禅书》之唐代张守节正义句）。而且相传"古者封泰山禅梁父者七十二家"。其中就有"无怀氏封泰山，禅云云；羲封泰山，禅云云；神农封泰山，禅云云；炎帝封泰山，禅云云；黄帝封泰山，禅亭亭；颛顼封泰山，禅云云；帝喾封泰山，禅云云；尧封泰山，禅云云；舜封泰山，禅云云；禹封泰山，禅会稽；汤封泰山，禅云云；周成王封泰山，禅社首"（《史记·封禅书》）。

当历史进入"家天下"的阶级社会之后，这种封禅活动又染上非常浓厚的"君权神授"的色彩。取得统治地位的集团就要借神权来巩固政权："王者易姓而起，必升封泰山何？教告之义也。始受命之时，改制应天。天下太平，功成封禅，以告太平也。所以必于泰山何？万物交代之处也，必于其上何？因高告高，顺其类也。故升封者增高也；下禅梁甫（即梁父山，泰山附近一个小山）之山基，广厚也；刻石纪号者，著己之功绩也，以自效放也。天以高为尊，地以厚为德。故增泰山之高以报天，附梁甫之基以报地。"（班固《白虎通义》）因此，"惟泰山为天子亲至"的封禅活动，成为中国封建社会历史上各代最高统治者争相成行的旷代大典，成为中国封建社会特有的现象。他们借以粉饰太平，稳固政权，显示自己"君位神授"至高无上的地位。于是泰山之上又留下了中国信史上可考的5个封建王朝的12个帝王、皇后的足迹。

统一六国，建立了中国历史上第一个中央集权的封建专制国家的秦始皇嬴政（前259—前210），在其刚刚完成统一大业的第三年（前219），为张国威，震慑不甘失败的六国贵族，就决定巡行东方，封禅泰山。秦始皇"东巡郡县"，来到泰山脚下。他自泰山之阳登上泰山极顶，遂命丞相李斯等在泰山顶上刻石以志其功，以颂其德："皇帝临位，作制明法，臣下修饬，二十有六年，初并天下，罔不宾服。亲巡远方黎民，登兹泰山，周览东极。

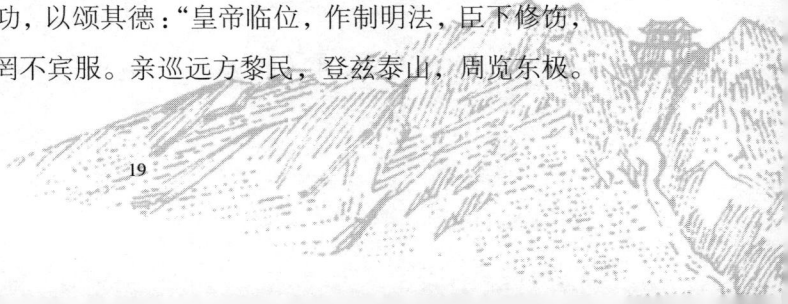

从臣思迹,本原事业,祗诵功德。治道运行,诸产得宜,皆有法式。大义休明,垂于后世,顺承勿革。皇帝躬圣,既平天下,不懈于治。夙兴夜寐,建设长利,专隆教诲。训经宣达,远近毕理,咸承圣志。贵贱分明,男女礼顺,慎遵职事。昭隔内外,靡不清净,施于后嗣。化及无穷,遵奉遗诏,永承重戒。"(《史记·秦始皇本纪》)用此刻石,以"明其得封也"。然后,从泰山阴道下,禅于梁父山。登封途中,秦始皇还曾遇暴雨,被迫"休于树下,因封其树为五大夫"(《史记·秦始皇本纪》)。因此,秦始皇登封泰山不仅给后人留下了泰山刻石文,还留下了泰山"松得秦封"的千年传说。

其子胡亥"二世元年,东巡碣石,并海南,历泰山……而刻勒始皇所立石书旁,以彰始皇之功德"(《史记·封禅书》),成为第二个登上泰山的封建帝王。

具有雄才大略的西汉孝武帝刘彻(前156—前87),17岁即帝位,在位达54年,政绩卓著于史。他重用卫青、霍去病等人,与匈奴多次交战,终于削弱了匈奴人的势力,安定了北方疆界。在频繁的战争间隙,汉武帝曾八至泰山,五次修封泰山,前后逾20年。

第一次是元封元年(前110)。其年三月,汉武帝"东上泰山,泰山之草木叶未生,乃令人上石立之泰山巅"(《史记·封禅书》)。

第二次是元封二年(前109)。其年夏四月,汉武帝祠于泰山。因感到原来在泰山东北麓的周明堂"处险不敞",遂命人以济南人公王带所上黄帝时明堂图,作明堂宫于泰山东麓汶水之中(遗址在今泰城东8公里处)。

第三次是元封五年(前106)。其年春三月,汉武帝来到泰山。祭汉高祖刘邦于新作明堂宫上,以配昊天上帝。遂又上泰山,行修封事,"有祕祠其巅"。这次活动声势极众,"山上举火,下悉应之"。

第四次是太初元年(前104)。此次汉武帝巡幸泰山,祀上帝于明堂宫,禅地祇于蒿里山(泰山之南一小山)。

第五次是太初三年(前102)。其年夏四月,汉武帝修封泰山,禅于石间山。

第六次是天汉三年(前98)。其年三月,汉武帝修封泰山,祀明堂。

第七次是太始四年（前93）。其年三月，汉武帝巡幸泰山，祀明堂，禅于石闾山。

第八次是征和四年（前89）。其年三月，汉武帝至泰山修封，禅于石闾山。

汉武帝如此频繁地登封泰山，也给泰山留下了极顶之上矗立天际的汉石表——无字碑和传为汉武帝亲手所植，至今仍流翠吐黛、葱茏苍郁的岱庙千年汉柏，以及位于汶水之侧、只剩瓦砾满地的汉明堂高大的基址。

第四个封禅泰山的皇帝是东汉王朝的创立者光武帝刘秀（前6—57）。建武三十二年（56），刘秀终以夜读《河图会昌符》，得"赤刘之九，会命岱宗，不慎克用，何益于承。诚善用之，奸伪不萌"之语，找到了封禅泰山的依据。于是二月登泰山设坛祭天，举行了封禅大典。他成行之前，也曾遣人在泰山上刻石纪行。但刻石早已荡然无存了，现在只有在《后汉书》之中还能读到那块刻石的全文。

其后是东汉中后期的两个皇帝，章帝刘炟（57—88）和安帝刘祜（95—125）。二人先后巡狩泰山，都按照光武帝刘秀旧制修封泰山。因二帝均治世无能，政权日衰，他们的封禅活动也没给历史和泰山留下什么遗迹和印象。

盛唐之间，先有高宗李治（628—683）和皇后武则天（624—705），帝后共行封禅泰山之事；后有唐玄宗李隆基（685—762）封禅泰山之举。

李治为唐太宗第三子。贞观二十三年（649），李世民死，李治即位为皇帝。李治虽仁厚无能，但有治世良臣长孙无忌、褚遂良诸人的辅佐，得承贞观之治的余绪。后又册立才貌双全的武则天为皇后，参与政事，决断政务，也就维持了天下太平的局面。

武则天，名曌，并州文水（今山西文水县）人。14岁时，被太宗李世民召为宫中才人。太宗死后削发为尼。后被高宗李治复召为昭仪，武则天入宫之初，伪为卑顺，得王皇后之力取宠于高宗。继以谗言劣行，使高宗废王皇后取而代之。武则天"性明敏，涉猎文史，处事皆称旨"（《资治通鉴》）。到高宗欲行封禅之事的显庆（656—660）年间，武则天已经与高宗威权并重，朝野上下遂有"二圣"之称。显庆四年（659），大臣许敬宗上

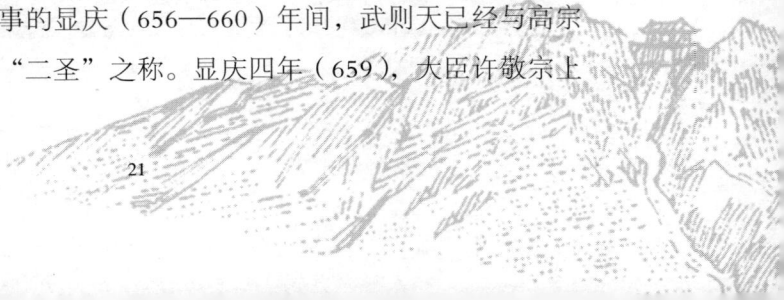

表议封禅之仪，高宗准议。决定以唐高祖、太宗配享昊天上帝；太穆、文德二皇太后配享皇地祇。麟德二年（665），召来新罗、百济、耽罗、倭国使者和高丽国太子福男，准备会祠泰山，行封禅大典。这时，武则天上表高宗，要求参加封禅大典中的禅地之仪。表中称"封禅旧仪，祭皇地祇，太后昭配。而令公卿行事，礼有未安。至日，妾请帅内外命妇奠献"（《资治通鉴》）。言听计从的高宗自然准表，下诏曰："禅社首以皇后为亚献，越国太妃燕氏为终献。"

翌年春正月，唐高宗登泰山，行登封之仪后，降禅于泰山之南的社首山（在今蒿里山以东，现已无此山），行祭祀地祇之仪。高宗行初献礼后，所从礼仪执事人员全部退下。换由太监、宫女充任。锦绣帷帘之中，武则天升祭坛行亚献礼。这是亘古以来的封禅大典中，第一次由皇后充当祭皇地祇的亚献。充满权势欲望的武则天开了一个先例。

武则天在未正式称帝之前，与泰山的联系并不多。她只是在显庆六年（661），遣道士郭行真到泰山行修斋建醮造像之事。道士郭行真此行为其立了一通形制独特的石碑，此碑碑身并不宏大，却用两块同样尺寸的条石

岱顶无字碑　刘水摄

22

并立组成，上下共嵌于同一碑首和碑座间。这绝非因取料困难所为，而是别具匠心的借碑喻事：碑首示天，碑座比地，双石并立其间，借喻帝（高宗）后（武则天）并立，共治同一天地间。此碑巧妙地表达了武则天威齐高宗，摄政治世之志，被后人俗称为"双束碑""鸳鸯碑"，现存于岱庙碑廊之内。

自天授元年（690），武则天易唐为周，自称圣神皇帝后，却"缘大周革命"（双束碑碑文语），频频派遣道士、宦官到泰山行建醮造像投龙之事。在其称帝的 15 年中，在双束碑上就刻记了 7 次这种活动。武则天祈祷于泰山神灵，保其"万福宝业恒隆""景福永集圣躬"，甚至"圣寿无穷"（均为双束碑刻文）。现在，我们游览此碑时，稍加注意还能找到武则天称帝后自造并且推行的一些文字：

而（天）、埊（地）、𤯔（人）、瑿（圣）、𠡦（年）、𡆠也写作匞（月）、⊙（日）、〇（星）、𠙺（正）、𣃲（授）、𡔈（初）。

唐玄宗李隆基完全掌握皇帝大权之后，选贤任能，使国家政治局面安定，生产得以发展，出现了李唐王朝建立以来，也是中国地主阶级执政以来的最好时期——开元盛世。于是李隆基答应重臣多次恳请，于开元十三年（725）十一月七日，到达泰山进行封禅大典。

这次封禅，唐玄宗李隆基改变了前代帝王封禅泰山的玉牒文（刻在玉石片上的祈祷文字）"密祠其巅"的办法，将自己封禅的玉牒文展示给随行众臣，公开宣称："为苍生祈福，更无秘请。"他亲自撰书记述这次封禅经过的《纪泰山铭》，镌刻在泰山顶上的峭壁之上。这就是现在岱顶大观峰上洋洋千言的唐摩崖刻石。

唐玄宗李隆基这次封禅之行，同时加封泰山神为"天齐王"，成为后来封建帝王累赐泰山神封号的第一人，也就开始了因有封号设神位，立神庙，顶礼膜拜泰山神像的崇祀活动。

相传担任这次封禅使的中书令张说，借此机会将女婿郑镒官位连升四级，晋升为五品。后来引起唐玄宗注意，询问此事，张说无从说起。一大臣十分诙谐地代答"此乃泰山之力也",妙语解颐。后来,人们就把丈人和泰山联系在一起,称丈人为"泰山"或者"岳父"。泰山顶上也就有了"丈人峰"。

历史上最后一个在泰山上举行封禅大典的是宋真宗赵恒(968—1022)。

宋真宗赵恒是在澶州(今河南省濮阳市)打了胜仗,反而订了屈辱的澶渊之盟(每年都向辽国输银和绢)以后,为息外患内怨,在奸相王钦若的怂恿下,来泰山封禅,希冀达到巩固政权的目的。

王钦若先后在泰山搞了"降天书""出醴泉"的人为"祥瑞"之后,宋真宗赵恒于大中祥符元年(1008)十月在泰山举行了盛大的封禅大典和答谢"天书"的活动。宋真宗是历史上帝王封禅活动中行为最不光彩的一个,以至宰相王旦为此临终抱憾不已:我一生清白,问心无愧。唯独封禅之事无颜去见列祖列宗,九泉之下难以瞑目。但是宋真宗赵恒泰山封禅之行却给泰山留下了三处大的庙宇。其一,因在岱顶发现的一个石雕女像,尊为天仙玉女,建造了昭真祠。这就是岱顶上明清以来香火日盛的碧霞祠。明代拓建,殿宇顶部换成铜鸱铁瓦,成为中国高山建筑中不可多得的建筑群。其二,加封泰山神为"天齐仁圣帝"。仿宫城之制,拓建岱庙,岱庙遂有现存的宏大规模。其三,因在泰山得天书而修建了天书观,在泰安旧

唐摩崖石刻　陈爱国摄

城西北，已圮。从此，泰山上下道教香火旺盛，连皇帝也要顶礼膜拜，封禅仪式遂止。

最后到过泰山的两个封建皇帝是清朝的康熙帝和乾隆帝。

康熙皇帝爱新觉罗·玄烨（1654—1722），在位期间两次登过泰山。一次来祭泰山神（康熙二十三年，1684）；另一次是南巡经过（康熙四十二年，1703）。每次礼仪都比较简单。他写了一篇《泰山龙脉论》；从政权统治需要的角度，论证泰山发源于满族世居的东北长白山，并有诗文题刻于泰山。他很重视宗教对维护封建统治的作用，曾说修造一座庙，胜养十万兵。

乾隆皇帝爱新觉罗·弘历（1711—1799）是中国历史上到过泰安次数最多的封建帝王。他在1748年至1790年的42年之间，来泰安11次，登上泰山6次。他效法祖父康熙皇帝，不搞封禅大典，只"三跪九叩"，简单地祭祀一下泰山神灵。乾隆一生广游历，好诗文，仅围绕泰山就写诗140余首，刻于泰山上下。今日岱庙和泰山登山盘路两侧，都可见到他那飘逸潇洒的书体墨迹。

浏览一下中国史籍，还可看到：尽管中国历史上有许多封建帝王没有登封泰山，但自秦统一中国以后，无论是大一统之时，还是群雄裂土分疆之际，只要泰山在其疆界之内，当权者总不忘遣官致祭泰山。元朝统一中国后，加封泰山神为"天齐大生仁圣帝"。朱元璋建立明王朝后，又以出身寒微，人间天子不宜给上天神灵加封号为由，去历代帝王所加封号，只尊其为东岳泰山之神。今天，朱元璋的《去东岳泰山神封号碑》依然耸立在岱庙天贶殿前。

由于封建帝王在泰山不断进行封禅祭祀活动，宗教活动也随之繁衍发展。自道教形成之初，泰山之上就有名士居洞修行。随着封建统治者把封禅活动同道教融合利用，自汉以来，沿登山封禅主线（今日泰山东路）两侧，道教庙观不绝于途。泰山庙、岱岳观、岱庙、王母池、红门宫、壶天阁、碧霞祠、玉皇庙香火不断。佛教传入中国之后，前秦之时，泰山北麓的昆瑞山就建立了"朗公寺"。北魏时泰山玉符山下建立了"灵岩寺"（该寺同

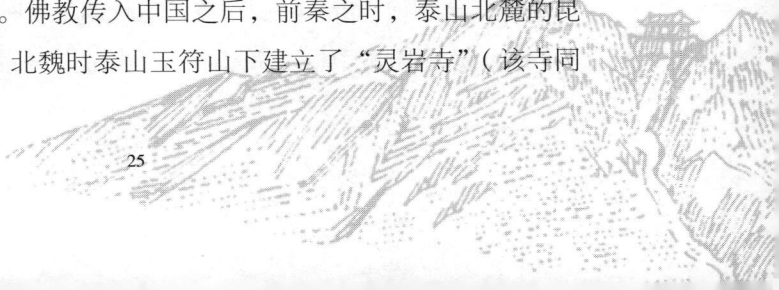

浙江天台国清寺、湖北江陵玉泉寺、南京栖霞寺并称中国的四大名寺）。中溪石坪上刻下了北齐人书写的《金刚般若波罗蜜经》；其后泰山四麓先后创建了神通寺、光华寺、普照寺、竹林寺、谷山玉泉寺等 20 余处佛院。

泰山不仅是封建帝王登封、宗教寺庙繁衍的一座神山，也是历代人民反抗封建压迫，争取解放，捍卫正义的斗争基地。西汉末年，樊崇领导的农民起义队伍——赤眉军，就安营扎寨在泰山傲徕峰下的扇子崖，把泰山作为他们进攻退守的根据地。公元 25 年，赤眉军和绿林军一起，推翻了篡汉的王莽新朝；著名的唐末黄巢起义也曾把泰山作为依托，顽强地同镇压者进行搏斗，最后，黄巢起义军全部壮烈牺牲于泰山以东的狼虎谷；南宋时，济南人耿京在泰山组织了抗金义军，队伍发展到 20 余万人，给南侵金兵以沉重打击；泰山中溪崖石上刻记着元末红巾军攻占泰安州的战绩；泰安城下洒下了明末李闯王部属将士的鲜血；清末山东捻军也曾转战泰山南北。研究中国农民战争史的孙祚民教授查阅了大量史料后惊异地发现：在中国整个封建社会时期，几乎每个王朝都有农民在泰山一带发动起义。孙教授在总结这一奇特的历史现象时认为：既然封建统治者都借这座神山来巩固政权，那么农民们也就希望依仗这座神山保佑起义取得胜利。

抗日战争时期，著名爱国将领冯玉祥先生（1882—1948）也将激励人民抗日的口号刻写在泰山五贤祠旁的洗心石亭之上："别忘了东三省被日本人侵占了去，一切有骨头的中国人都要拼命夺回来！"泰山上下凝聚着几千年来中国人民反压迫、求解放、争独立的英雄气概。

泰山又是中国历代文人荟萃之区。

千百年来，中国历代的文人名士都向往能登临泰山，饱览中国的第一名山，抒发自己的豪情逸志。披览历史，来登临泰山的文人学士，自孔子起，历代都不乏其人。诸如西汉的司马迁，东汉的张衡，三国时期的曹植，晋代的陆机，南朝宋人谢灵运，唐代的李白、杜甫、刘禹锡，宋代的苏轼、石介，金代的元好问、党怀英，元代的王旭、张养浩，明代的王守仁、边贡、王世贞、于慎行、董其昌、宋焘，清代的王士祯、施闰章、朱彝尊、姚鼐等；讴歌赞美泰山的佳作不绝于篇，孔子的"登泰山而小天下"，李白的"天

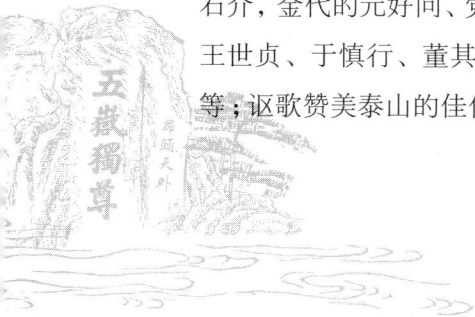

门一长啸，万里清风来""凭崖览八极，目尽长空闲"，杜甫的"会当凌绝顶，一览众山小"，都已成了脍炙人口的千古名句。姚鼐的《登泰山记》成为迄今为止难得的散文游记。历代泰山诗文是中国文化史上的精华之一。

泰山上下，自秦始皇刻石记功以来，迄今为止保留下了 1300 余处刻石。所刻内容繁杂：帝王封禅告成，王公大臣致祭，寺庙创建重修，朝山碑铭石经，诗文题景喻志，楹联题记颂岱，涉猎万般不一。其书体真、草、隶、篆俱全。置身其间，可得书法精达之妙趣，可览历史纪实之渊博。泰山石刻堪称一部反映中国历史文化的"石书"。

泰山为什么会得到中国历史的如此厚爱？除了前面所叙述的史前文化的原因，即泰山是中国古代文明的发源地之外，还有一个重要的原因，这就是泰山所独具的雄伟形体，处于中国大地东部的优越地理位置，以及后来被人们把这一得天独厚的条件揉进了中国古老文化的认识演化过程之中。这是泰山的一个非常重要的特点。

泰山，又有岱山、岱宗、岱岳、东岳、泰岳之称。"泰"在古时与"大""太"通义。岱，始也；宗，长也；其意为泰山是高大之山，万物更始之处，群山之宗。"岱山"之名见于《周礼》："河东曰兖州，其山镇曰岱山。""岱宗"之名见于《尚书》："岁二月，东巡狩，至于岱宗。"岱宗者，泰山也；"岱岳"之名见于《淮南子·地形训》："中央之美者，有岱岳。""东岳"之名见于《毛诗诂训传》："岳，四岳也，东岳，岱。"岳，高大之山。"四岳"，最早指尧、舜之时的四方部落酋长。后来指镇守四方的大山："昔三代之君（居）皆在河洛之间，故嵩高为中岳，而四岳名如其方。"（《史记·封禅书》）

春秋时代的古代思想家企图用日常生活中常见的水、火、木、金、土五种物质来说明世界万物的起源与多样性的统一。创立了"五行"之说，到了战国时代这种学说很流行，并出现了"五行相生相胜"的原理，即"五德终始论"。人们把五岳名山按其方位纳入了这些理论认识中去。泰山居东方，东方又是太阳初升的地方。在此之前，人们已经认为东方是万物交替，初春发生之处。按"五行"东方属"木"；按"五常"（仁、义、礼、智、

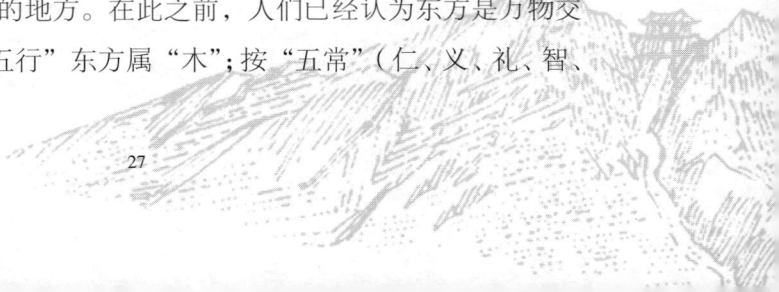

信）东方为"仁"；按"四时"（春、夏、秋、冬）东方为"春"；在《周易》的"八卦"（乾、坤、震、巽、坎、离、艮、兑）之中，东北方为"震"。"东"字繁体字为"東"，是一个会意字。从人们造写此字时，也可看出，此字从木，日在其中，取日出扶桑之意；"仁"指天地大德；"春"为万物更生之始；"帝出乎震"，"震"是帝王出生受命腾飞之地。多元归一，泰山主"生"，化生万物。于是泰山被视为神灵之区，紫气之源，万物交代更始之所。在远古"柴望""巡狩"的演义下，成为"吞西华、压南衡、驾中嵩、轶北恒"的五岳之首，群山之宗。终于帝王封禅，名士慕游，宗教繁衍，万民祈福；千百年来，纷至沓来，从未有过间断。他们都在泰山上下留下了自己的踪迹。人类把泰山雕琢成一幅反映中国历史文化的立体画卷，成为一座东方古代文化艺术的宝库。

华夏之魂

泰山是中华民族的伟大象征。

北京大学著名美学家杨辛教授多次考察泰山之后，曾赋诗一首，热情赞美了泰山："高而可登，雄而可亲。松石为骨，清泉为心。呼吸宇宙，吐纳风云。海天之怀，华夏之魂。"此诗高度概括了泰山所独具的崇高价值。

泰山宏大的自然形体，丰富的景观形象，崇高的赋存精神，灿烂的山水文化，悠久的名山历史，使它自有史以来，无论在帝王君主面前，还是黎民百姓心目之中，都是至高无上的。"稳如泰山""有眼不识泰山"之类的成语，早已深入人心。泰山具有突出普遍意义的多种价值。这些价值概括起来就是：自然形体的稳重高大、雄伟、秀奇，具有中国传统的阳刚之美，成为历代社稷寄重之地；人文景观的历史悠久、丰富连续，又是中华民族自强不息、不断进步精神的突出反映。人文景观和自然景观的融于一，使泰山成为中华民族历史的见证，世界范围内的珍贵遗产。

大自然造就了泰山盘亘于华北大平原之上的雄伟高大的躯体，巍巍山体之中蕴藏着奇丽多姿的自然景观。置身其中，登临泰山会给人们奋发向上的启迪和鼓舞，显现出一种魅力无比的阳刚之美。

泰山养育了中华民族的一支先民，更以得天独厚的地理位置成为中华民族几千年来王朝更替、社会兴衰、人民奋争的必临之地。中国历史上几乎每一个时代都在泰山上刻下了他们的印记。人类在改造社会的同时，也不断雕饰着泰山，赋予泰山中华民族的文化、文明和精神。尤其是经过千百年沧桑巨变之后，泰山之上，雄伟的自然风貌和丰富的人文景观交相

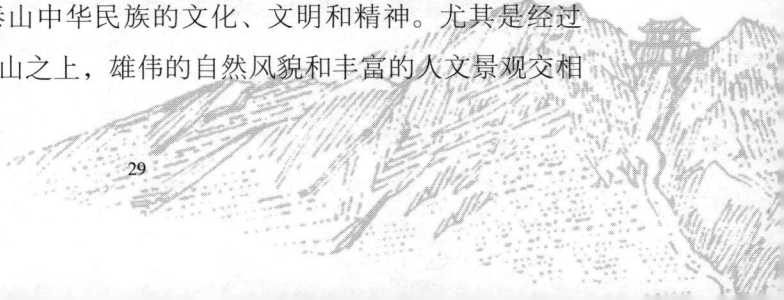

泰山十八盘　张仁东摄

五岳独尊

融为不可分割的一体，成为世界上绝无仅有的泰山风景之美。

泰山独具神韵的自然之美，主要体现在它的高大雄伟的形体上。泰山主峰玉皇顶，海拔1545米。如前所述，在五岳之中，它低于西岳华山和北岳恒山的海拔高度，但泰山所处的地理环境之中有一个突出的特点：在北从燕山、太行山，西至华山、伏牛山，南达皖南、浙西，东到渤海、黄海之滨的广大地域之内，没有比泰山更高的山了。尤其在泰山之阳，汶河平原和泰山极顶之间形成了1360余米的相对高差。泰山南坡上有着近东西向的断层，泰山上升，汶河下沉，造成山势陡峻、峰崖如削。人们从南麓起足登泰山，真如上天梯，气势十分雄壮。泰山与周围平原、丘陵高低悬殊，突出的强烈对比在人们的视角上显得格外高大。因此，泰山拔起于华北大平原以东，凌驾于齐鲁丘陵之上，形成了异常高大的拔地通天之势。泰山主体突出，周围群峰罗列，如堆如丘，偃伏环卫，又构成了主从鲜明的对比形势。由于断层抬升，造成了泰山台阶式的山势。其南面，三条正盘上升的三个断裂：云步桥断裂，中天门断裂和泰前断裂

十八盘形成了泰山陡峭高峻的三大台阶式的地貌形势，也就产生了由低到高十分鲜明的层次和居高临下的高旷气势。同时，泰山绵延100余公里，盘亘在426平方公里的土地上，形体巨大，基础宽厚，又给人以"厚重""安稳"之感。正是这种突出的相对高差，鲜明的主从排列和宽广巨大的山体基础，构成了泰山雄伟高大形象的基调，也就使人们产生"身临玉皇顶，脚下万重山""唯有天在上""一览众山小"的雄伟之感和"直直危巅休怯险，登天毕竟要雄才"的心灵激荡之情。

同时，晕染泰山这种高大雄伟景象的还有遍山的松柏、巨石和变化无穷的泰山气象。泰山多苍松、古柏。松柏墨绿苍劲，尤具庄重神韵。盘道两侧古柏参天、郁闭成洞，悬崖峭壁之上，古松散植其表，纷呈平冠伞状，大有"壮士披甲"的雄姿奇态。泰山之上有许多石壁、石坪，多为花岗岩构成。岩性坚硬，外壳形成球状风化，浑厚圆实，十分壮观。谷溪、石崖处常见巨石重累，时时赫然于目，动人心魄。有人曾把泰山喻作一个力士的躯体，这些累累巨石就是力士筋骨上的团块肌肉结构，蓄积着无比的力

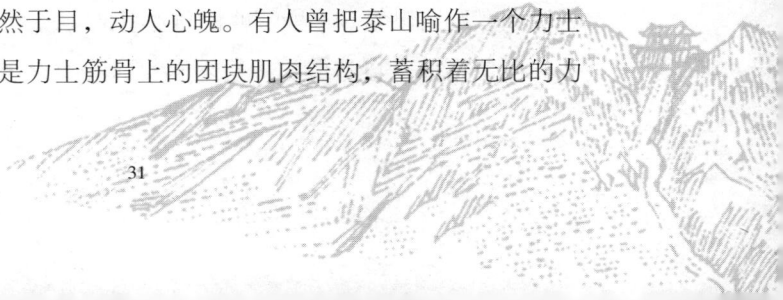

量，给人以腾飞的激励。泰山气象变化万千，时而烟海云涛，铺天盖地；时而晴空万里，黄河如带。在泰山之巅观日出，可见旭日冉冉跃出天地之间。在泰山之上赏云海，可见白浪无际，推波助澜于泰山四际。尤其是"云海玉盘"奇观：缭绕于泰山之下的雪涛云浪，宛如一个巨大的玉盘把泰山托起，显现出泰山独立于万顷银海之上的雄姿。人们登临泰山极顶，晴空万里之际，当"呼吸宇宙"；云雾缭绕时，会"肤寸生云"。这些万千气象更使人们在泰山高大雄伟的形体环境之中产生不尽的激情："眼底乾坤小，胸中块垒多，峰头最高处，拔剑纵狂歌。"

人们通常把自然风景之美的特征概括为雄、奇、险、秀、幽、旷等几种类型。而泰山除了上述宏观上的高大雄伟形象之外，雄中还蕴藏着奇、险、秀、幽、奥、旷等多种美的形象。中天门以下秀的景物较多，斗母宫东侧位于中溪之中的"三潭叠瀑"，黑龙潭百尺银帘之上的长寿桥，可谓"雄中藏秀"；各类危岩陡崖，诸如百丈崖、瞻鲁台、扇子崖等景，可谓"寓险于雄"；而仙人桥、拱北石、卧龙松，又可谓"雄中有奇"；位于泰山主峰东北部的后石坞一带："古洞滋灵液，危岩挂怪松，可同书法论，入妙在藏锋。"秀丽景致则体现了自然风光的"幽"与"奥"。登岱顶"凭崖望八极，目尽长空闲""沧海似熔金，众山如点黛"，即"小天下"的视野，更得泰山旷景之妙。

泰山这种以形体雄伟高大为基调的自然之美，反映了我们民族几千年来形成的民族美学思想。泰山的美体现了中国古代美学范畴的"大""壮美"和"阳刚之美"。同样，在中华民族传统意识中又常把这种"壮美""阳刚之美"的概念同"国家""社稷"联系起来，把泰山看作国家稳定、社稷牢固的象征。《诗经》中的"泰山岩岩"，汉武帝登泰山时赞为"高矣、极矣、大矣、壮矣、赫矣、骇矣、惑矣"，明太祖朱元璋的《御制泰山赞》中称泰山"根盘齐鲁兮，亦不知其几千百里"，都是颂扬泰山这种含有社稷稳固的"壮美""阳刚之美"。人们登泰山，可从领略泰山的雄伟壮美之中，领悟到激励自己攀登事业高峰的雄心壮志。

自然特征是自然美的物质基础，但泰山之美更融于我们民族的历史文

化。泰山作为历代登临的胜地，不同于一般的自然风光。泰山不是一种纯自然的存在，而是经过了几千年中国人的精心雕饰和营构，形成了自然景象和人文景观高度和谐、融于一的泰山风光之美。泰山景观十分生动形象地显示了我们中华民族灿烂的古代文化艺术、历史的发展进程和不息的自强精神。

如上所述，泰山以其特有的地理位置和高大雄伟的自然形态，得到了中华民族几千年的青睐。

中华民族把自己的文化、文明和思想精神留给了泰山。在泰山上，我们可以看到中华民族历史文化的发展：大汶口、龙山城子崖的丰富遗存表明了泰山养育了我们的一代先民；周成王封禅的明堂遗址，告诉人们三代之时这里已成为社稷的寄重之地；风韵犹存的李斯小篆刻石，矗立天际的无字碑，洋洋大观的唐摩崖，铜鸥铁瓦的碧霞祠，遍刻于泰山上下的御笔题刻，展示了泰山在代复一代的封建帝王心目中的地位；那不绝于篇的登岱诗咏，刻于山崖谷壁之上的千处"石书"，赞扬了中国山河的壮美，抒发了心灵深处的正气，悟出了社会人生的哲理，也显示了中华民族悠久的历史和不断进取的民族精神。

正是经过千年不绝的登临和建筑营造，使泰山形成了以富有壮美之感的自然景观为基础，渗透着人文景观之美的环境优良的地域空间综合体，以其特有的风韵，展示了中国名山的特点。

泰山的人文景观主要指建筑物、摩崖石刻和道路等。泰山人文景观的布局和创作是根据自然景观，尤其是地形特点和封禅、游览、观赏、宗教等活动的需要而设计的。布局的主体是雄伟高大的泰山形体，创作的主题是登山封禅、朝天览胜、祈求国泰民安的思想内容。布局构思的缘起正是从封禅仪式的两组内容，即登泰山之巅告天成功，祭山下小山谢地祇之恩的活动开始的。因此，这种布局形式的重点就是围绕从祭祀社首山（或邻近的蒿里山——都是泰山脚下的小山），到进行封天活动的玉皇顶之间10公里的登山道路两侧的范围内，把整个泰山的主体作为完整的自然空间进行巨大的整体构思。

泰山以南坡最为壮观。层次分明，主次有序，而且山势陡峭高拔。因此，历史上的封禅活动先北面（周成王），又东面（汉武帝），最后固定了从南面沿中溪上山的路线，即现在泰山东路的盘道。在这条10公里长的景观带上，大体分为三重空间和一条轴线。三重空间，一是泰安城为中心的人间闹市；二是泰安古城西南郊外过漆河桥至蒿里山一带为"阴曹地府"；三是南天门以上的岱顶区域为"天府仙界"。一条轴线就是联系人间至"天府"的路线，主要部分就是出岱庙北门长6600余级的"天阶"。由此构成一组生动形象的三元（地曹、人间、天府）胜境。

今日的泰安城最初是岱岳镇，因泰山而设。是从作为古代帝王封禅活动、黎民百姓朝山进香、游览观光者登山的处所和泰山管理机构的基地而逐步发展起来的。位于泰安古城北门内的岱庙是封建帝王封禅活动中驻跸和举行祭祀大典的所在。一条轴线从泰安城南门——泰安门开始，穿过岱庙（岱庙就在泰安城南北相直的轴线上），向北延伸到岱宗坊，然后与登山盘道相接而通往"天府"。这样，使山与城不仅在功能上，而且在建筑空间序列上，也浑然一体。这一序列按照朝天登封活动的程序次第展开，一天门、二天门（即中天门）、升仙坊、三天门（即南天门）依次而上。贯穿了一种从"人间"到"仙境"的过渡思想。从地形上看，先缓坡，再斜坡，直至陡坡。人们由低到高，步步高升，最后犹如登上巍巍"天府"仙境；从建筑规范上看，则由严整（泰安门、岱庙建筑群、岱宗坊），到自由（盘道之上，因地势而建的建筑体），因自然环境而异；从意境上看，是由人间闹市上达穹宇，渐入仙境；从色调上看，红墙碧瓦始终与苍松翠柏交相辉映。通过三里一旗杆、五里一牌坊，和漫漫的登山石阶连贯起来，形成了一条十分壮观的封禅朝天序列，成为一组人工与自然珠联璧合的杰作。

泰山人文景观最突出的特点是对地理环境的利用。如对封禅活动序列位置的空间选择上，首先充分利用了泰山南坡断层陡壁峭崖之势，造成了登"天梯"的意境。同时，把登山路线辟在谷底，溪畔两侧峰峦如屏，形成半封闭型的自然环境。人在谷中前进，视野受限，而且越行越窄，直至

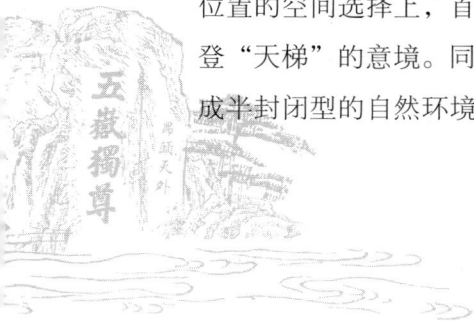

南天门才得放开。前奏特别长，对比十分强烈，造成了环境感应的心理状态。如此登山，犹如步步登天，十分扣人心弦。而对建筑物的修建，无论是单体建筑，还是群体建筑，均借地势而造。有跨道而立的门户建筑，有登山转折处的导向建筑，有临溪而建的休息赏景建筑，有半山悬挂的宗教建筑，还有矗立的祭祀建筑等，各具神采，其中尤以南天门的构筑最为成功。南天门位于封禅盘道的最险处——石壁峪的顶端。这里"两山竦削壁立，东曰飞龙岩，西曰翔凤岭"，是十八盘"天梯"的尽头。两峰夹峙，人从缝隙底处来，仰视天阙，如从穴中视天，非常险要。一旦登上南天门，倍觉天地之宽。古时，因此处极险，呼之为"天门"。但并没有人为的建筑。至元代中统（1260—1264）年间，一道人借此天险筑成一座关阙：红墙壁连飞龙、翔凤二峰，正中辟门独吞沟底盘道尽处，门上高筑黄琉璃瓦楼阁，上悬一匾"摩空楼"，楼阁与苍岩蓝天交相辉映，险中制奇，倍显雄壮无比。天门两侧镌刻一副楹联："门辟九霄仰步三天胜迹，阶崇万级俯临千嶂奇观"，道出这里的雄伟景致。借天险而筑雄关，建筑虽不宏大却很雄伟。南天门位置的选择和建筑形象的创造，生动体现了自然天门有"境"，人工天门有"意"。人工凭借自然之势，自然巧得人工之力。意境相宜，构成了人类文明的千古诗篇，显示了创建者独具匠心的构思。

泰山古建筑不仅宏制之举因山就势，得力于自然，而且在微小地形处理上，也常不动基岩而美化庭园。岱顶玉皇庙内的"极顶石"就是很好的一例。泰山极顶石原置于玉皇庙殿下，明代万恭才撤殿于其北，突出极顶石于院中。几块浑圆的石头，犹如整座泰山的浓缩。可谓小中见大，使得原来狭小单调的庭院变得很有情趣，十分令人回味。如此佳构，使得庙观融于自然环境之中，自然环境渗入庙观之内，达到了内外呼应，相互渗透，巧借自然，精在体宜的良好效果。

泰山古建筑保存至今 20 余处。除了战国齐长城，汉武帝石表，大隋四门塔，唐代灵岩寺惠崇塔，宋代灵岩寺佛殿、辟支塔之外，众多的是明清时期的建筑。这些古建筑的存在，不仅为我们留下了山岳建筑顺应自然之势，用不同的艺术形象协调、加强自然之美，表现、深化自然意境的巧

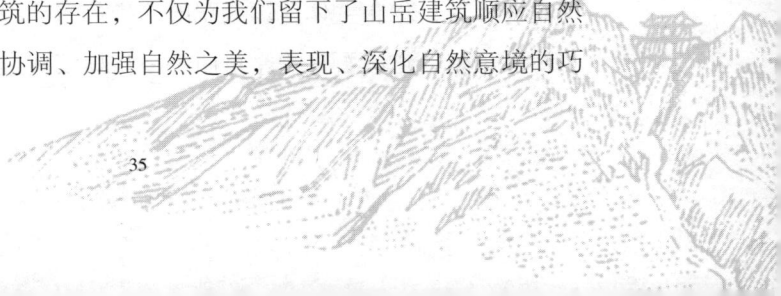

妙构思，还为我们留下了建筑与自然景观融为一体的中国古老名山文化精华，体现了中国古代文化艺术传统建筑技艺的精湛。

　　在泰山的人文景观中，与自然雄伟景象相得益彰的是摩崖刻石。据不完全统计，仅围绕封禅盘道，历代碑碣刻石就有800余处。

　　刻于中溪溪水石坪上的经石峪《金刚般若波罗蜜经》，被誉为"大字鼻祖""榜书之宗"，其字体势开张宏阔，古劲深雄，丰润浑穆，传为"北齐人所书"。刻石所在景位幽畅，体例布局舒展自然，峪旁筑一石亭，上有一镌刻对联：天门倒泻一帘雨，梵石灵呵千载文，道出了南天门与经石峪景观的呼应和协调。

　　唐玄宗李隆基《纪泰山铭》刻石，充分利用岱顶大观峰岩壁的自然节理面，既雄伟又自然，其书法的雄强之势，婉润之体，端庄之态均与泰山景观浑然一体。八分隶书之上，后人敷以金箔。蓝天苍岩之中，但见金光灿烂，十分壮观。

　　盘道沿途，刻石遍布，内容十分丰富。有的即景抒情，如"渐入佳境""峰回路转""峻极于天"；有的寓意哲理，如"登山必自""洗心涤虑""山险心平""从善如登"；有的象征民族与国家，如"民族精神""与国同安""国家柱石""平原保障""山河元脉"；有的点石成景，如"斩云剑""飞来石"；有的因景寓意，如"虫二"（取"風月无边"之意）；有的因石赋题，如"万笏朝天""醉心石""一拳石"；有的即景联想，如"荡胸生层云""呼吸宇宙"，等等。书体流派各异，布局谋篇百态。因石题咏，各宜其景。泰山摩崖刻石规模的宏大，数量的繁多，时代的延续，构景的巧妙，风格艺术的精湛，内容的广泛，都可堪称中国名山之最。

　　泰山摩崖刻石之中，借景抒情、咏志、喻理的内容很多。置身其间，人们抚石览胜，会受到民族自强精神的熏陶，会感染奋发攀登的气息，给人以鼓舞，给人以志气。

　　泰山景观（指人文景观和自然景观的融合）宏大的整体和谐的核心是厚重、壮美！岱庙主体建筑天贶殿的雄伟庄严，七千级登山石阶的通天气势；一系列石坊、石亭的厚重质朴；岱顶汉武帝石表的浑厚，经石峪、唐

摩崖刻石的雄浑磅礴，都显示了泰山的这一风韵。同时，建筑物大量使用厚重坚实的泰山花岗岩、片麻岩，和山体基调取得了内在的统一和协调，又突出了泰山的这种风韵。泰山的这种风韵，正如明代一位学者所讲："泰山元气浑厚，绝不以玲珑小巧示人。"正是这种民族美学的传统熏陶，使泰山经过千年精心琢饰，成为独具民族精神风韵的历史名山。

泰山人文景观艺术风格的最大特点，就是宏观构思上的整体和谐，微观艺术处理上的融于自然。两者互相渗透，浑然一体，使人文景观起到了烘托和渲染泰山雄伟形象及其气象万千的作用。同时，融于泰山雄伟形体之中的民族文化、文明的精粹——泰山人文景观又成为启迪人们前进的风物精华，达到了雄者益雄、秀者益秀的效果，这是人工与自然巧妙结合的结晶。

仅从有信史可考的两千年历史来看，泰山受到整个封建社会国家最高统治者——帝王的朝拜。帝王封禅这一特殊的历史活动，一方面是统治者以神道设教，借以巩固其政权；另一方面，又是四海联合、国家统一兴盛的标志（一般改朝换代，易姓而王，或国家稳定昌盛才行封禅大典）。这就使泰山成为国家和民族的精神支柱——"泰山安，四海皆安"。雄伟高大的泰山，在人民群众的心目中，成了中华民族崇高精神——中华之魂的代表。"稳如泰山""重如泰山""有眼不识泰山"的意识已深入到亿万炎黄子孙的心中。

综上所述，泰山无论从时间的进程——历史，空间的结构——形体，精神文化的结晶——人文景观之中都包含着十分丰富的内容，从而使泰山逐渐形成了中华民族历史文化的结晶，成了中华民族的伟大象征。这就是融雄伟壮丽的自然风光和丰富的历史文化内涵为一体的泰山风光之美的最高价值。

泰山这一独具的价值已经得到世界的承认，1987年联合国教科文组织世界遗产委员会特派官员、新西兰专家卢卡斯在泰山实地考察后指出："从泰山的材料中看到了中国人民的审美观，它启发我们更新对世界遗产的认识""泰山兼有自然的、历史的、文化的价值，这就是个好特点。这意味

着中国贡献了一种特殊的、独一无二的遗产"" 泰山把自然和文化独特地结合在一起，并在人与自然的概念上开阔了眼界。这是中国对人类遗产的巨大贡献"。泰山被该委员会接纳，列入世界遗产目录，成为我国第一批被联合国教科文组织接纳为世界自然文化遗产的六个项目之一（其他五个是长城、故宫、敦煌石窟、秦始皇陵（包括兵马俑）、周口店北京猿人遗址）。

泰山将在世界范围内展示它所具有的价值，展示中华民族的文化，为祖国争光。

巍峨泰山，华夏之魂！

壮美东岳，世界遗产。

造化钟神秀

明代王思仁曾讲：生在中国而见不到泰山，见到泰山而不能游，虽游而不能以两日达到遍游，实在是人生的一大遗憾之事。

要想遍游泰山，尽览其胜，必须在行前对泰山重要景区的分布、名胜古迹的历史有一个较全面的了解，科学地安排时间和路线，才能达到目的。

泰山虽然盘亘齐鲁大地400余平方公里，但是现在我们所说的泰山风景名胜区及其规划面积只是其中的一部分。1981年第四次规划时的范围是：南起泰城北面的环山公路，北至谷山玉泉寺（俗称佛爷寺），东起柴草河，西至桃花峪口，并包括泰城内的岱庙、岱宗坊、灵应宫，面积约125平方公里。1987年修改泰山风景名胜区规划时，又扩展到泰山西北麓张夏附近具有较高地质科学价值的寒武纪地质标准剖面地带，面积310余平方公里。在这个范围内集中了泰山绝大多数的自然、人文景点和历史文化遗迹。其中，泰城北面的泰山主峰周围，即南起环山公路，北至玉皇顶、后石坞、九龙岗，西至傲徕峰，东到大小罗汉崖摩天岭（含泰城内的岱庙、岱宗坊、灵应宫），面积为19.5平方公里的范围内又集中了泰山自然、人文景观的精华，显现了中国其他名山所不具的神采，是泰山风景名胜区的主景区。

从目前状况看，泰山有六个主要游览区，即上述主景区范围内的岱庙游览区、泰山东路游览区、岱顶游览区、泰山西路游览区、环山路游览区和位于泰山西北麓的灵岩游览区。另外，还有几处分布在泰山四周的重要景点。如大汶口遗址、徂徕山风光、谷山玉泉寺、齐国古长城遗迹和张夏标准地层剖面等。

岱岳神宫

岱庙游览区包括岱庙、岱宗坊和灵应宫三处与泰山有密切联系位于泰城城区内的景点，其中最主要的部分是岱庙。

岱庙位于今泰安市城区的东北部。其庙南向，坐落于从泰安旧城南门开始，直通泰山极顶的封禅祭祀古御道的中轴线上。岱庙建于泰安旧城的北部。岱庙南北长约 406 米，东西宽约 237 米，总面积近 9.6 万平方米，是泰山上下最大的古建筑群。

岱庙，也称东岳庙、泰岳庙，俗称泰庙。是封建社会供奉泰山神、举行祭祀大典的地方。

岱庙始建于何时？目前尚无确切的考证。有人曾以岱庙内《大宋天贶殿碑铭》文中有"秦既作畤""汉亦起宫"的词句，推断岱庙创建于秦汉之际。此说不能令人信服，根据现有文献资料分析，这里在封建社会之初，曾是筑坛祭祀上天和泰山神灵的地方。至唐玄宗封泰山神为"天齐王"后，才有了明确祭祀泰山神的庙。宋真宗封泰山神为"天齐仁圣帝"后，又易地改建。到了宣和（1119—1125）年间，"增治宫宇，缭墙外周，罘罳（音夫思）分翼，岿然如清都紫极。望之者知为神灵所宅。凡殿、寝、堂、阁、门、亭、库、馆、楼、观、廊、庑合八百一十有三楹"（《宣和重修泰岳庙记》）。也就形成了今天所见到的岱庙的宏大规模。正是因为尊封泰山神为"帝王"，构筑庙宇自然"清都紫极""如宫城之制"了。

岱庙是按照唐宋以来祠祀建筑中最高级的标准修建的。采用了以三条纵轴线为主，两条横轴线为辅，均衡对称，向纵横双方扩展的组群布局形式。从岱庙南门外的门户建筑遥参亭起，正阳门（南门）、配天门、仁安门、天贶殿、正寝宫、厚载门（岱庙后门）依次坐落于纵轴线上，采取了院落重叠的纵向发展；同时，两侧沿两条横轴线（东华门和西华门之间，延禧门和炳灵门之间）向横向扩展，形成了对称的四个别院：西为唐槐院（原延禧殿院）和雨花道院；东为汉柏院（原炳灵殿院）和迎宾堂（即东御座）。由正阳门向北，过两座庭院才进入岱庙的中心部分。岱庙的主体建筑——

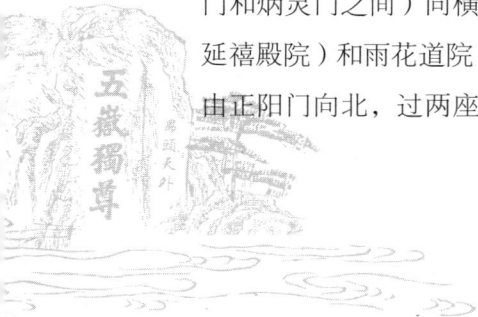

鸟瞰岱庙　邢永来摄

宋天贶殿建于庙正中偏后的高大基址之上。大殿两山引出横廊，南向再折与前面的仁安门两山相连，组成主体建筑突出的中央方正廊院。岱庙四周高筑城堞，四向辟门八个，其中南向五个：正中南门即正阳门，正阳门两侧各有掖门一个，两掖门外，又各辟一门，东为"仰高门"，西叫"见大门"，均取瞻仰泰山"仰之弥高"之意；东向一门称东华门，也叫青阳门；西向一门称西华门，也叫素景门；北向一门即厚载门，取"地以厚为德，大地能载九皇之德"之意。各门之上原都高筑城楼。庙墙四角也有角楼，各以八卦中的方位得名：东北为艮、东南为巽、西北为乾、西南为坤。庙内广植古柏、银杏和国槐等树龄长寿之木。红墙黄瓦掩映于苍柏翠色之中，蔚为壮观。因此，岱庙形成了规模巨大、布局严谨、对称规整、主体殿堂突出、绿树苍翠、雄伟壮观的建筑群体。只是明清以来，曾多次毁于战乱和天灾（主要是火灾），屡圮屡建，现存建筑主要是明清以来的重建和增建物，虽然不十分完整了，但仍保持了殿宇威严壮观的风貌。

遥参亭位于岱庙之前，是岱庙的门户。南北长66米，东西宽52米。主要由山门、正殿、配殿、方亭和后山门组成，为纵向二进庭院。山门、正殿、方亭和后山门建于纵轴线上，与岱庙正阳门相直。正殿五间建于院中中央台基之上。九脊歇山顶，上覆黄色琉璃瓦。

遥参亭，又名"草参亭"。封建社会帝王以及王公大臣来泰山举行祭祀大典时，都要先到这里举行简单参拜之后才能入庙举行正式大典。此名取"草草参拜"或"遥遥参拜"之意。遥参亭，唐代为"遥参门"；宋代在门内筑亭，改称"遥参亭"；明代扩建，建殿围墙，并奉泰山老母——碧霞元君像于其中，遂成为完整的庭院建筑。现经翻修彩画，面貌焕然一新。殿内早无神像。泰安市博物馆将正殿和东西配殿装饰粉刷，辟为三个展室，成为泰安市举办各种专题陈列之所。

前院东南树有一碑，系清代康熙五十九年（1720）泰安州官吏告谕百姓不要轻生的《禁止舍身》碑，此碑应当刻立于岱顶舍身崖旁（即瞻鲁台），不知何故弃于遥参亭。1983年掘地重得此碑，管理人员复立碑于遥参亭。此碑颇能反映宗教惑人，愚民轻生的历史现象。

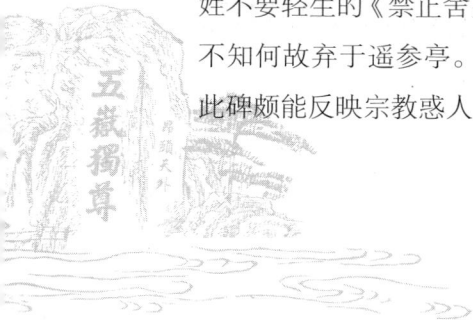

后院新辟盆景园,以泰山松为其精华的百盆树桩盆景各呈雄姿奇态,十分惹人喜爱。

岱庙坊　邢永来摄

遥参亭南山门前矗立着一座四柱三门石坊,额称"遥参坊",是清代乾隆三十五年(1770)建造。石坊左右,雄踞清代铁铸狮子一对。石碑坊道南,古槐蔽荫之下有一座石砌栏板的长方形水池。因池中西北、东南两角有一对石雕龙头吐吞池中流水,故名"双龙池"。双龙池是清代光绪年间,为了解决泰城饮水,引王母池之水而建,水池栏板之上镌刻"龙跃天池"四个大字,池南竖立两通石碑,刻记引水修池工程始末。

双龙池北,矗立一座如刺天利剑状四棱攒尖石碑。南北两面均书"济南五三惨案纪念碑"字样。1928年日军占领济南,于5月3日屠我军民5000余人,省政府被迫迁至泰安,于1929年立此碑,以志国耻。1937年日军侵略者侵占泰城后,爱国志士将此碑埋藏于遥参亭院内。1983年春,因绿化掘土而复得,重立于双龙池前。

遥参亭与岱庙之间有岱庙坊。石坊通高12米,宽9.8米,四柱双挺于两块方体的石座上,坊顶中高旁低,都雕作殿阁九脊歇山顶状,正中脊上立一宝瓶，正脊四端各有高翘龙尾的吞脊鸱吻，其下面作斗拱承于横梁之上，通体雕刻龙凤等各种祥瑞图像、神采各不相同，栩栩如生。四柱南北抱鼓石上各有巨狮蹲列，周围都有幼狮攀耍，姿态各异，引人注目。这是泰山上下石坊中的瑰丽之作。岱庙坊系清代康熙年间山东布政使施天裔等人所建。石坊中间二柱南北两面都刻有对联。南向为施天裔撰书："峻极于天，赞化体元生万物；帝出乎震，赫声濯灵镇四方。"北面是当时的山东巡抚赵祥星撰书："为众岳之统宗，万国具瞻，巍巍乎德何可尚；掺群灵之总摄，九州待命，荡荡乎功孰与京！"两副联语高度概括和赞扬了泰山神灵至高无上的神威。

正阳门为岱庙南面正门，其门早圮。现在我们看到的岱庙正阳门及其两掖门和上面的城楼都是 1986 年复建的仿宋建筑，三座门洞之中都采用了宋代城门修筑中常见的排叉柱加固洞体的构筑形式，所见排叉柱均为仿木水泥构件。正阳门通高 20 米，其上部城楼五间高达 11 米，高耸于高高的墙垣之上。九脊歇山顶，上覆黄色琉璃瓦，檐下具施彩画。整座建筑形体宏大，富丽堂皇，十分雄伟，是岱庙建筑群中仅次于主体建筑宋天贶殿的高大建筑。这是中国古代组群建筑中宫城、祠庙的正门通常采用巨大形体，建于高台和城垣之上的习惯做法，以渲染宫城、庙宇气势雄伟。城楼之上南向高悬"岱庙"巨幅匾额，愈发显得岱庙正门十分威严。

由正阳门进岱庙，迎面即是配天门，其名取"德配天地""配天作镇"之意。面阔 5 间，九脊歇山顶，上覆黄色琉璃瓦，椽梁之上彩绘斑斓璀璨。配天门两侧原有殿堂，东为三灵侯殿，西为太尉殿。三殿之间以墙相连，构成岱庙中间第一进庭院。配天门北向与仁安门之间高筑青砖甬道相通。仁安门，名取"天下归仁"和"以仁治天下，天下则安"之意，建筑面积和形式与配天门相同。两山曾以横廊回连与岱庙主体建筑天贶殿相接，东西各辟神门与前面的三灵侯殿、太尉殿相直。可惜配天门、仁安门两侧的配殿、神门在十年动乱中被拆除。毗连配天门、仁安门两山修筑了现代几何形体的展室，破坏了岱庙古建筑群的布局和风貌，显得很不协调。

两门之前各有狮兽蹲列把守。前为明代铜铸高大的双狮，遍体铜绿，

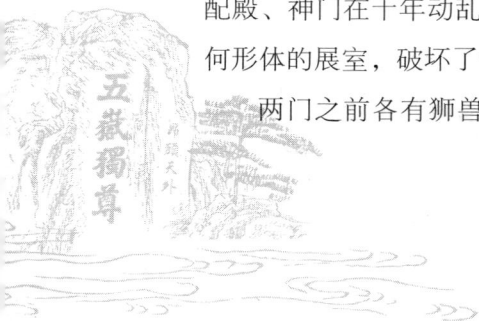

仰首含口蹲居石砌须弥座之上，十分雄壮。后为玲珑石雕玉狮一对，圆睁双目，雄视门前，也很威风。四狮重列，增添了庙貌威严之感。

配天门两侧都有林立碑碣，其中有北宋时代所立岱庙两大丰碑。西南方为大中祥符六年（1013）所立《大宋东岳天齐仁圣帝碑》，北宋翰林学士晁迥撰文，翰林待诏、朝散大夫尹熙古篆额并书，碑高8米开外，是封建统治者尊崇泰山神为帝王的见证；东南方为宣和六年（1124）所立《宣和重修泰岳庙记》，由翰林学士宇文粹中撰文、朝散大夫张崇篆额并书，碑高9米有余，记载着岱庙自北宋已初具规模的情况。两碑阴面各有明代题刻"五岳独宗""万代瞻仰"四个大字。两碑都立于方整的碑台之上。屃屭山蹲、巨石耸立。对峙双挺，蔚为壮观。

经仁安门向北便是岱庙宽阔的中心院落，这里古柏苍翠，参天蔽日。正面石筑大露台的北面矗立着这座庙宇的主体建筑——宋天贶殿，它与北京故宫的太和殿同为我国形制宏大的殿堂式建筑。

天贶殿面阔9间43.67米，进深5间17.18米，通高23.3米。六柱五架梁，重梁起架，十一檩副阶身内周匝廊式。殿身檐柱下旋隔扇，使前成廊。八根圆粗檐柱耸立于廊前，下承覆盆柱础。檐柱和殿身檐柱上施斗拱，斗拱为单翘重昂七踩计心造。上覆黄色琉璃瓦，五脊重檐庑殿式四阿顶。梁、檩、枋，额遍绘沥粉金琢墨石碾玉彩画。天花板彩绘金龙，顶部中间设藻井。双檐之间高悬"宋天贶殿"巨制匾额。整个建筑，高大宏伟，金碧辉煌。殿内正面神龛之中有1984年重塑泰山神泥胎神像，泰山神肃穆端坐，身着衮袍，手捧玉圭，冕冠九旒，俨然一副帝王之仪。神龛前面上方高悬清代康熙皇帝所题"配天作镇"的巨匾。高大的供案之上陈设着清代乾隆年间御赐的铜质五供。供案两侧陈列森严卤薄，井然有序。大殿东次间内矗立一架明代铜制照妖宝镜，此系遥参亭正殿碧霞之君神像身后之物。原神像既除，后移立于天贶殿中。

天贶殿内，可与梁檩枋额天花板之彩绘竞相争辉的是东、西、北内壁上的壁画——《泰山神启跸回銮图》。壁画高3.3米，全长62米，除山水殿阁树木外，共绘人物691人，生动形象地描绘了泰山神出巡（启跸）和

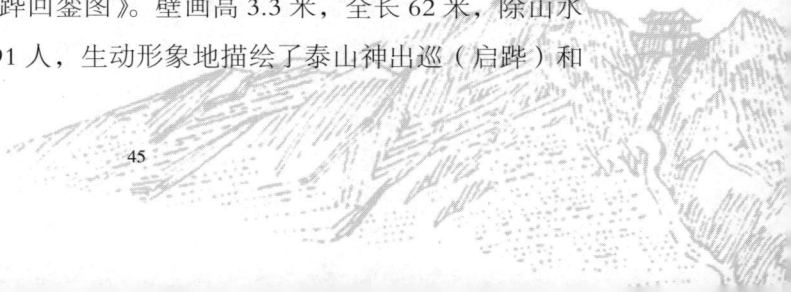

返回（回銮）的巨大场面。壁画最初传为宋代所绘，意在借泰山神反映宋真宗封禅泰山威严浩荡的场面。自宋朝以来，天贶殿屡圮屡修，甚至重修，壁画当然也就绝不是宋代的原作了，只是明清以来的重绘作品。但壁画保留了原作主要部分的内容风格，仍是我国现存道教壁画中的上乘之作。由于气候和墙壁颜料的病变，壁画出现了一些剥蚀、脱落现象，引起了中外有识之士的关注。为保护好这一壁画杰作，1987年泰山列为世界遗产之后，已经列为联合国教科文组织为保护世界遗产与我国首次合作的项目之一。

天贶殿前是宽敞的石砌大露台，周围石雕栏板环抱，云形望柱齐列，两侧玉阶成台对称。人们可迂回而登，显得十分庄严。大露台中间，放置一尊明代万历年间所铸大铁香炉。两侧是一对宋朝建中靖国年间所铸大口铁桶，为旧时蓄水防火之物。殿前檐廊之端，露台之上，各有六角方亭一座。其内都树立着乾隆皇帝游泰山所书诗碑，故名"御碑亭"。大露台南向石阶之前，砖砌甬道之上生长着一株苍劲古柏。因为岱庙南北相直的中心道上，独有此树当道不伐又挺立于天贶殿前，故名"孤忠柏"，取"孤柏披忠"之意。孤忠柏南面的小露台上，正中树立一块奇秀玲珑之石，石下有题刻，称"扶桑石"。因此石周身凹凸不一，很不规则。人们闭目抚摸此石环绕数圈后，难辨四向，多数趋北前行，摸不到前面的孤忠柏，故又俗称"迷糊石"。小露台南面，有一方形石砌栏池。栏池内外共有九块玲珑石，观赏九石之姿多如老人龙钟之态，故称石池为"阁老池"。《岱道》记载，扶桑石与阁老池内外九石都是"宋元之间浮海来献者"。

天贶殿前，左右共有四个碑台，碑台之上都暴露着粗大的石柱础，可见台上原都有亭。院中共有碑碣二十二通。东碑台上矗立着一通汉满两种文字的碑，此碑是清乾隆皇帝为其"六十庆辰"、其母"八旬万寿"重修岱庙的御制碑。东南碑台上共有三碑，其中的《大宋封祀坛颂》碑立于宋大中祥符二年（1009），碑文记述了宋真宗登封泰山时的典仪，具有较高的史料价值；《大定重修东岳庙之碑》立于大定二十二年（1182）由杨伯仁撰文，黄久约书碑，党怀英篆额。《岱览》载：杨伯仁"文词典丽"；黄久约"书笔秀逸"；党怀英"工篆籀，当时称为第一"。三美汇镌一碑，"实

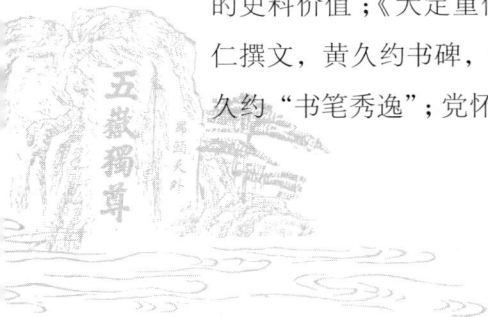

宋天贶殿　刘水摄

为金元一代金石之冠"。西碑台上矗立着明太祖朱元璋洪武三年（1370）御制《封东岳泰山之神碑》。碑文记载："皇帝制曰：磅礴东海之西，中国之东，参穿灵秀，生同天地、形势巍然。古帝王登之，观沧海，察地利，以安民生。祀曰，泰山于敬则致，于礼则宜。自唐始加神之封号，历代相因至今。曩者元君失驭，海内鼎沸，生民涂炭。余起布衣，承上天后土之命，百神阴佑，削平暴乱，正位称职。当奉天地、享鬼神，以依时统一人民，法当式古。今寰宇既清，特修祀仪。因神有历代之封号，余起寒微，详之再三，畏不敢效。盖神与穹壤同始，灵镇东方，必受命于上天后土，为人君者，何敢予焉？惧不敢加号，特以东岳泰山名其神，依时祀神。"此碑即俗称"去封号碑"。

西南碑台上有《大宋天贶殿碑铭》碑，立于大中祥符二年（1009）。主要记述宋真宗东封泰山，谢天书创构天贶殿之事。世人引证岱庙创建时代的"秦既作畤""汉亦起宫"词句，就出于此碑文中。碑阴有明天顺五年（1461）所刻《重修岱庙碑记》。

天贶殿大露台两侧各有一井。《岱览》记："大井极香冷，异于凡水。

47

不知何代所掘。不常浚渫（即疏陶）而水旱不减。""西尤甘洌"，今东井封堵，西井独存，其水清甜。

天贶殿四面环廊毁于清末。自 1981 年起，国家拨专款，在旧址基础上已经陆续复建廊房 62 间和位于西侧中间的重檐歇山顶的鼓楼。其中东廊房开辟为历代碑刻陈列室，西廊房建成汉画像石陈列室，西南廊房八间辟为历代石雕艺术陈列室，收进泰安市石雕刻石 100 余件，各具风采神韵不一，展现了泰安地区古代劳动人民精湛的雕刻艺术，反映了这个地区历史上经济文化的繁荣。

东碑廊中共收进自秦至清九个朝代中的 19 通碑碣。其中有复刻秦李斯小篆的二十九字碑，这是清代道光六年（1826），泰安知府徐宗干根据当时世上所存明代《秦泰山刻石》残存二十九字拓片复刻而成的。碑文颇具秦篆神韵。另有两通汉碑，其一是《汉故卫尉卿衡府君之碑》，碑高 2.75 米，宽 1.08 米，立于东汉灵帝建宁元年（168）。此碑原立在汶上县郭家楼，1953 年移立岱庙中，为衡方的门生在其死去后为追述衡方生平事迹所为。碑为我国现存汉碑中的珍品之一，碑文汉隶书体以体丰骨壮而著名。其二是《汉故谷城长荡阴令张君表颂》碑，立于东汉灵帝中平二年（185）。碑系张迁由谷城长升为荡阴令（汉时，小县之长称长，大县之长为令）之后，故吏为表彰其功绩所立。碑高 2.7 米，宽 1.15 米，两侧及顶高浮雕八条蟠龙相戏，显得格外威雄厚重。此碑长期埋于地下，到了明代为掘地所得，始重立于东平州学。1965 年由东平县政府院中移存岱庙之中。此碑自明代被发现后为历代金石、书法家所推崇："词旨谆古、隶书朴茂。""字体方整中多变化，朴厚中见媚劲。"《辞海》《辞源》中都收有词条。故宫所存《张迁碑》早期的拓片，被列为八大法书之一，收编在故宫博物院的《国宝》一书中，成为国家馈赠友邦的珍贵礼品。此碑不仅有较高的书法艺术价值，还有较高的史学价值。细读碑文就可发现一个特点，在仅仅 400 余字叙述张迁的事迹中，竟有一半文字是追述其祖辈功德的，甚至上溯到 1000 年前的西周宣王时代。从"以孝友为行"的张仲，"善用筹策"的张良，"建忠弼之谟"的张释之到"广通风俗，开定畿寓"的张骞，无不一一大加褒奖。

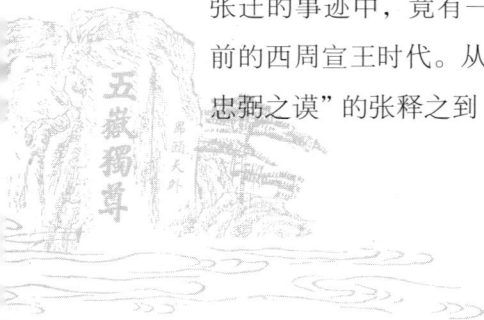

唐《双束碑》 刘水摄

由此可见，此碑为一个小小的县长升迁表颂，意在褒其族，扬其姓，正是当时士族官僚势力得志的一种风气。碑文中有"黄巾初起，烧平城市"之语，也从侧面反映了东汉末年农民起义势如破竹的斗争场面。张迁碑是现存汉碑中的精品。《晋任城太守夫人孙氏之碑》也立在碑廊之中。此碑始立于西晋泰始八年（272），原在新泰市张孙庄，1965年移立岱庙。碑文中叙述了晋吏部尚书孙邕之女，任城（济宁）太守之妻孙夫人慈孝贤良的美德。晋代多尚短碣，而独此《孙夫人碑》与济南历城的《郭休碑》、河南的《太公望碑》，高大丰雅，文字繁多，被誉为"晋代三大丰碑"。武则天摄政时遣人树立的《双束碑》就收藏在碑廊中，两块条石并立，每一块条石高2.38米，宽0.5米，上下共嵌入同一碑首和碑座之间。碑首影作唐代殿阁九脊歇山顶状，屋檐平直，勾头滴水隐约可见。碑文不仅刻有与武则天有关的八则文字，而且前后共刻唐代六帝一后（高宗、中宗、睿宗、玄宗、代宗、德宗和武则天）在泰山的斋醮造像投龙之事二十则。浏览碑文可一睹武则天所造文字的丰采。同时，还有唐宋两代部分插空题刻，形成了一通四面分层题记的文字集碑，是唐代帝后来泰山崇神活动的大事记。因此，此碑是研究唐代历史，特别是武则天历史的宝贵史料。对于此碑的刻记形式，曾引起《岱览》一书的作者、清代人唐仲冕的一番感慨："叹唐时六帝一后修斋建醮，凡二十计，共此二碑。亦异乎近代之每岁一碑以劳人而灾石者矣！"碑廊中有清代书法家何人麟（曾任泰安知县）草书唐代诗人杜甫的《望岳》诗碑："岱宗夫如何？齐鲁青未了。造化钟神秀，阴阳割昏晓。荡胸生层云，决眦入归鸟。会当凌绝顶，一览众山小。"杜诗气势磅礴，何书流畅潇洒，各具精彩，相得益彰，堪称岱庙碑刻中的佳作，颇得游人赞赏，常常有人驻足细吟，拍手叫绝。另外，碑廊中还有《大唐齐州神宝寺之碣》《升元观敕》碑、《泺庄创修佛堂之记》碑、《谷山寺敕》碑、以及明代《登岱八首》诗碑等，都有较高的欣赏和研究泰山宗教历史的价值。

与碑廊衔接的东北廊房于1989年建成泰山封禅蜡像馆，蜡像馆取材于宋真宗赵恒封禅泰山的历史故事，选取了其中19位典型人物，利用其

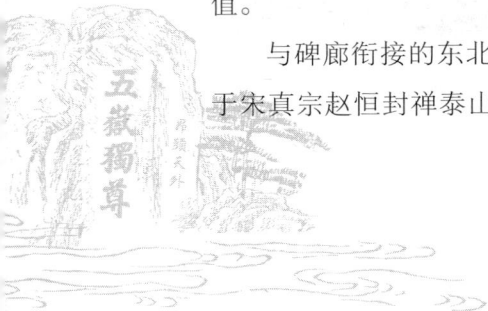

神采、动作各异的典型动作，再现了古代帝王封禅的宏大场面和情形。蜡像造型逼真，栩栩如生。

西廊内陈列着 100 余块东汉时期的画像石。这是泰安文物工作者从清理肥城和大汶口一带的汉代墓穴中收集来的。汉代崇尚厚葬之风，"世以厚葬为德，薄葬为鄙"（《后汉书》），这就出现了厚重石室中的画像石。我们在汉画像石陈列中可以看到反映死者生前身份的车马出行图、悠闲自得的宴乐图、狩猎图、生活奢侈的庖厨图，还有"子见老子"等历史故事、瑞祥图案和神话传说等。葬者希望死者在另一个世界仍过上生前的享乐生活，更希望以"孝"之行博取功名，换来富贵，这是汉代突出的一种社会现象。有的人甚至倾家荡产，也要厚葬父母，其目的是显其孝行。文物工作者还在陈列室中复原了一座汉墓的主室。浑厚的石室柱体，一根就有两吨多重，可以想象当时的构筑是何等的艰巨。汉画像石提供了研究汉代社会生产、生活、文化艺术和意识形态方面的宝贵资料。汉画像石在泰山脚下的发现也从一个侧面反映了汉代泰安地区社会经济的发达。也可从画像的阴线刻、平面浅浮雕、凹入平面雕、高浮雕和透雕中，窥见中国历史上传统绘画技法同雕刻熔于一炉的精湛技艺。

西廊中间的鼓楼，1990 年建成了钱币陈列馆。这里展出了出现在我国最早的贝币到今天正在使用的人民币，十分直观、形象地反映了我国货币发展的历史。陈列以在我国流通时间最长的方孔圆钱作为序厅的入口，设计新颖，引人入胜。

由天贶殿后门出，有高大的砖石甬道与后寝宫相通。后寝宫一字横列分为东、中、西三宫。中宫面阔 5 间，长 23.1 米，进深 13.27 米，高 11.7 米。四柱五架梁，重梁起架，九脊单檐歇山顶，上覆黄色琉璃瓦。东、西二宫各建于较低的台基之上，三开间，上为九脊歇山顶，上覆青色瓦。三宫之间以红墙相连，形成岱庙的第四进庭院。三宫之间有圆形月亮门，东、西宫外侧各有垂花小门一座，都与后院相通。宋真宗既封泰山为帝，有帝就要有后，于是诏封泰山神夫人为"淑明后"，遂建后寝三宫以祀祭之。现在泰安市博物馆将次第坐落于中轴线上的配天门、仁安门和后寝正宫，辟为展室，举办了"泰安市历史陈列"的三个专题陈列。配天门为"史前文化"部分，以大量的出土文物、图表和模型，反映了中华民族的先民们在泰山地域生活繁衍的历史，重点介绍了大汶口文化；仁安门为"古代科学技术和文化艺术"的部分，用大量的实物反映了泰安地区冶炼、制瓷、水利、雕刻、文字、绘画艺术等方面的发展历史，使观众领悟到自古到今泰安地区都是我国经济发展和文化繁荣的地区之一；后寝正宫为"泰山祭祀"的部分，系统地介绍了自古以来，泰山被原始部落首领、历代君王由柴望、巡狩、封禅到设神祭祀不断演化的一种历史现象，使人们对泰山在中国历史上的特殊地位有一个全面的了解，重点介绍了封建社会 12 个帝王登封泰山的史迹、有关的记载和在泰山的遗物。展室沙盘之上，坐落于山东中部的泰山突兀一峰的凌天之势，形象地说明了泰山"东天一柱"的自然形势。根据现存拓片和记载复制的泰山刻石，再现了 2000 年前秦始皇在泰山刻石纪功的风物。俯视岱庙全景模型，人们可以进一步领略"清都紫极"的岱庙宫城风貌，加深人们对泰山的认识和理解。

由三宫之间的月亮门或两侧的垂花门入，北面就是岱庙的第五进庭院。这是庙宇的后花园。现在分成两个小花园，各成一园。东园以树桩盆景为主，千姿百态。西园以四季各异的鲜花见长，姹紫嫣红。东园之前，石砌高台之上矗立着一座鎏金铜亭。铜亭又名金阙，整体都是仿木铸铜构件组成，是明代万历年间岱顶碧霞祠中所铸之物，明末移至山下灵应宫，1972年移至岱庙。铜亭结构严密，工艺精巧，是我国现存为数不多的铜铸亭阁中的精品。与铜亭对称，西园之南石砌台基之上有铁塔一座，但仅存三级。铁塔原有十三级，立于泰城旧城西门外的天书观中（已圮）。抗日战争中为日寇飞机所毁，1973 年移于岱庙。

北面庙墙正中辟一门，门上城楼高耸。这就是岱庙的北门，即"厚载门"。原门早毁，这是 1984 年重新复修的仿宋建筑。方形门洞之内，大红排柱并列，其上筑九脊歇山顶城楼，面阔三间，四面辟门，上覆黄色玻璃瓦。两侧各有石阶登道曲折而上，游人登临向北眺望，巍巍泰山雄姿，一览无余。天晴日朗之时，还可依稀看出天梯高悬的南天门。

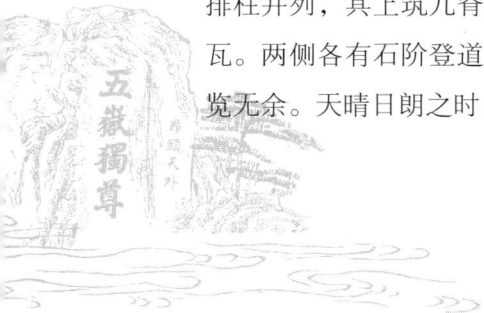

　　天贶殿主院之前，沿两条横轴线扩展，另修四处对称别院。现仅存东面前后两院，前为汉柏院，后为东御座。西侧两院全圮，仅存唐槐枯木朽株一棵。唐槐枯干四垂中空，死于解放初年。随之补植幼槐一棵，已茂盛成长30余年，成"槐（怀）中抱子"一景。树前矗立双碑，其一为明代万历十五年（1587）甘一骥所书"唐槐"二字碑；其二为清代康熙四十九年（1710）河道总督张鹏翮题《唐槐诗》一首："潇洒名山日正长，烟霞为侣足徜徉。谁能欹枕清风夜，一任槐花满地香。"

　　进岱庙正阳门东向，可见一座西向山门，西阔三间，中间为门。五脊硬山顶，上覆青瓦成垅。正中门上高悬匾额"炳灵门"，这即"汉柏院"。因院中有苍劲老柏五株，传为汉武帝登封泰山时所植得名。《岱览》记"东为炳灵宫"，是祭祀炳灵太子之所。并引《唐会要》："泰山有五子，其三曰至圣炳灵王。"今院内除西向山门为清代旧物外，院中原有建筑已经全无。新中国成立后，在院中北部、炳灵殿基址上，高筑两层石台，上筑四面无壁长亭一座。因亭内最初竖立衡方、张迁两通汉碑，故名"汉碑亭"。"文化大革命"期间，将二碑移出。因南向可赏院中5株苍翠汉柏，又取

汉柏　刘水摄

53

其谐音"汉柏亭"。汉柏亭台基高筑近 10 米。临亭远可得泰山巍巍山体,近可观翠绿松柏掩映之中的岱庙全貌。

汉柏亭南向台基之上与院中东西庙墙之上镶嵌碑刻 78 块,被誉为岱庙"碑墙",碑文多是帝王名士赞美泰山之碑。其中,清代乾隆皇帝六登泰山留下的 20 余块御笔题刻,无一不秀丽潇洒。汉代张衡"我所思兮在泰山,欲往从之梁父艰"的感叹;三国曹植"驱风游四海,东过王母庐。俯观五岳间,人生如寄居"的遐想;晋代陆机"泰山一何高,迢迢造天庭",南朝谢灵运"泰宗秀维岳,崔崒刺云天"的赞呼,都令人不禁吟咏。

院正中有一八角形状石柱水池。丽日之中郁郁翠柏倒映其中,故名影翠池。南面一栋平房设有旅游用品服务部,也因此取名"影翠轩"。

炳灵门两侧各有碑台一个。北面碑台上竖立三碑,中为乾隆皇帝《御制汉柏之图》碑,上有乾隆皇帝亲自所绘院中北面一棵双干汉柏和题咏汉柏的诗;南为明代崇祯十五年(1642)陈昌言所绘《汉柏图》碑;北面为清代张鹏翮撰书《汉柏诗》碑:"古柏千年传碧峦,太平顶上觉天宽。晴空白鹤时来舞,云外逍遥得静观。"南面碑台上也有三碑,中为明代张钦所书"观海"碑,南为现代书法家沙孟海书杜甫《望岳》诗句"荡胸生层云,决眦入归鸟",北为革命前辈舒同所书"汉柏凌寒"四个大字。

汉柏院中,碑阴树下,十分清幽,是游览小憩理想之所。

汉柏院北为东御座,由西向垂花门入内,见一座南向四合庭院即是。东御座明代为迎宾堂,"有司候王人之所"(《岱览》)。清代乾隆年间拓建改为驻跸亭,为清代皇帝祭祀泰山居住之所,因建在岱庙东华门附近,故俗称东御座。

东御座由南大门、东西配房和正殿组成,殿、房、门之间有环廊相接。大门三间,三柱五架梁,上为硬山卷棚顶。进大门拾级而上,宽敞的露台之后就是正殿。正殿 5 间,面阔 18.8 米,进深 10.1 米,通高 6.8 米,四柱六架梁卷棚硬山顶。东、西配房各 3 间,卷棚硬山顶。殿、房、大门及环廊,其上均覆以灰瓦成垄。檩、檐廊下俱饰彩画。院中东南有一伞状古松庇荫半院。院虽小巧玲珑,但十分对称工整,给人以清幽肃穆之感。

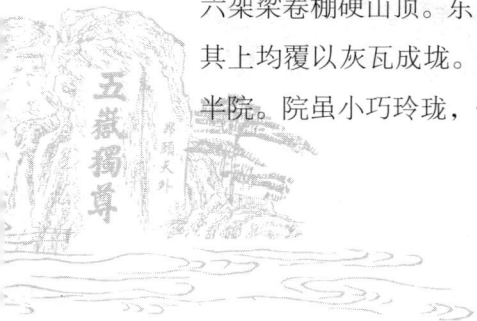

泰安市博物馆在东御座正殿及两配房开辟三个展室。正殿恢复了清代行宫陈设,给人以皇宫居住之所的直观印象。三室之中,围绕皇帝祭祀泰山陈列了明清馈赠岳庙的珍品。其中有乾隆皇帝赠送的沉香狮子和温凉玉圭。沉香狮子是乾隆二十七年(1762)御赠岱庙之物。一只高 37.5 厘米,长 36.5 厘米,重 3.5 公斤;一只高 36 厘米,长 38 厘米,重 3.75 公斤,由珍贵的沉香木疙瘩精雕黏合而成。两狮都作蹲踞状,前腿直立,臀部依地,尾巴翘起。全身疙瘩突起,形似卷毛满身,通体乌黑,双目炯亮,形象十分逼真。温凉玉圭是乾隆三十六年(1771),皇太后赠予岱庙之物。全长 92.3 厘米,上下分成两块。上块雕刻日月星辰和山水图样,下截凹刻"乾隆年制"四个工整的楷书。玉圭色白微青,属青玉类。玉圭取青色,是承《周礼》"以青圭礼东方"之意,故其名曰:青圭。又因青圭上下两部分玉质成分不一样,用手抚摸会产生温差,因此世间俗称"温凉玉"。这两件文物同乾隆五十二年(1787)御赠岱庙的"蓝花黄地葫芦磁瓶"一对(为明代嘉靖年间制品,现仅存一件,未展出),被誉为泰山"镇山三宝"。

另外,还有几种不同质地造型的五供祭器(炉一、蜡台二、瓶二)、佛教吉祥供物法罐、法轮、奔巴壶、七珍、八宝,以及明清时期精美的瓷器。其中最多见的纹饰图案和器物是"八宝","八宝"是佛教场所中常见的吉祥物,共八种:盖、鱼、罐、花、轮、螺、伞、肠。或将八种物形绘于器物之上,或雕在一物之上,或各铸一件,并列在一起。形式变化多种,又称"天神八宝"。各有不同的寓意:华盖,编结覆盖,庄严佛土;金鱼,坚固活泼,福德有余;宝瓶(罐),福智圆满,甘露清凉;莲花,出于浊世,清净不染;法轮,万劫不息,誓不退转;法螺,妙音吉祥,召唤天神;宝伞,张弛自如,滋荫众生;盘肠,回环贯彻,一切通明。天神八宝,在佛学中又称"八部众""天神八部""龙神八部"。据《舍利弗问经》等书记载,其名分别为:天众、龙众、夜叉、乾闼婆(番神或乐神)、阿修罗、迦楼罗(金翅鸟)、紧那罗(人非人,歌神)、摩睺罗迦(莽神)。据说其中以天众、龙众最显神灵。

　　东御座正殿露台西南，砖砌碑楼中镶嵌着泰山刻石之最——秦刻石十字真迹。秦始皇父子先后登封泰山（前219和前209），都曾刻石于泰山之巅，前后两次刻石均出丞相李斯手笔，因此，世间又称秦刻石为"李斯小篆碑"。秦刻石历尽了两千余年的劫难。宋徽宗政和年间，刻石可识者146字。至明代嘉靖年间，只剩二世诏书中的29个字，移置岱顶碧霞祠东院，后因火灾迷失。清嘉庆年间，由曾任泰安知府的蒋伯生从碧霞祠西的玉女池中搜得刻石残石两块，上仅存残字10个："斯臣去疾、昧死、臣请、矣、臣。"后移存岱庙中，先置于西侧雨花道院，最后移立东御座。秦刻石下镶嵌清代道光、宣统年间泰安两任知府徐宗干、俞庆澜的题跋，其文叙述了秦碑失而复得的经过。碑楼阴面镶嵌清人王家榕的题跋文及诗一首："访古因耆旧，临池意渺然。零星两片石，卓越二千年。体变周宣后，功垂汉武先。只今题勒壁，谁共此留传。"

　　秦刻石是秦始皇统一中国采取"书同文"的措施后，李斯采用通行的小篆体所写。字迹笔画简单，形体整齐秀美。元代郝经曾有诗赞颂李斯小篆体："拳如钗股直如筋，屈铁碾玉秀且奇。千年瘦劲益飞动，回视诸家

秦泰山刻石　刘水摄

肥更痴。"据史载，秦始皇父子刻石共有泰山、峄山、琅琊、芝罘、东观、碣石门、会稽等处，但保留至今的只有泰山、琅琊两处残石，琅琊刻石现存于中国历史博物馆。两石均为稀世珍宝，成为研究中国汉字书体演变和书法艺术的珍贵资料。

东御座露台东南下，也有一碑，是宋真宗御书《青帝广生帝君之赞》碑，为清代俗吏所毁，现仅存 61 字。

南山门内环廊南段，左右墙上各镶嵌四块碑，俱为郭沫若墨迹。其中六块为郭沫若 1961 年 5 月登泰山所赋诗篇。另两块是应泰山管理处之请，所书孟子语"挟泰山以超北海"，庄子语"驭大鹏而游南溟"。书体潇洒飘逸，十分流畅。八块碑刻俱显郭老书法神韵。

岱庙，这所昔日封建帝王的祀神处，新中国成立以后成了泰山管理机构的驻地，群众游览的场所。1986 年泰安市人民政府在岱庙建立了博物馆，收藏全市文物精华，展现了泰山历史文化的风貌。在这里，可丰富人们的历史文化知识，进一步加深人们对泰山的了解。即所谓：游览登山，奋攀极顶，可观其大；神游岱庙，可览其精。

泰城西南，蒿里山东去不远，原有一座"前后殿庑崇丽，回廊周密，中为崇台"的庙宇"灵应宫"，这即泰山道教神灵——碧霞元君的神庙。《泰山道里记》载：碧霞元君泰山上有上中下三庙。碧霞祠为上庙，红门宫为中庙，此为下庙。庙创建无考，到了明代"万历三十九年奉敕拓建，赐额'灵应宫'"（《岱览》）。现仅存正殿和东禅院数间。其院现为一工厂仓库。1983 年已决定交还文物部门，以便管理和恢复。

由岱庙厚载门（北门）向北眺望，可见宽阔的公路中不远处矗立着一座四柱三门石坊。石坊建于方形石砌台基之上，中高旁低，重梁起架。上以方石做斗拱承以影作殿阁状坊顶。南北两侧各以条石斜拱四柱。正中栏额石板上篆书三个大字："岱宗坊"。这是泰山的门户，登山开始的标志。石坊，始建于明代隆庆年间，后圮，雍正八年（1730）由郎中丁皂保重建并篆书坊额。岱宗坊通高 8.8 米，跨度 10.4 米。通体少雕纹饰，石色微黄，石柱方正浑厚，显得十分稳重大方。

岱宗坊　邢永来摄

登封古道

　　泰山东路游览区是指自泰城以北登山盘道起（也可从岱宗坊算起）至南天门，沿 6000 余级石阶盘道周围形成的自然景观和人文景观区域。

　　泰山主峰以南，沿三条山峪溪谷自古形成了三条登山之路，称之为泰山东路、中路和西路。三条路到中天门交会成一路，过石壁峪（即十八盘），穿南天门而至山顶。由于泰山中路在泰山之阳形成了一条南北向的登山路线，把古岱岳镇（即岱庙所在地）、中天门、南天门等组织在这条线上。而且路线通直，沿途景观雄伟壮观。其路形势先平缓，后斜陡，再陡立，愈登愈艰；两侧谷坡，先平低后陡峭，形成视野越上越狭，具有强烈的"登天"气势。故自唐以来，封建帝王都是选定泰山中路为其登封祭祀的路线。道家随之沿此路立庙设教，也就逐渐完成了以泰山中路为轴线的朝天祭祀的整体构思的宏大布局。泰山中路成了连接天府仙境（天街）和人间城郭（泰城）的"天阶"。达官贵人、文人学士、道众佛徒、黎民百姓纷纷接踵

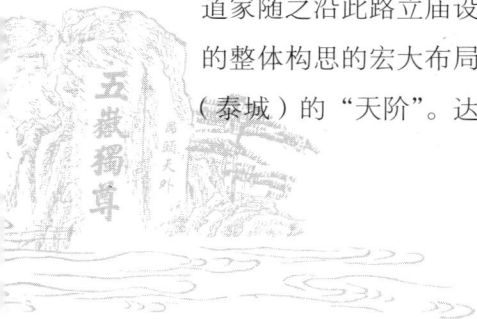

而至，沿此路登山。原来的泰山东路行人少至，遂废。后来，人们就把泰山中路改称为泰山东路了。

这里，名胜古迹荟萃，自然景观丰富。二者交相辉映，是泰山上下最为胜览之区。沿泰山东路步行登泰山，尽览其胜，才能始得泰山胜景之妙。

出岱庙，过岱宗坊沿路北行不远就是关帝庙。关帝庙位于泰山登山盘道西侧，盘道由此开始。关帝庙创建无考，自明清以来，都有拓建，现存建筑群因山就势建造。从山门前影壁至后殿南北纵深100米，高差10余米，14幢建筑分建在七层台阶之上，高低错落有致，平面空间布局都非常丰富。整个关帝庙建筑群分沿3条南北方向的纵轴线扩展，形成3组各有风格的民族建筑。前为关帝庙正院，北为关帝庙后院，西为山西会馆。

关帝庙正院自南面的影壁开始，向北为石砌方形露台。台前古槐双株，台上两个须弥石座上各蹲踞1只石狮。高大的山门筑在露台以北的台阶之上，山门为两层，上为卷棚硬山灰瓦顶。南面设假重檐，北面为单檐。山门面阔三间，中间辟门。北面贴墙下有石砌拱形门洞，上面成台，构筑四根条石立柱的歇山卷棚顶方亭，成为戏台。南面与山门二层房屋相连，成为戏台化装休息室。穿过戏台下的券洞，拾级而上又成一台阶。台前各有古槐1株，婆娑高挺，庇荫整个前院，传为唐代所植。台基南面转西均砌十字露孔砖墙。西面有茶厅5间，上为五脊硬山灰瓦顶。台基南向与西茶厅环抱戏台，形成最佳视角。台基北面，与山门相直，筑面阔3间拜棚——祭拜关帝之处。左右为东西配殿，配殿南山墙均有月亮圆窗。拜棚与两配殿均可南向观戏。拜棚以北，再成台基，其上高筑关帝庙正殿5间，为五脊硬山灰瓦顶。正殿和拜棚之间有一东西向甬道，道连东墙，辟边门1间，与院外登山盘道相接。其对面有憩厅1座。甬道西行不远即是西院——山西会馆。

山西会馆为一凹形庭院，北为正殿5间，左右配殿各3间，均为五脊硬山灰瓦顶。南面砌以矮墙收拢成院。山西会馆三殿同关帝庙正殿筑在同一地形平面上。

由前院正殿东山墙外穿过厅北行，即为关帝庙后院。后院南北纵长，地面前后高低悬殊明显。自过厅至后殿，其间连续形成三层台阶。后殿建

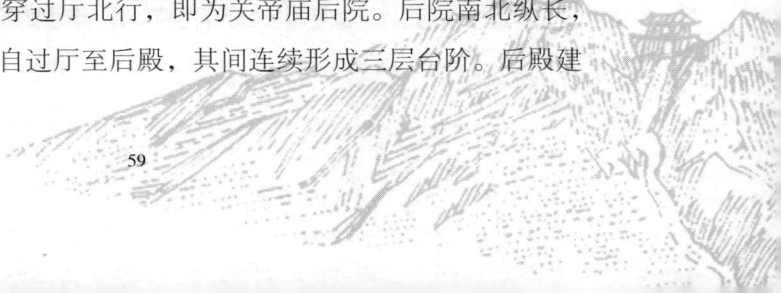

于整组建筑群的最后,面阔 5 间,中间 3 间前有出廊,为五脊硬山灰瓦顶。西有配房 3 间。东侧组有山石小景。后院建筑借山势而高踞,显得格外高爽、疏朗。尤其在殿前俯视甬道东侧临墙的一株苍老郁翠的古柏,更有一番景致:主干短粗矮曲,枝干四散弯曲蔓长,犹如虬龙腾空盘旋。树侧庙墙之上,面东镶嵌一块条石。上面镌刻四个楷书大字"汉柏第一",即指此树。

沿关帝庙东侧盘道北行不远,就可见石坊叠立。其后有阁楼跨道高筑,左右各毗连庙观一座。这就是红门景点。

当道叠立三座石坊,前后均为两柱一门。中间一座为四柱三门,中高旁低。三坊重梁之上都是方石作拱斗,上承以影作殿阁状的坊顶,通体不多巧饰,显得深厚、庄重、大方。最前面一座石坊,额题:一天门,创建于明代,清代康熙年间重建。由泰山盘道登泰山,要经过三道天门,这即是其一(二天门即中天门,三天门即南天门)。一天门坊前,两侧有"盘路起工处"和"天下奇观"大字碑。中间为"孔子登临处"坊。创建于明

孔子登临处坊　刘水摄

嘉靖三十九年（1560），明人罗洪先题额。两中柱之上刻有对联："素王独步传千古，圣主遥临庆万年。"相传这是孔夫子曾经登临的地方。坊上有青藤缠绕，坊前两侧各有一碑。西为明代人李复初题"第一山"，碑阴有怪篆体"入云有路"四字；东为《登高必自》碑。第三座石坊，创立于明嘉靖四十二年（1563），明人高应芳题额"天阶"。喻义此道为登天之路。两立柱上刻有对联："人间灵应无双境，天下巍岩第一山。"

坊北跨路道而筑阁楼。下为石砌拱洞，洞口正上方镶嵌"红门"石匾。其上平面台中央构筑三间前廊后殿的"飞云阁"，飞云阁前廊左侧有石阶与西院相通。飞云阁西院为碧霞元君中庙。庙门东向，共辟三门，中门前竖立二柱石坊一座，造型与天阶坊相同。两柱有联语："万壑泉声沉宝磬，千峰云影护禅关。"坊额题曰"瞻岩初步"。额上横梁上题刻"红门宫"。坊与中门相连，左右旁门稍低，上为仰瓦卷棚顶，突出了中门的高大庄重。入门进入一座扁长形的四合庭院。北为正殿，面阔3间，与飞云阁相同，也为前廊后殿式。前廊为悬山卷棚顶，殿为五脊硬山式。东与飞云阁相连，殿内原祀碧霞元君，"文革"中神像被毁。1983年殿内移置1尊明代铜像——九莲菩萨。南为五脊硬山顶穿堂式建筑，面阔3间，名为"合云亭"。过亭可与南面花园平台相通，旧为登山者饮茶休息之处。西有配殿3间，前出廊，上有题匾"且止亭"。飞云阁东为弥勒院。山门与红门宫庙门斜对，上为歇山卷棚顶。入门进入一方形四合庭院。北有正殿3间，五脊硬山灰瓦顶，前有廊。殿内原祀弥勒佛，俗称此殿为弥勒殿。殿与飞云阁相接，南有过厅3间，可达南面花园。东为更衣亭3间，前堂后廊式。后廊临溪，廊宽3米有余。旧为帝王及达官贵人登山更衣小憩之处。

红门景点3座建筑，虽各有特点，或扁长（红门宫），或立高（飞云阁），或方形（弥勒院），但同属一个组群。布局主次分明，三者统一在"飞云阁"主体建筑之下。三个院落组合得非常相宜，既有统一又有变化。这个组群建筑都具有参神、休息、观景的多种功能。尤其三处建筑跨道形成"凹"形的半封闭形势，一统山南四方登山之众。穿红门而进山，形成泰山的进山门户。采取欲张先收的手法，其选址组群都颇具匠心。这里虽然

刚刚离开熙熙攘攘的闹市区，但地势已高。西依山峦，东临中溪。南望可俯观"人间城郭"的概貌，东览可得溪畔山林的秀色。而"红门"一名所得，又取自飞云阁附近西北大藏岭南崖丹壁之形。《泰山小史》记载：岱之南址，苍翠层叠中有片石，其形似门而色赤，历世不磨，故名红门。今日游人若有意寻找红门石，可由一天门坊南，沿西去小径前走不远，北望附近山峦南崖中段，可以看到"红门"石迹。"红门"石迹所在的大藏岭以西山头，名叫"垂刀山"。正是宋真宗所谓因此山现"祥瑞"而得"天书"的地方："宋大中祥符元年六月乙未，泰山西南垂刀山上，有红紫云气，渐成华盖，至地而散。其日，得天书于醴泉。"（《通志》）

清人赵国麟曾有诗一首描写此处景致："出郭四五里，岳云当面来。一水出巨壑，双峰豁然开。西峰悬丹户，石洞扃云隈。定有餐霞人，长年卧绿苔。"

值得注意的是，这里东院供奉弥勒佛，当为佛院。西院祭祀碧霞元君，属于道观。但旧时，两院主持都是僧侣佛徒。据说佛徒们先在东院立佛设教，但信徒稀少，香火甚微，难以养生。无奈，只好又在西院供上道教神仙——碧霞元君，信徒骤增，香火日盛。于是泰山脚下就出现了佛徒供神仙，佛道共融，以道为主的宗教奇异现象。

出红门北行，山道辟于山峦半腰，西依峰峦，东临溪谷，平缓的山道隐现于山林秀色之中。其下溪涧之中有一块方平巨岩，上刻"小洞天"三个大字，其意取自由溪中观道中行人若隐若现，终日不断，可谓"别有洞天矣"（《岱览》）。再前，沿溪谷至黑石阜，可以寻得泰山杂岩环状节理构造典型的巨石。溪中，水从石缝中流出。汉代枚乘称这种现象为"泰山霤穿石"，其言滴水可穿泰山石。沿山道北行，间或可闻溪水潺潺之声，时而可见刻石，不绝于路边。其间有"云山胜境""勇登仙境""渐入佳境"等引人入胜之语。北行约半公里，又见一座跨道城楼建筑，这就是万仙楼。

万仙楼高筑在二层台地之上。盘道从楼下石砌拱洞穿过，洞口前后均镶匾额，其南题为"万仙楼"，其北大书"谢恩处"。洞上砌成宽大平台，其上耸立三间楼阁。上覆黄色琉璃瓦，北面呈单檐，南面置重檐双步廊。

烘托了南向的仰视气氛。平台东有石阶可通上下，北面又有石砌通道与前面盘道平直相通。这座跨道建筑始建于明代万历四十八年（1620），旧称望仙楼，后改为万仙楼。楼阁中曾祀王母等列仙，而以碧霞元君尊居正中。平台之上，楼阁四面墙基环镶明、清以来善男信女结社朝山"万古流芳"题名碑60余通。

万仙楼南面盘道东侧，古柏参天。其中3株粗壮环立，尤显稳重挺拔。有好事者借此喻比三国刘关张结义的故事，刻石立于道旁取名叫"三义柏"。

万仙楼建于谷口地形之上。南面地形开阔，盘道渐升。高耸的重檐楼阁矗立于高大的平台之上，增加了人们登临的仰视之感。穿过其下石砌拱洞，先有小段平缓空间，随即借山势转东北向，有石阶可上。登上盘道高处，又呈宽阔视野，给登山者造成"登天"途中又上一重天之感。

万仙楼附近的桃花峪沟之中，溪水东壁之上有"大元至正十八年二月初八日因为红巾占据泰安州。调遣淮南府口元帅杨世瑛统兵一十七府……"的字样。这是一处很有历史价值的刻石，是元末农民起义的红巾军攻占泰安州取得辉煌战绩的佐证。

由万仙楼北行不远，盘道右侧翠柏环抱之中矗立着一座革命烈士纪念碑。纪念碑南面铭刻着"英名与泰山并寿"！寄寓人们对革命烈士为人民而死比泰山还重的敬重之情。

再行，留神注意盘道西侧的石壁之上，可以寻得"虫二"石刻。其形系"风（風）月"二字删去四周笔画而得，故成"风月无边"之语。寥寥几笔字形删舍，借人之口赞美泰山风光秀丽多姿。此石系清末历下人刘廷桂刻立。其间，还有"初步登高""蔚然深秀""肤寸生云""神州磊落"等即景赋题刻石。

再上不远，就是斗母宫。

斗母宫位于盘道东侧台地之上，东临中溪。临溪砌石成院。院与溪水高低悬殊明显。其西北有龙泉峰，东南有罗汉崖。中溪溪床之上有"三潭叠瀑"玲珑秀景。道路之西巨石之上，有根连两株的卧龙古槐奇观。斗母

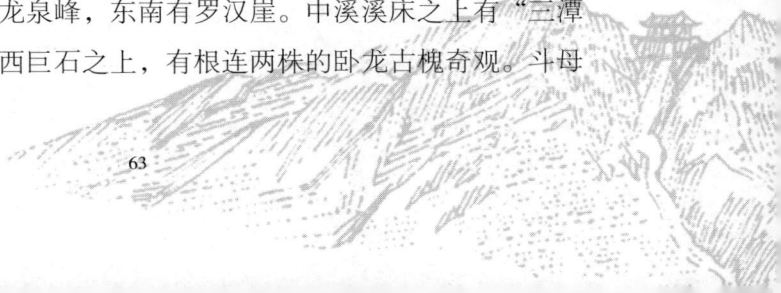

宫置于群山环抱之中，周围林木茂密，郁蔽深幽，别有一种景致。斗母宫，古名"龙泉观"，创建无考。明代嘉靖年间重建。

整组建筑建于南北窄长地段之上，分为北中南三院。中院西墙辟山门临道。钟鼓二楼紧接西山门而建，造型玲珑纤秀。山门西侧两旁有石狮一对，石质细腻油润，造型非常生动。中院之内，北有斗母殿3间。上为五脊硬山灰瓦顶，前出廊，雕梁画栋，彩绘斑斓秀丽。殿中原祀斗母神和二十星君神像。传说斗母是北斗众星之母，神像有24个头，48只手，掌心有眼，俗称"千手千眼佛"，"文革"中被毁。后移置明铸智上菩萨铜像一尊，仍有尼姑奉祀。东配殿3间，西与山门相直，东临中溪深谷。前殿后廊，五脊硬山顶与悬山卷棚顶相勾连。前殿为祀神之所，原祀观音、文殊和普贤三菩萨。后廊因观景而设，居内可览中溪景致。南置穿堂3间，与斗母殿相对，过穿堂为南院。南院地形北高南低，成二层台阶。南院西北处有角门可与中院相通。南院北有"蕴亭"一座，南有石阶可下至南部低处，院南有一座石砌玲珑水池，取名"天然池"，蓄水以浇院中花木。院内东部，有南北走向的二层楼阁，叫作"羁云楼"。下层为砖石构筑，面西辟门为室与院中南部地基平，作蓄物之所。上层为木构架，歇山卷棚顶。四周围廊，檐柱为石作，内柱为木质。其上层地板与南院北部平，游人可直接步入其室。凭栏可远眺泰城，近观中溪秀色。今辟为茶室。南院中植丁香、蜡梅、木瓜、榆叶梅等，环境幽雅可人。由中院东北角垂花门转北入北院。迎面有砖砌影壁，中间镶嵌该院僧尼所属佛宗世系图碑。院中北有"观音殿"3间，与斗母殿南北叠立。西有配殿4间，俱为五脊硬山顶。东有"听泉山房"3间，前后廊式，后廊临溪，沿外檐下构置通长窗扇。南北山墙上各辟一门沟通南北侧院。由听泉山房可进后侧院，内有"龙泉亭"3间，周围六根石作立柱承梁，中置石几石凳。北有渡槽引进龙泉流水。这里山林愈静，鸟语泉声时续。其下中溪内高低叠列三潭碧水，溪水流过，可见瀑布三起，甚为秀奇。居此处观山景，赏林色，听鸟语，看溪流，有享受不尽的大自然情趣。

斗母宫整组建筑由一条南北纵长轴线贯通。蕴亭、过厅、斗母殿、观

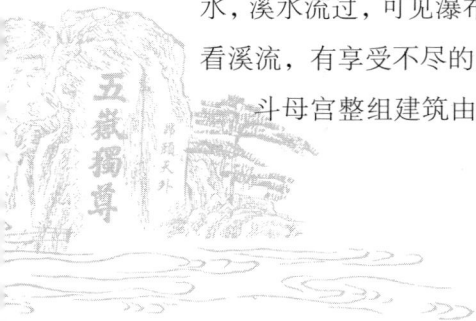

三潭叠瀑　刘水摄

音殿等三院中心建筑，俱在轴线之上。但东侧临溪都别构赏景憩息建筑，寄云楼、东配殿后廊、听泉山房、龙泉亭都向东敞开，尽得中溪一带山色泉林之妙。因此，建筑冲淡了寺院庙观较为严格的布局，增添了浓厚的生活娱乐气息。此处恰是登山盘道到中天门路程的一半。庭院、景色如此宜人，成了登山者中途游览小歇的必临之所，甚至流连忘返，夜宿此处。清代宋思仁曾有诗咏斗母宫夜景："上方钟磬出云微，斗母宫严静掩扉。满涧松阴尘不到，夜深风雨有龙归。"此处，初为道观，后易僧尼主持，曾有一番兴盛"清末光绪时尚盛。幼尼皆妙婉秀丽，解文字，衣装如美少年。其室宇陈设饮食供客，极其豪奢。故游客多乐而忘返"（《新刻泰山小史》），《老残游记续集遗稿》中对此曾有过生动详细的描述。

出斗母宫，历高老桥，至三官庙不远，登山盘道北向。另有一条石砌护墙盘路伸向东北方向。两路分叉处，东侧路旁立一自然石，上刻行书"经峪"二字。向东远眺，又见一座四柱四方石亭矗立于隔溪岭巅。那石亭东去不远处就是泰山刻石奇观——经石峪。

循路东行，越溪涧，登上岭巅。未见经石峪，先临"高山流水之亭"。亭额题："源头清水"。立柱之上镌刻对联："天门倒泻一帘雨，梵石灵呵千载文。"经石峪，又称"暴经石""经台峪""晒经石""石经峪"。自清以来，多称其为"经石峪"。在一片数亩的石坪上，东北至西南向，刻写着《金刚般若波罗蜜经》文。书体从隶，字大如斗。每字直径大都在50厘米，共29行，每行9～28字。经多年风雨剥蚀至今尚存1043个字。历代金石学家从其书体结合历史多方考察，多数认为此石系北齐人所书。经石峪为世间写经最大的石刻。书法遒劲有力，字体雄奇壮观，被誉为"大字鼻祖，榜书之宗"，堪称中国古代珍贵的历史文化瑰宝。李志敏先生在《泰山碑刻赞》一文中曾有论述："泰山经石峪金刚经刻石介于隶楷之间，在书体中占极其显著的地位。这一驰名中外的刻石，体制雄伟（占地面积为2064平方米）。字大如斗，历来被视为'大字之鼻祖''榜书之宗'。康有为《广艺舟双辑》云：'榜书亦分方笔圆笔也，亦导源于钟、卫者也。经石经，圆笔也。白驹谷，方笔也。然自以此经石峪为第一，其笔意略同

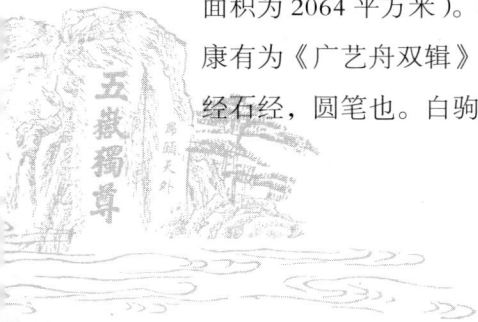

经石峪　刘水摄

于郑文公，草情篆韵，无所不备。雄浑古穆，得之榜书。较观海寺尤难也。'该石刻于北齐天保（550—559）间，体势开张宏阔，大气磅礴，古劲深雄，丰润浑穆。书兼篆、隶、楷、行、草各种笔意。唯默契秦汉风采，奄迈魏晋风规，始能达到此种境地，成为擘窠大字的典范。"为了保护经石峪石刻，国家拨专款修建了四周石栏，以防止人为践踏性的破坏。经石峪石坪上还有多处题刻，诸如"暴经石""千古奇观""枕石漱流""冷然清韵"等。还有"人不点头空设法，石能暴腹也传经"的长句，其西北陡峭石崖上有摩崖刻石多处。其中有雨溪山人书的"高山流水亭石壁记"。高山流水亭原立于此石东北，1965年移立于现址。对于此亭易址，陈青慧在《泰山古建筑考察研究》一文中曾表示遗憾：高山流水亭，"位于斗母宫东北方向。为观经石而筑，是登山途中的小插曲。原基址与环境结合极佳，'瀑流千派，飞喷字面，上构石亭一，宽容数人。危壁在后，雪浪在前。每风鸣雨响，万籁俱怒'。如今可能因筑水库，护经石，改溪流，而迁亭址。故此，亭址意境不如以前。只是群山环抱一石亭，翠绿丛中一点金。仅闻溪水潺潺过，不见浪花与石经。"陡峭石崖上还有郭沫若1961年所写咏经石峪的诗："经字大于斗，北齐人所书。千年风韵在，一亩石坪铺。阅历久愈久，摧残无代无。只今逢解放，庶不再模糊。"游人至此，凭栏放目，字映眼帘，遐思万千。

复循登山盘道北行，刻石不绝于途。有"万古凌霄""我亦登临""云路""放怀""万笏朝天""仰之弥高""曲蹬盘云""天衢"等语，多为触景即兴题刻。

跨东西桥子，越总理（指孙中山）奉安纪念碑，只见盘道两侧，古柏参天，森荫蔽日，形成一条苍翠的林荫道。人行其间，如入洞中，故名"柏洞"。南面起处，有"柏洞"刻石镶嵌于盘道东侧石崖之中。

穿"柏洞"不远，迎面又是一座城楼建筑跨盘道而立，这是壶天阁。

壶天阁选址在山间小台地上。东、西、北三面环山，东为十峰岭，西为九峰山，北为"回马岭"。三面郁闭，山势若壶，故名壶天阁。壶天阁南向，下层中为石砌券洞门户。洞门上额，匾题"壶天阁"三个字。门旁

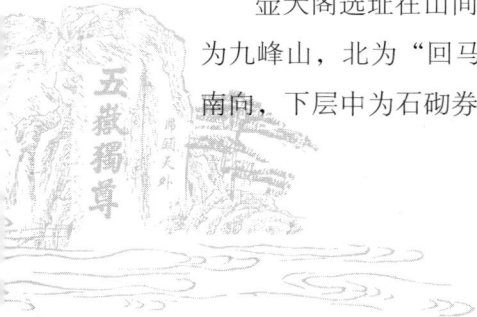

镶嵌两副对联。内联为"登此山一半已是壶天，造极顶千重尚多福地"；外联为"壶天日月开灵境，盘路风云入翠微"。洞顶平台上建殿阁3间，黄琉璃瓦九脊歇山顶，南向有廊。平台边砌十字露孔砖墙，东侧有台阶与下层相通。阁北有元君殿3间，其门与壶天阁洞门相直。内供奉碧霞元君铜像。壶天阁，西有依山亭3间。中间南北辟门，南通一平台花园，北对登山盘道上的回马岭坊。院内古柏参天。东北石崖陡壁上有乾隆御笔诗刻。登山者由南面迂回登入，从西北角而出，形成一条"S"形路线。壶天阁红墙黄瓦掩映于翠柏绿树之中，人们登上此关只见依稀青天，俨然"登天"途中再上一重天。壶天阁巧借地势而设玲珑迂回布局，达到了"进壶天参拜元君，依山亭歇足观景，回马岭坊示崎岖，毅然起步登山顶"的意境效果。

由回马岭坊再上，登山盘道愈加陡峭。回马岭，又名"瑞仙岩"，旧名"石关"。重峦叠嶂，很难行走。《岱览》有记："是岭岌嶪陡绝，车骑不可前驰""登山者至此，不得不解铁獭而扶青猿矣"。途中有"峰回路转"刻石。继续向上前行东向，迎面有金星亭一座，五脊灰瓦四坡顶。红

壶天阁　刘水摄

墙四角处有石角柱，造型古朴。盘道由此左拐，又见三大士殿依山面南而立。登上步天桥，翘首北望，可见中天门建筑群立于高崖之上，既可见又不可及。登山者至此，无不为之振奋。其后为"十二连盘"。急于成功者，不觉脚步急连，谁料此间距离虽短，但盘道叠升，陡立明显。登上中天门，人人莫不汗流浃背，气喘吁吁。登泰山盘道行程至此已经过半，唯有壶天阁以上始觉艰辛。

中天门位于黄岘岭脊之上，岭因"土色黄赤异于他处"而得名。这里恰是由泰山南面正盘上升的中天门断裂形成的台阶地形。黄岘岭海拔800余米，突起于泰山主峰前怀。北望可见泰山主峰峭立如嶂，南天门若有若无，千级天梯高悬；南眺又见群峰低首，徂徕如丘，汶水如带；东有中溪山势压群岭；西有众峰吐翠，逶迤连绵。登山到此，已升"半天"。目光四至，视野开阔。景观各异，美不胜收。始觉天地之宽，泰山雄伟。

中天门古建筑早圮，唯有复修过的中天门石坊（亦叫二天门坊）斜向耸立。面东南以迎来者，向西北为送登者。虽立于岭脊平台正中，仍不失跨道而筑之坊。泰山管理部门围绕中天门坊建成了几座仿古亭阁，供作旅游服务之所。这里原是东西两路交会之处，自从修通了泰山公路，西路蜿蜒山道已经不太畅通了。中天门附近，近几年增添了几处建筑物：西面建成中溪宾馆、索道站，东面中溪山巅架起重檐六角慈恩亭，北有玉液泉宾馆，中天门停车场。这里由于楼阁四起，大大冲淡了原来的意境。尤其是索道站，毁誉参半。匆匆飞上又飞下，它让一部分人很快实现了登临泰山之巅的梦，却又破坏了泰山的自然风貌，也使游人难睹泰山全面风采。

中天门以北，又有盘道迭下，被称为"倒三盘"。盘道东侧累立巨石上有几处题刻。其中有1932年，吴迈欲唤醒国人爱国之心的五言绝句："接踵过中天，高山群仰止。为问熙攘人，曾否忆国耻？"其南有黎玉书刻"中华精神"。其北为蔡懋星题刻"保障平原"。

沿路前行，到盘道处再登，登山者又入峡谷之中。几盘石阶之后，步入一段平坦土路之上。路旁林木茂密，蔽日成荫。至此，已履数千石阶的人们顿觉足平、体轻，心情舒坦。这段土路并不很长，但在登山攀高之中

中天门坊 刘水摄

实属难得，故名"快活三里"。有人因此十分感慨："人情轻便易，世路重艰难，不走巉岩路，谁知快活三？"更有人大书岩壁"快活林""逍遥游""登欢喜山""妙极"。

快活三里北行，盘道渐升，前面不远处就是云步桥。其间山峰突起，陡峭对峙，累累巨石。或立于道旁，或置于谷溪之中。刻石遍布，有"蛟龙石""斩云剑""从善如登""若登天然""既雨晴亦佳"等短句，又有"愿同胞努力前进，上达极峰，独立南天门。高瞻远瞩，捧日拿云。可以张志气、拓胸襟，油然生爱群拯世之心。感斯山之固，国家柱石。曰岩曰峻，巍然吾民族之威棱"之长语。有的点石为景；有的触景生情；有的寓景于理；有的发浩然之气，刻石内容十分丰富。再前，忽见溪谷升起，石崖突立，瀑布飞溅，珠玉万千。一座单拱石桥跨溪东西，桥上构栏正中书题"云步桥"。桥东依山有座全石构筑四柱攒尖方亭，名叫"观瀑亭"，又名"酌泉亭"。两面立柱上都镌题对联，其西向："风尘奔走历尽艰辛思跪乳，因果研究积成功德敢朝山"，"跋险警心到此浮云成梦幻，登高极目从兹俗虑自销沉"；其北向："且依石柱观飞瀑，再渡云桥访爵松。"置身桥上看飞瀑，只见峭崖之上珠玉飘洒，一片银白，疑是"银河落九天"！崖上有"飞泉

云步桥　邢永来摄

挂碧峰""千古清秀""霖雨苍生""河山元脉""涤虑""泉清自洁"等石刻。此崖名"百丈崖",又叫"飞瀑岩"。崖上石坪之中有柱础遗迹。传说宋真宗登封泰山时曾驻跸于此,月夜赏景,故名"御帐坪"。这里松翠、瀑鸣、山青、水秀,景色迷人:"绝壁临大壑,飞流千尺下。松涛与水声,喧寂不相假。石色漾月影,寒飙涤炎夏。坐久风雨来,松花任飘洒。"(赵国麟《御帐坪》诗)

御帐坪西有五松亭。亭筑砌石成院的西部,面阔5间,四周围廊,上为歇山卷棚顶。亭以五大夫松得名。院中有古松两株,龙干虬枝,郁荫半院,十分壮观。"五大夫松"之名是由《史记》所载"(秦)始皇之上泰山,中阪遇暴雨,休于大树下"演义而得。宋代许观著《东齐纪事》叙述甚详:"秦始皇上泰山,风雨暴至休大树下,因封其树为五大夫。初不言其为何树也。后汉应劭作《汉官仪》始言为松。盖松在泰山小天门,至(应)劭时犹存,故知其为松也。五大夫,盖秦爵第九级。如曹参赐爵七大夫,迁为五大夫是也。后人不解,遂为松之封大夫者五。唐人松诗有'不羡五株封'之句,盖循习不考之过也。"这里"松旧有二株,苍秀参天。四周碧石栏,根无土,蟠于石上。(明代)万历三十年,泰山起蛟遂失松所在,以为化龙去"(《泰山纪事》)。到了清代雍正年间,丁皂保补植五棵松树于此,有碑立于院中。现存院中两棵古松即为丁皂保补植之松,并立石坊一座:"今(指清代)新栽五松,有坊额曰:'五大夫',皆好事者为之。坊即小天门。"(《泰山道里记》)1983年泰山管理部门复立"五大夫松"石坊于院东盘道之上,以志其景。石坊西南有巨石当道,题刻"飞来石"。五松亭周围岩壁石刻数处,多颂"秦松"。亭后西北高崖处有古松一株,树身前仰,有长枝伸出似招示其下攀登之人,故名"望人松",是泰山胜景之一。

前有"朝阳洞",位于盘路西侧,南向。洞内正面石壁上有线刻碧霞元君之像。崇神者常常焚纸于内,终日香烟缭绕。与朝阳洞隔溪相望,东北御风岩危峭青壁之中,有一块巨大刻石悬于其上,字迹隐约可见,这是乾隆皇帝御题《朝阳洞诗》刻石,俗称"万丈碑"。因为刻石选点突出,

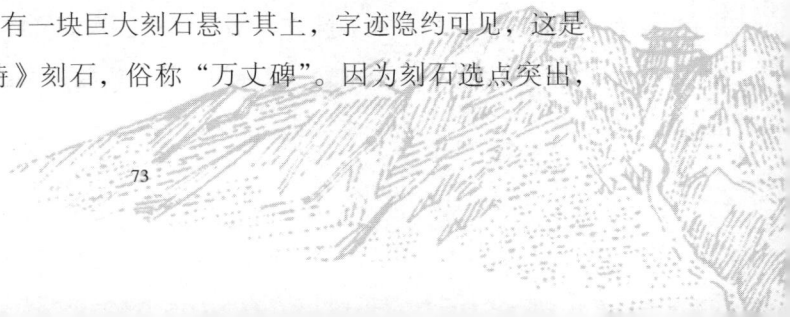

人们远在泰城，甚至火车站都能目视所及。

　　过朝阳洞北行不远，即入对松山中。此山又名万松山，只见东西两峰夹路，万松碧甲披于峰岩危石之上。两山多绿，风吹松吟，十分秀奇。《岱览》一书盛赞其美："两峰翼径。敷岩被壑无杂树，唯虬髯龙甲对舞，交吟于风涛云海之中，不知其几千万重也。""独此苍崖翠粒增乔岳之奇秀，南天门外第一佳胜。""登乎泰山下临千仞之渊，上荫百仞之松。萧萧然，神王乎？一丘矣。"其景千年，赞语纷示于途："风涛云壑""至此又奇"；"从此看山""松云绝壁"；"与天地参""万境皆空"；"空翠凝云""群松排岳"；"举足腾云""景胜山雄""千山闻鸟语，万壑走松风"；"梦游天地外，身坠烟霞中。愿举饱腹稿，万古开心胸"。对松山中间，盘道西侧依山高筑一亭。东向设门窗，南北辟圆窗，上承歇山卷棚灰瓦顶。临亭纵目，可见万松叠翠，碧海生波，蔚然秀美。与对松亭隔溪相对的摩崖题刻之中，可以觅得乾隆皇帝亲笔题写的诗句："岱宗最佳处，对松真绝奇。"

　　对松山以北，登山盘道劈石而进，两边残岩立削若门，此处称之为"开山"。登山到此方才进入"十八盘"。对松山饱览泰山秀奇，十八盘倍觉泰山险雄。盘道沿石壁峪底部步步延伸，崎岖盘旋而上。两侧峰岭渐高，峭岩壁立，夹道空间愈窄。东为飞龙岩，西是翔凤岭。盘道尽处，南天门雄峙峪口。登者"仰视天门，窔辽如入穴中视天"，陡峻险奇。由开山到南天门行程不足1公里，垂直高度400余米，十分陡峭。汉代时，这里并无盘道："赖其羊肠透迤，名曰环道。往往有缒索，可得而登也。两从者扶挟。前人相牵，后人见前人履底，前人见后人顶，如画重累人矣，所谓磨胸石，扪天之难也。""后易以铁索而盘皆密级。"（《泰山道里记》）正如岩壁之上题刻"上天梯""天门云梯"之语。沿道刻石集中，多是歌颂雄伟，鼓励人们奋力攀登之词。十八盘共有1633级，79盘。民间有"紧十八，慢十八，不紧不慢还十八"之语。言其攀登艰苦，不能轻易而就。盘道之中有一石坊矗立于南天门之下，坊额题刻"升仙坊"。由升仙坊到南天门还有盘道473级。道坡陡立，攀登愈难。人们登此，常有手脚并用者。这里是登山盘道中最艰难处，被称为"紧十八盘"。至此，仰首可见南天门雄关，

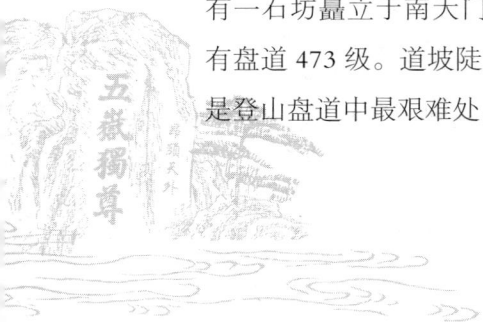

泰山十八盘　乔云生摄

南天门　刘水摄影

近在咫尺。胜利在即，精神为之振奋。当你征服了十八盘，奋力登上南天门，仰首天外，高吟雄关之上"门辟九霄仰步三天胜迹，阶崇万级俯临千嶂奇观"的对联、唐人李白"天门一长啸，万里清风来"的佳句之时，就会感慨万分，欣喜若狂。

　　游泰山东路虽然需要付出汗水，却给人们雄奇的山色，丰富的景观。

　　泰山盘路给你艰辛，更给你精神。登泰山不至东路，枉此一行。

极顶览胜

　　岱顶游览区主要指南天门以上，围绕泰山极顶的自然风光和人文景观区域，面积约 0.6 平方公里。另外还包括主峰北去不远的后山"奥区"——后石坞景点。

　　泰山雄峙齐鲁。置身岱顶，"凭崖览八极，目尽长空闲"，可得大自然赋予泰山的奇异风姿。旭日东升、晚霞夕照、黄河金带、云海玉盘等泰

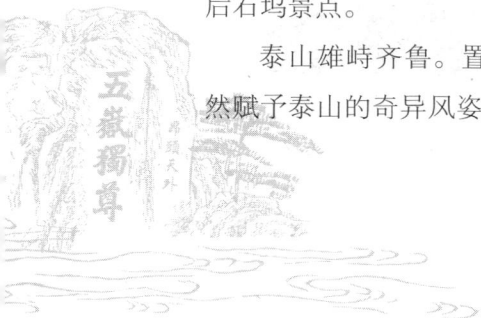

76

山奇观会使人如醉如痴。岱顶又是几千年来人类社会不断营造的"天府仙境"。那镶嵌于陡崖山巅的天阙琼阁，又有说不尽的神话传说，更令人感叹不已。这里人间天上，天上人间。神采风韵，奇妙无比。

南天门，即三天门。其势如《泰山小史》所云："三天门在十八盘上。高插霄汉，两山对峙。万仞中鸟道百折，危级千盘。松声云气，迷离耳目衣袂之间。俯视下界则山伏若丘，河环如蚓。天高地阔，无可名状。"南天门西南下有石室一座，室内西面石壁上刻有《天门铭》，是元代杜仁杰记述南天门构筑经过之文："泰山天门，无室宇尚矣。布山张炼师为之经构，累岁乃成。可谓破天荒者也。"这里，自元代构筑室宇以来，天门愈雄："磴道盘空，一关独启而朝天有路！"（《泰山图志》）

进入南天门后，迎面是一座面阔五间，硬山五脊顶的殿宇，这即"未了轩"。名取杜甫《望岳》诗句"齐鲁青未了"之意。这是1965年在原来关帝庙旧址上新构建筑。其前廊下还有一通后人镌刻的关公竹叶藏诗碑。其屋顶呈铁红色，这是因为顶上所用仰瓦、筒瓦均为铁铸做成所致。内有明代所铸东岳大帝的神像。1984年，又在未了轩左右复建了东西配殿，形成了一座四合庭院式关阙。未了轩后面新辟小广场，周围石砌护栏。人们凭栏北望，可赏万岭卧伏的碧绿山色。西去不远，可见危石峭立若墙，中间有一个空缺处如门窦大开，此即"西天门"。西天门南面山峰上，矗立一座四柱石亭，这是月观峰，又名望府山。因为夜清月朗之时，西望可见济南灯火，故名。这里也是观赏泰山四大奇观之一的"晚霞夕照"的好地方。每每夕阳欲下的时候，登临岱顶的人们，放眼西望，可见夕阳如血。如圆似球，把云霞尽染，五彩缤纷。云缭霞缝之中，金光四射，岭头峰巅镶嵌上一层发亮的光环。到处是浓彩重抹，一片金赤满天。真不知"谁持彩笔染长空，几处深黄几处红"。

由小广场东去，拾级而上即是天街。街头矗立着一座四柱三门高大石坊。这是1986年重建的"天街"石坊，由武中奇题额。在这里，新中国成立之前一些贫苦的山民曾沿道北搭起一排茅草小店，接待朝山进香的善男信女，以糊口养生。他们多在门户悬挂物件以示店名，香客也就以此区

别店家，分别称呼他们为"棒槌家""金钟家""鹦哥家"等。现在，泰山管理部门仿照"天街"意境规划改建了这条街，拓宽了路面。在原来的茅草小屋旧址以北，建起了一排毗连错落的阁楼廊舍，开设了商店、饭店和旅馆，犹如天府街市。

天街中段，蓬元商店附近，有石阶行道下去，转入山崖西南。其崖石东向，似一只低垂的象鼻，上有题刻"象鼻峰"。循崖下小道西去，可见一个砖砌拱形的洞口，上题"白云洞"。洞口有篆书对联："品物流天万民所望，山泽通气百谷用成。"这里，夏秋之间常有白云缭绕，故名。其实，这是崖峰南向，危岩多窍，洞内空气湿润所致。此洞又名云窝。象鼻峰之东另有"青云洞"。

沿天街东行，有一座双柱单门石坊立于道路北侧，额题"望吴圣迹"。这是取《韩诗外传》中有关孔子的故事而立的。相传孔子登上泰山看到了吴国（今苏州）阊门外系有白马，于是问弟子颜渊看到什么？颜渊回答他看到的是吴国阊门外有一匹白绢。于是就有人附会传说，讲马以"匹"作量词是从这个故事开始的。对此传说，东汉王充在《论衡》中提出了疑问："物大者易察，小者难审。使颜渊处阊门之外，望太山之形，终不能见。况从太山之上，察白马之色，色不能见明矣。非颜渊不能见，孔子亦不能见也。"

过望吴圣迹石坊北行不远即是孔子庙故址。庙貌残破，仅存庙门。庙门两侧墙壁上镶嵌有一副石刻对联："仰之弥高，钻之弥坚，可以语上也；出乎其类，拔乎其萃，宜若登天然。"孔子庙以北有崖峭立，上有题刻，叫作"孔子崖"。

望吴圣迹石坊东北，岩石上有明人题刻"振衣冈"三个大字。其上为鲁班洞，再上有1984年重修的方形高台，四面辟门而中通。上复为台，此为北斗台，取"泰山北斗"之意。其东有黑丽巨石，上镌"天柱峰"三字。附近有五代时人刘衮题刻。相传此处即秦始皇登泰山刻石记功之处，有题刻"斯碑岩"。

天街东首，又见盘道陡升，上入一座崇丽宏伟的古建筑群。这即碧霞

祠，是碧霞元君的上庙。根据《岱史》记载："宋（代）建昭真祠。金（代）称昭真观。明（代）洪武中重修，号碧霞元君。成、弘、嘉靖间拓建，额曰：'碧霞灵佑宫。'"关于碧霞元君的来历，众说不一。清代顾炎武在《日知录》中所记述："泰山顶碧霞元君，宋真宗所封。世人多以为泰山之女。后之文人知其说之不经而撰为黄帝遣玉女之事，以附会之。不知当日所以褒封，固真以为泰山之女也。今考封号，虽自宋时，而泰山女之说则晋时已有之。张华《博物志》：'文王以太公为灌坛令，期年风不鸣条。文王梦见有一妇人当道而哭，问其故，曰：我东海泰山神女，嫁为西海妇。欲东归，灌坛令当吾道。太公有德，吾不敢以暴风疾雨过也。文王梦觉，明日召太公。三日三夕果有疾风骤雨自西来也。文王乃拜太公为大司马。'此一事也。干宝《搜神记》：'后汉胡母班尝至泰山侧，为泰山府君所召，令致书于女婿河伯，云：至河中流叩舟呼青衣，当自有取书者。果得达。复为河伯致书府君。'此二事也。《列异传》记蔡支事，又以天帝为泰山神之外孙，自汉以来不明乎天神、地祇、人鬼之别。一以人道事之。于是封岳神为王，则立寝殿为王夫人。有夫人则有女，而女有婿又有外孙矣。唐宋之时，但言灵应即加封号，不如今之君子必求其人以实之也。"由此可知，碧霞元君是神道设教者附会杜撰之神，根本无确凿出处。

碧霞祠坐落于极顶前怀之中。北、东有峰峦为屏，南临悬崖，西近天门雄关。盘道由东西神门沟通，成为登临极顶的一个门户。这座高山建筑选址之妙恰如《重修碧霞宫碑》所记："神庙在兹。日月之峰，拥层峦之秀。左则岳顶之峻极，右则天门之开朗。历选名胜之所，无逾此境之妙意者。"

碧霞祠整组建筑沿南北轴线对置。由神门、大山门、香亭、正殿依次坐落于纵轴线上。东西神门、钟鼓二楼、左右御碑亭、配殿对称地分立两侧，整组建筑布局十分规整。南神门分为两层，下层为石砌方形门洞。有石阶南下可达火池、照壁。宽大照壁上题刻"万代瞻仰"四个大字。上层筑有歌舞楼3间，歇山卷棚顶。南墙上有三个月亮圆窗。北面无壁，向院内敞开。东西神门也是两层，下为石砌圆拱形门洞，上筑阁楼3间。东西各有石阶可通山门外院，其北紧依钟鼓二楼。钟鼓楼均为方形重檐五脊

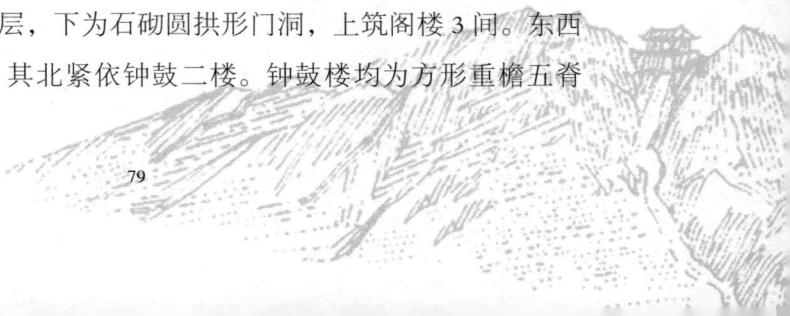

碧霞祠　邢永来摄

歇山顶楼阁。其上又起台阶，5间高大的山门居中而立。中柱式九脊歇山铁瓦顶，正中辟门上悬"碧霞祠"匾额。两端间分立4个铜像：青龙、白虎、朱雀、玄武。个个正襟危坐，二目圆睁，十分威武雄壮。进山门为内院，东西各有亭阁构筑，如钟鼓楼。其内，各树立一通清代乾隆皇帝御题之碑。其碑石质晶亮莹润，因明代铜碑称为"金碑"，这两通碑则呼为"玉碑"，故此两亭被称为"玉碑亭"或"御碑亭"。其北各有配殿3间，均为五脊硬山铁瓦顶，前出廊。内祀"眼光奶奶""送子娘娘"铜质神像。院内正中为"香亭"。方形九脊歇山黄色琉璃瓦顶，四周环廊。内祀碧霞元君铜质神像。岱庙内铜亭最初构立于此处，搬下山后，又筑今亭。相传旧社会香亭后面的正殿并非日日常开，一般香客多在此跪求神灵。香亭南侧，各有一座铜碑，俗称金碑。东为明代万历四十三年（1615）所立《敕建泰山天仙金阙碑记》。西为明代天启五年（1625）所立《敕建泰山灵佑宫记》碑。铜碑南面台下各有一座铜铸焚纸之器，西名"千斤鼎"，东称"万岁楼"。正殿5间，九脊歇山筒瓦顶。上有瓦垄360行，借喻一年360天周而复始。瓦垄端处都立有一条铜铸飞龙，大脊之上铸有二龙戏珠图，顶部构件俱为铜铸而成。恐难负重，大殿四角正檐下都有一根立柱承扶。顶上大脊鸱吻一件，就有一吨多重，由此可见当年铸造构筑工艺之高。殿内天花藻

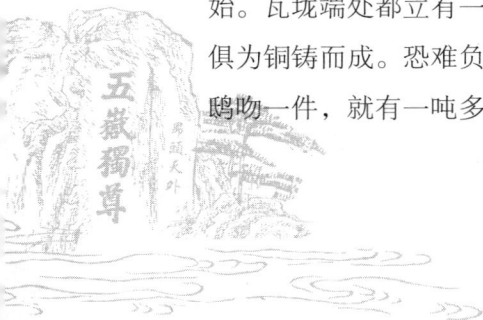

井，富丽堂皇。正中神龛仍供奉碧霞元君铜像。左右神台之上也端坐"送子娘娘"和"眼光奶奶"铜像。正中神龛上方高悬乾隆皇帝题匾：赞化东皇。整个建筑群雕梁画栋，遍施彩画，十分雄伟壮丽。碧霞祠内铜铁铸件俱是明代所冶制："恐凌空壁立，易为风雨所剥蚀。故陶土为砖，冶铁为瓦，覆仰比次，务为坚确。"（《修碧霞灵应宫碑》）实在是高寒地带永久性建筑的范例，堪称我国高山建筑群的杰作之一。这组建筑空间可划分为二：山门内院封闭严整，富丽华贵，井然有序；山门外院秀丽开敞，高雅明亮，歌舞升平。在这里，既有神灵设道的威严，又有与民同乐的逍遥。这种意境在碧霞祠的布局、选材、造型、装修各方面都有所反映，真不失为高山建筑中的优秀作品。

出碧霞祠东神门，北有一座仿古建筑的四合院。此为清代东公署旧址，是收取香税的总巡官所居之处。康熙年间为更衣亭，乾隆年间拓建为驻跸亭（早圮）。此组建筑是1978年国家拨款重建，现为神职人员所居。

碧霞祠东南有怪石突立，形似一只雄狮状，故名"狮子峰"，也称"宝藏岭"。

在碧霞祠附近，倘若有缘，你可一睹泰山云雾奇观——"碧霞宝光"："碧霞宝光即气象上的'峨眉宝光'或'佛光'。在早晨或傍晚，人站在山上，前面是弥漫的密云浓雾，阳光从背后照来，人影或头影出现在云雾幕上，周围还有一圈彩色的光环，好像佛像头上的光圈，故得名'佛光'。佛光是太阳光在密云浓雾的孔隙中发生衍射分光作用而形成的。宝光光环内蓝外红，绚丽夺目。泰山的佛光因多出现在碧霞祠上空而得名。观赏碧霞佛光必须选择半晴半雾的天气。早晨到上午，应站在泰山东部的阳光下，朝西面碧霞祠上空的雾幕上观察。下午到傍晚则应站在泰山西部的阳光下，朝东部的雾幕上观察。而且离雾幕不能太远，才可能观察到比较罕见的'佛光'。"（刘继韩《泰山的旅游气候资源及其评价》）傅先诗曾在《山河齐鲁多骄》一书中抒发了他看到碧霞佛光时的心情："啊！果然一个巨大的五彩缤纷的光环，呈现在面前。它的彩带边缘还搭棚在碧霞祠的檐角上呢。彩带呈现出红、橙、黄、绿、青、蓝、紫七色，绚丽极了。最外一层的艳

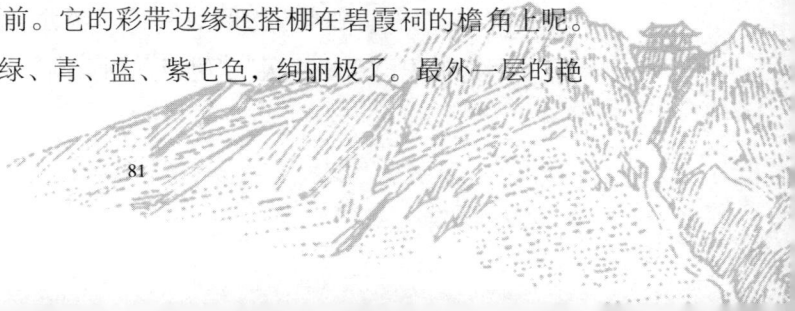

红光圈如斑斓的日珥一样，光彩夺目。在巨大的光环中还有人头攒动，这是我们自己的影像。人们激动得手舞足蹈，光环中的影像也随着在招手。此时此刻，我情绪激昂，真有点'目睹宝光惊心魄，飘飘欲飞成仙人'了。这时候，白云飘忽、雾气氤氲，光环时隐时现，时浓时淡，开合幻化。我忘情地望着这灵丽的光环，目光随着光环徐徐地移动着。"

泰山佛光出现多在 6～8 月之间，每年 6 次左右，并不多见。

由碧霞祠东去，有小路可达瞻鲁台，即舍身崖。而沿盘道再上可至极顶。

沿盘道缓缓而上，不远处有一片宽阔的空地。地面之上，依稀可见殿屋基址，即东岳大帝的上庙（已圮）。仅有一碑独立其中。北东两面都是陡崖之墙，即"大观峰"，又名"唐摩崖"。其上，唐玄宗御书《纪泰山铭》最为壮观。刻石高 11.3 米，宽 5.3 米，体制崇高宏伟。通篇字体为八分隶书，秀劲绝伦，为稀世珍宝。《述书赋》称赞唐玄宗书法为："开元应乾，神武聪明，风骨巨丽，碑版峥嵘，思如泉而壮风，笔为海而吞鲸。"1982年重新贴金。青岩壁立，金光璀璨，十分壮丽夺目。宋摩崖刻于大观峰东南立壁上，其名为《真宗述功德铭》，是仿唐玄宗所为。高约 8 米，宽 4 米，气势稍逊于唐摩崖。后人又题"德星崖"诸词于其上，致使宋摩崖残毁不全。唐摩崖周围题刻多处，书体不一，各具神韵。其中有康熙皇帝所题"云峰"二字，乾隆皇帝御笔《夜宿岱顶诗二首》。还有"青壁丹崖""与国同安""尊崇""弥高""天地同攸""置身霄汉""呼吸宇宙"等即景抒情之词。

大观峰西盘道再起之处，道南有一石突立，约 1 米余。上有题刻，北为"聪明正直"，南面书"一拳石"。

拾级再上，盘道西侧有殿宇毗连。这里旧为两处庙宇，东为"青帝宫"，西为"神憩宫"，内曾祀碧霞元君卧像。均已圮，现在都是复建之物，只是保留了其中一部分的殿堂布局，成为岱顶宾馆的一部分。

前面不远即是极顶峰巅。循道路曲折而上，周围巨石累立，题刻遍布："天路非遥""五岳独尊""蹑云捧日""深远高大""超然尘表""俯察万类""万法唯识，登峰造极""俯视九州自高下，仰观万象时有无""只有

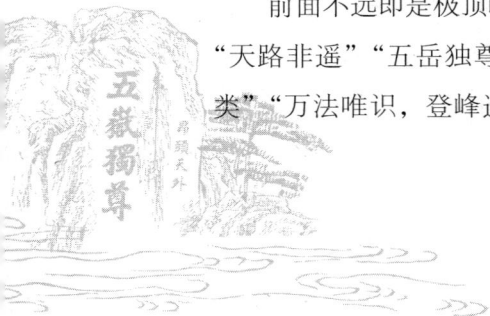

五岳独尊　刘水摄

天在上"。

　　玉皇庙建于泰山极顶——天柱峰上，故又称"玉皇顶"。盘道自东南上，
山门南下成一平台，四周筑以十字露孔砖墙。平台北面矗立三石。中间一
石巨大高耸于山门正前。呈方形，下宽上窄，四边稍有抹角，上承以方顶，
中突，有柱顶。高6米，宽约1.2米，通体无字，这就是世传泰山无字碑。
此碑为谁所立，有两种说法，其一认为秦始皇所立。此碑东侧有碑，上题
七绝一首："莽荡天风万里吹，玉函金检至今疑。袖携五色如椽笔，来补
秦王无字碑。"其二认为此石系汉武帝所立。清代顾炎武在《考古录》中
认为："岳顶无字碑，世传为秦始皇立。按：秦碑在玉女池上，李斯篆书。
高不过四五尺，而铭文并二世诏书咸具。不当又立此大碑也。考之，宋以
前亦无此说。因取《史记》反复读之。知为汉武帝所立也。"《封禅书》云：
（汉武帝）东上泰山，泰山之草木叶未生，乃令人上石立之泰山巅。""此
无字碑明为汉武帝所立，而后之不读史者误以为秦耳。"郭沫若从其说，
有诗刻立于无字碑之西："夙兴观日出，星月在中天。飞雾岭头急，稠云
海上旋。晨曦光晦若，东辟石巍然。摩抚碑无字，回思汉武年。"

83

　　玉皇庙是一座由山门、玉皇殿、迎旭亭、望河亭、东西配房组成的四合院。山门单间南向，石砌拱形门。上镶门额：敕修玉皇顶。玉皇殿3间，硬山五脊灰瓦顶，前出廊。内祀明铸玉皇大帝铜像。"迎旭""望河"二亭俱为硬山卷棚灰瓦顶，前后出廊。院中央为极顶石，四周围以石柱。院西北侧有碑刻"古登封台"。玉皇殿后有矮墙绕砌，人们立此北望，可眺后山景色。西北方向山脊上有石坊一座，即北天门坊。石坊前有条蜿蜒山道东去，那就是到后山石秀松奇的自然"奥区"——后石坞之路。

　　玉皇庙是泰山的最高处。这里既是古代帝王燔柴祭天，行告成之礼的地方，又是东观"旭日东升"，西观"黄河金带"泰山奇观的最佳处。极顶冠以庙观，庙貌耸立峰巅，突出了泰山极顶的所在，形象更加巍峨。极顶石突立于院中，又见自然之峰于小天地之中，加深了人们对极顶石的印象。庙得峰高，顶得庙小。无怪乎古人有诗感慨："地到无边天作界，山登绝顶我为峰。"

　　天高气爽，新霁无尘之时，恰是登临玉皇顶，观赏泰山奇观"黄河金带"的最好时机。举目远眺，可见泰山西北层峦叠岭的尽头，有一条金黄色的彩带由西南向东北延伸，直至天际。这就是滔滔东去的黄河水。登高放眼，黄河如带。河川如此大，泰山小天下。这也是泰山奇景之秀。

　　玉皇庙前，沿一条步游路西行不远，有一巨石矗立路旁，很像一位老态龙钟的长者。上题"丈人峰"三个大字。由此人们自然而然地联想到传说中张说借唐玄宗封禅泰山之机，将女婿郑镒由九品跃升五品的故事。

　　在玉皇顶东望，不远处有一组仿古建筑。北首是一座重檐六角亭。六角亭南接一排长亭，全部东向开窗。这就是建于日观峰上的观日长廊。六角亭下东北处不远，有一巨石翘首北望，若金蟾蹲踞状，也如一老人垂手北躬而拜。因此，巨石得名"探海石"，也名"拱北石"。每每拂晓日出之前，探海石上总有人翘首东望，以待日出。这巨石既是岱顶一奇景，又是泰山的一个标志。

　　下玉皇顶，由大观峰上至日观峰，沿途石刻颇多。有"孔子小天下处""首出万山""拔地通天""飞仙驻足处""长伴白云居""只有天在上，

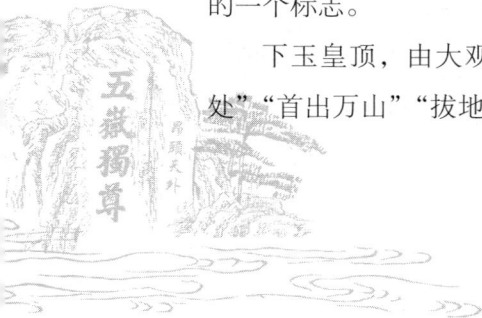

五岳独尊

更无山与齐""唯天为大""烟横云倚"诸语题刻，俱颂泰山"雄""高"之妙。

拱北石所在的日观峰，和玉皇顶一样，都是观日出的理想之地。一年365天，但有一线希望，在拂晓晨曦之前，这里总是人群密集，蚁拥蜂攒，盼得"旭日东升"。

旭日东升，是泰山最壮丽的自然奇观之一。每当天高气爽，在曙星渐没的拂晓，东方的天空渐渐泛起粉红色的霞光。这霞光又渐渐地变浓变深，先成为橘红，又成为鲜红，越来越红，越来越亮。广阔无垠的天空和大海，渐渐地被金色的霞光融合在一起。这时，一轮红日从水天一体的苍茫远方冉冉升起。霎时间金光四射，群峰尽染。天地山峦，一片金光璀璨的壮丽景象。唐代丁春泽《日观赋·又赋》中尽述泰山日出之妙观："泰岳东南，峰开一室，傍接天路。低临晓日，阴霾玉兔，动霄汉之微明，晓报天鸡，越氛埃之迥出。初其暝色葱茏，悬崖倚空。独出清虚之外，遥分莽苍之中，隐雾犹白，经天渐红。披草树以灯乱，耀波涛而血融。及夫林岭寒消，烟云色变，星河寥落以初没，峰峦逦迤而徐见。火动山巅，轮移水面，穿暗隙以飞镜，历幽窗而走电。至若门宇萧条，霜空沉寥，暗开曙景，暖入残宵。扬晶彩以耙耙，散芒角而飘飘。露洒交薄，风牵影摇，望极天涯，生从地表。升若木之历历，出阴山之杳杳。万壑收暝，千岩送晓，消古砌之

日出云海　刘水摄

晴雪，动寒庭之宿鸟。遥空冷滑，伤寸晷之难留。碧嶂岩峣，望孤光而渐小。凌霄色丽，腾空影斜，气乱山烧，光分水花。绝壁孤危，觉灵海之津狭，炎辉咫尺，信长安之路赊。既而背阳春以齐来，泛圆灵之不碍，蒙水气以珠暗，露松阴而碧碎。霞色收锦，天风敛黛，披云阙以斜视，豁天门而俯对，依崖乍吐，威生齐鲁之间。过岭逾明，照及草茅之内。由是远挂寥落，高辞绝瞑，万象焜煌而毕照，六龙夭矫以无宁。安得足踏耸峭，手扶青冥，陈白昼之苦短，愿阳乌之暂停。"

　　登泰山者都希望自己能见到泰山日出的壮丽奇景，但如愿者并不十分多。其中原因是多方面的，通常在岱顶向东眺望最大视野距离为141公里，而岱顶距最近黄海海面也有230公里之遥。因此，只有在大气产生折光在52′以上，人们在岱顶上的视野才可达到海面。大气产生折光必须具备两个条件：一是根据日出方向角、地球公转速度以及海面的位置和距离证明，只有在夏至前后各约31天和冬至前后各约47天内，方有可能见到海上日出；二是在这156天内看日出，必须是无风或微风的晴夜，利于气层形成上暖下冷的逆温，使空气密度上疏下密，从而有利于大气产生折射。因此，登山者要想有较大把握看日出，最好在上述时间内，选择风和日丽，特别是晴朗无云的日子登山为宜。同时，泰安雨季多在6月28日至8月26日之间，显然看日出较理想的夏至后的31天中，看到日出的机会大为减少。不过这时间登山，倘若遇上雨过天晴，可观云海上的日出，也十分壮观：天空霞光四射，彩云绚丽，冉冉升出的红日跃出万顷云海雪涛之上，"浴海而丽天"，更使人们为之倾倒。

　　在岱顶不仅能看到日出，有时还能看到世界上难得一见的日珥。日珥是太阳表面上喷射的火焰状炽热气体。其他地方只有在日全食时，人的肉眼才能得此壮观。明代文学家于慎行曾描述了他在泰山看到的日珥情形："顷之，平地涌出赤盘，状如莲花，荡漾波面而烨炜不可名状，以为日也！又一赤盘大倍于先所见，侧立其上，若两长绳左右汲挽，食顷乃定。"山东师范大学地理系孙庆基教授也于1962年夏季在泰山上看到了日珥："突地从地平圈上喷发出两个红色强大的火舌，初露时是烛焰状，下宽上窄，

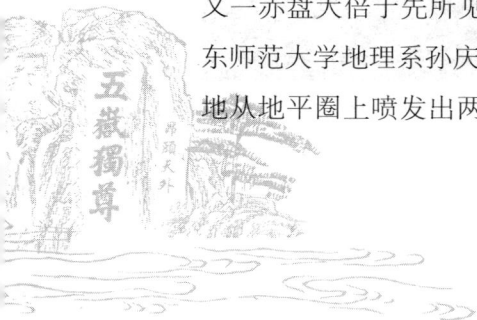

玫瑰色，下浓上淡。倏忽间两火舌上端连成拱桥。"

拱北石东去不远，有危石矗立在日观峰东崖边。这组自然石称为"东天门"，与西天门相对，取自然石门之形。

拱北石东，有步游路南去可达瞻鲁台。瞻鲁台名取可远瞻鲁国（曲阜）之意，又名"舍身崖"。崖出东南，北、南、东三面峭立，极其危险。这里有路可与西边不远处的碧霞祠相通。新中国成立之前，常有人轻信神灵，难解困苦，到此跳崖绝生，因此得名"舍身崖"。明代山东巡抚何起鸣，命人筑墙禁止这种愚昧行为，并立石碣更名为"爱身崖"。旧社会时期的黎民百姓难以忍受饥饿病苦，筑墙、立石、更名都难禁轻生者。今复立于遥参亭院中的《禁止舍身碑》即为明证。

瞻鲁台西，有一深谷，中有三块自然石悬空叠连，夹立其间，把两崖连在一起。这即是泰山奇景之一的"仙人桥"。明代曾有人赋诗写此景致："三石两崖断若连，空蒙似结翠微烟，猿探雁过应回步，始信危桥只渡仙。"

仙人桥西崖上有平坦巨石向南探立，上有题刻"望海""双流翼注"等语，俗名"望海石"。

漫步泰山峰巅，倘有机缘，能赏泰山奇观之一的"云海玉盘"。

观日出一般要避开云雾天气，但观云海却要选择多云雾的夏季和大气日渐变冷的秋季。夏季空气湿度大，对流旺盛，容易形成云雨。但对流云云顶高于泰山顶时，是观赏不到云海的。一般是在雨后天晴，受高压控制，且有逆温存在时，云顶高度才会低于山顶。这时，置身岱顶，可以看到波浪状似的层云像大海一样绵延起伏，泰山诸峰像海岛一样时隐时现于玉波之中，或被托起突立于万顷银色之上。洁白玉色之中，青峰矗立，这就是云海玉盘的美景。同时，在泰山上还可以观赏到沿山坡上升的"爬山云"，沿山坡奔腾直下的"云瀑布"。在夏天白昼还可在泰山顶观赏积云的演变，初时如雪白的羊群在草原上游动，而对流旺盛时，积云又会向垂直方向迅速发展，突起的云朵如蘑菇，云顶仍急剧往上翻滚，景象也非常壮观。

气候云雾衬托了泰山的高大雄伟，也给泰山增添了无尽的秀丽。这不仅仅是"日出云海""云海玉盘"，那冬季因气候骤冷而形成的雾凇、雨凇

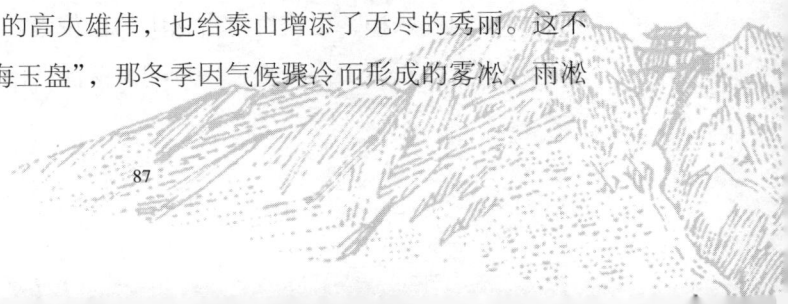

也是一种难得的奇丽景致。

泰山上冬季气温常常在零下十几摄氏度，有时候还会降到零下20多摄氏度。这时的云雾滴碰撞在树枝、草木之上，会立刻冻结成白色固体结晶。这种现象在气象学上称为"雾凇"，其厚度甚至大于背风面。冬季在泰山上还有过冷却雨滴（低于零摄氏度，但仍为液态），降落到地面和物面冻结成坚硬的冰层，呈白色透明或半透明的冻结物，这在气象学上又称为"雨凇"。泰山雾凇的最大结晶直径和结冰重量在我国都名列前茅。隆冬季节登上泰山，纵目四览，观赏银装素裹的雪景，欣赏那晶莹剔透，挂满树枝的雾凇和雨凇景致，也会使人体会到泰山的奇丽秀美，令人叫绝。

岱顶之上，虽然区区0.6平方公里，却是泰山庞大躯体烘托出的精华。奋勇攀登其上的人们，既可睹巧夺天工的人文景观，又可得变化千般的自然奇观，因此这里被称为泰山"妙区"。

位于岱阴的后石坞，是泰山"奥区"中的最佳处。后石坞景点尤以自然景观秀奇为主要特色。

沿丈人峰侧的步游路北行不远，循北天门石坊前的蜿蜒山道东去，约1.5公里即可到三山环抱中的后石坞。山道跨过一条乱石沟，沿半山腰际东上。北依山崖峭壁，南临百丈深壑。路以山石砌成，为明代万历年间所辟，称为"独足盘"。因盘道临崖处多有野生黄花，明人林古度题刻"黄花栈"于盘道旁边的崖壁上。独足盘隐于万株松林之中，这里危石挂怪松，大壑悬瀑流，雾蒙云绕，清奥异常，环境十分幽静。

后石坞原有一处庵观，称为元君庙。北依天空山而筑，有万松亭、蔚然阁等，均已早圮。只有石砌拱形门洞——"透天门"依然耸立在庙圮废墟之上。庵观选筑于三山前怀之中。东为棋子岭，北为天空山，西是方山，背风朝阳，十分安静。而且庙址四周，无论是危岩立石之上，还是陡崖深壑之中，遍是古松林立，其状多奇。有的探臂空崖，有的高耸峰巅。株株龙干虬枝，个个盘曲伞冠，姿态百异。那独足盘侧的卧龙松、亭亭玉立于九龙岗上的姊妹松，更是奇秀古松中的佼佼者。千株苍松秀枝，汇成百亩松海，漫蔽后石坞山峦深壑，一片碧波荡漾。山风时来，波涌浪涌，松涛

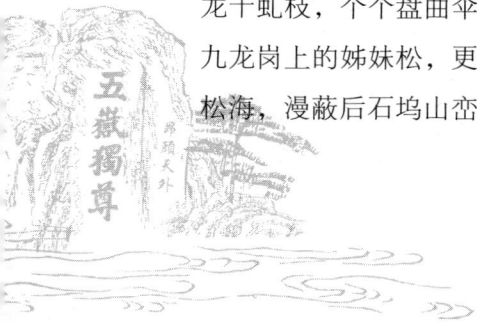

迭鸣，若虎啸龙吟，景象十分壮观，形成了泰山自然奇观之一的"石坞松涛"。

泰山姊妹松　张仁东摄

庙后天空山下有两个石洞，西边一个名为"黄花洞"。因环洞四处多黄花，故名。洞顶渗水成珠，汇集成潭，珠落潭鸣，取名"灵异泉"。因黄花洞背阴寒冷，终日云雾缭绕，即使夏令时节，洞中依然寒气袭人。旧时曾出现冬结冰柱而至来年夏季不融的现象，成为泰山上盛夏见冰柱的奇观，古有"洞名黄花冽清泉，六月寒冰坚玉柱"的赞誉。东边一洞名为"莲花洞"，"石芽瓣瓣，倒茁如菡萏出水"，因此洞中之泉，悬流涓滴，叫"石乳泉"。周围有"云根灵液""雪云凝""岱岳奥区""作出世想"等语题刻。

后石坞庙址东南，临溪谷北侧有两根高度分别为 100 米和 80 米左右的立峭石柱。拔地而立，直插云天，酷似两支欲燃的蜡烛，故名大小天烛峰。又因双峰形状若凤，明人吴同春书"双凤岭"，刻于石崖之上。这里峡谷万丈，双峰争奇，溪水飞流，松涛作响。奇、险、雄、秀、奥五景兼备，是泰山自然奇观之一。

后石坞为泰山"岱阴第一洞天",这里"苍松郁草阁,十里岱山阴。萝迳穿云杳,苍岩府洞深。月明双鹤舞,风细老龙吟"。就自然景观而言,后石坞独具秀色,堪称泰山绝奇。登泰山不至后石坞,难得泰山自然景色之妙。

西溪旷秀

泰山西路游览区是指自天外村起,沿泰山公路(或原来的蜿蜒山道,到中天门止的西溪流经区域)以及周围的自然景观和人文景观区域。泰山西路,原来仅有一条蜿蜒崎岖的山道,或临于西溪侧畔,或穿越山峦峰脊,到中天门与东路登山盘道交会。1980年修筑的一条简易盘山公路,与西路山道交错盘旋而上,1985年公路又拓宽铺筑成水泥路面。人们沿泰山盘山公路多乘车而上,这里路宽视野广,虽然古迹较少,但自然景色却十分旷秀:峰峦叠绿起伏,谷深略长溪鸣,青岩泉清林秀,极目万状瑰玮。沿路行进,纵目尽览峦溪景色,会使人旷然自得,神采奕奕:"泰山胜景窈然而深,蔚然而秀者,西溪而已。"(元代徐琰《萃美亭记》)自古以来,这里就被誉为泰山的"旷区"。泰山西路之间有几处秀丽壮美的景致,是难得的胜览之区。若登山者无意顾及,不能饱览,也是此行中的一失。

由天外村前行不远,就见西溪中突起一面高大的石坝。其上积水成湖,碧水如镜,尽收西侧山峦秀色,即"龙潭水库"。因所积水系黑龙潭流入,故名。

龙潭水库北去不远,有一桥横跨西溪峪谷,公路转入溪水东畔。此桥为新中国成立后所修,取名"建岱桥"。沿水库东侧,也有路隐于山林之中,北与建岱桥渡路相接。临崖路畔尚有数处石刻,多是颂景记游之词。

再上,溪水西侧青崖峭立。有绿树青草,散植其上。溪中流水多处积潭。溪水东侧时有巨石陡立,并有几十处刻石镌于其上。这里有白龙池,是新中国成立之前官民天旱祈雨之所。曾筑"渊济公祠",早圮。这一带

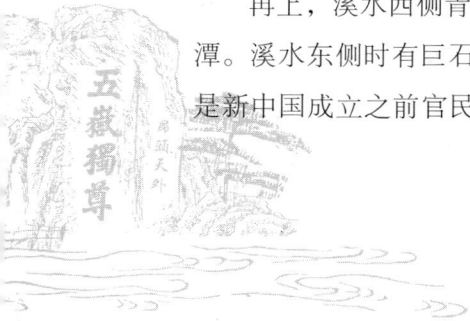

流传着小白龙行雨的神话传说："傲徕东下秀且奇，丹崖翠巘色迷离。况有古涧飞流溅，银河倒落溅珠玑。声响如雷影崩欹，下而汇作白龙池。白龙曾作白衣儿，坦腹东床聘异姿。旱魃为虐民苦饥，润泽生民神所司。我来游此喜如痴，欲拜神龙献一卮。深潭变动不敢窥，聊看波浪起如堆。作霖作雨世所期，或潜或现谁能推？龙乎龙乎系我思，我思云从天上时。"（清代徐钦祉《游白龙池》）当然，还有一些不尽相同的传说。

白龙池上行不远，只见北面溪谷之中悬崖突起百丈。上有瀑布似千尺银链飞流而下，中间一跌后，流入底部一个积水深潭中。潭水呈黑绿色。这就是泰山胜景之一的"龙潭飞瀑"，其高崖名"万丈崖"。那飞瀑一跌处，叫作"老龙窝"。其下深潭就是"黑龙潭"。黑龙潭南面，东侧溪畔有座石砌四角方亭，北面临潭辟门上有石镌楹联，道出了这里的景致："龙跃九霄，云腾致雨；潭深千尺，水不扬波。"飞瀑所临石崖，称之为"东百丈崖"。而西侧临溪突起的峭崖中，又有两处水冲光滑的高大陡立之处，分别被称为"西百丈崖""南百丈崖"。若遇雨急或长降之时，也会形成两股飞瀑流落黑龙潭南面的溪谷之中。因此，每当夏秋阴雨连绵之时，这里常常出现三股瀑布悬流。上有云雾缭绕，宛如白龙从云中呼啸而下，飞珠溅玉，直驰潭溪之中。形成泰山自然奇观中的"云龙三现"胜景。

夏天风雨骤至之后，或大雨长作之时，常见有人顶伞冒雨而来。"冒雨游山也不嫌，游山遇雨景更深"，他们为的是一睹"云龙三现"奇观。

自南北眺，可见一座大孔铁桥横跨龙潭瀑布于百丈崖巅。铁构桥栏呈铁红色，如彩虹显现于飞瀑之上。红桥、白瀑、青山、绿木，景观十分艳丽秀美。桥端南侧，各有白色四角石亭一座，亭亭玉立于两边石崖半山之间，愈添龙潭飞瀑奇色。此桥名"长寿桥"，始建于1924年。沿东侧盘道石级可登上长寿桥。凭栏南望，又是一番景致：近得桥下溪流湍急，飞流直下；远望峰峦壁立，瀑鸣溪谷，非常奇丽。桥下溪床南端有东西方向自然石线一条，人不敢至，俗称"阴阳界"。溪床上有数处石刻，点缀着此处的景致。黑龙潭景观十分秀奇，清朝赵国麟曾赋诗歌颂："峭崖谁倾美斛珠，探奇人到但狂呼，空传庐岳千寻练，得与飞涛仿佛无。"

　　过长寿桥，沿溪西侧一条小径北行不远，有一座四方院落。东侧南向辟门，前有砖砌照壁，即"无极庙"。1924年，军阀张宗昌部下张培荣任兖州镇守使时，封其夫人为"无极真人"，建造了这座庙舍。庙内房舍门、窗、墙、顶俱是石构。山门单间，其上影作九脊硬山顶。门上题额："无极庙"，两侧镌刻楹联："天台岩下藏五百，须弥顶上隐三千"。入内，东西厢房各3间，中间辟门，上作平顶向前流水。正殿3间，中柱承梁，前有廊，上作五脊硬山顶。中间辟门，两侧间面南开窗，透雕金钱状石棂。门窗上面俱镶嵌石额，各有楹联刻于两侧。门上额题"太虚灵妙"，对联为"玉楼琼华高出阆苑，青琳翠水俯视昆仑"；东窗上额"泰岳仙宗"，对联为"涵阴育阳两仪之始，开天辟地万法所宗"；西窗上额"乾坤正体"，对联为"普降甘霖慈云垂荫，宏开宽路宝月增辉"。正殿两侧各有耳房1间，殿前两侧有古藤1棵缠绕其顶。院内古柏参天，蔽日遮阴。建岱桥和长寿桥畔的三座四柱石亭都是这座庙中之物，新中国成立后移立现址。现在无人居住，空留石庙，显得十分荒凉。

　　据传说，无极庙所在之地为泰山竹林寺遗址："竹林西河（今西溪一段）名以竹林寺。寺在百丈崖北。自唐迄今（指清代），屡兴替。元（代）元贞初，固陵僧法海重修。明（代）永乐间，高丽僧满空拓建。""泰山竹林禅寺者，名冠天下。"（《岱览》）这里十分清幽："石径俯云壑，竹林开幽境。寺古僧徒稀，山深岚气冷。"可惜寺院早已荡然无存，只留青竹万竿，令人追想。

　　由无极庙跨溪东去，可与泰山公路相接。沿路北上有马蹄峪，是古人附会史书中汉武帝曾获汗血马，飞奔起来汗注若血，一日千里，踏石有迹之说，见峪中石上有迹印如马蹄，故名。再上有黄西河，因西溪水上接中天门北面的龙峪之水，绕经黄岘岭以西得名。循路览景可得西溪秀美景色。路边溪水潺潺。溪谷中巨石突立，槐树千株蔽日。时有流水萦绕巨石，时而只闻水声不见溪影，又常见积潭碧水盈尺。西溪之中，石得流水青，水映万木绿。空气清新，环境幽雅。夏天临此，休憩其中，冷风拂面，疲惫顿消，十分惬意。至盘山中段"S"形转弯处，有条小径跨溪北去，前面

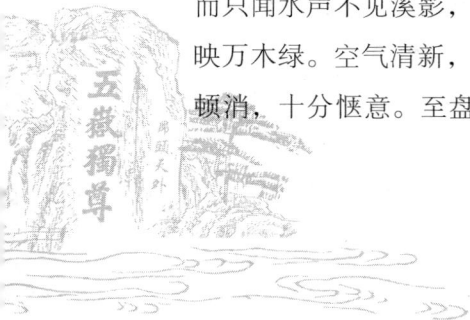

就是黑虎峪。倘若有情趣探险，循路北上，到达龙角山口。东去攀爬可至九女寨。九女寨，因"昔有九女避兵于此"（《岱史》）得名。九女寨三面陡峭千丈，仅北面稍与山接。这里"孤峰绝涧，深藤密菁；废宇封尘，空庭落叶；明月清风，自作来往"（《泰山纪胜》）。明代肖协中曾赋《九女寨》诗一首："千峰攒峭接青云，虚寨曾回九女裙。不独避兵还避世，花香草绿自氤氲。"

由无极庙沿盘道山路往西，可达扇子崖、傲徕峰景点。这里盘道背依峭峰半山，南临峪谷深涧。道侧槐树松柏相间，环境清秀奇险。扇子崖庙宇建于三面峭峰环抱的巉岩危壁之前，南面临谷，形势十分峻拔。据记载，西汉末年樊崇率领的农民义军——赤眉军，曾屯兵于此："琅琊人樊崇起兵于莒。转入泰山后，兵数十万，鼓行而西。"至今"犹有演武场、张旗石，及柱窝、碓砣遗迹"（《岱览》）。这里曾是古代农民起义的根据地。

循盘道逐渐登高，至山径依峰转南再向西行处，有自然石峭崖相对，中通似门状，这就是樊崇屯兵所据泰山的"天胜寨"寨门。寨门东南下临深谷百米，形势十分险要，真有"一夫把关，万夫莫入"之势。入内，地广亩许，开阔坦荡。相传这里是当年的演武场，西南山岗为跑马场。至今张旗石、柱窝、石臼等寻觅可见。北侧峭峰半山处有一座石洞，前有砌墙，中间辟门可入其内。门上题额"玉皇上帝"，这就是"玉皇洞"。又因洞中有三处透顶可窥天，又名"三透天"。自玉皇洞上峰崖开始，道北不远都是怪崖陡立。嶙岣屏障，壁连傲徕峰。沿道西行约半公里，可到扇子崖庙宇处。扇子崖庙宇建于乱石高砌的石台基上，北依傲徕峰峭壁。庙门东向，高辟于盘道尽头。砖砌拱门，上有题额："扇子崖"。顶作卷棚硬山状。进门南折西向便至扇子崖庙中主体建筑前。前有3间卷棚，中间开门，后为无梁殿。全部石作，顶上再覆瓦。前有门额，上由创构者明代王无欲所题："天尊殿"，内祀道教神元始天尊。卷棚西侧有古松1株，探枝东南，蔽荫半庭院。两侧有巨大的旗杆石，再前为戏台。东西各有配房3间，硬山五脊顶，前有廊。西配房作穿堂式。穿越西上，又有依山3座殿宇。中为双层，为"吕祖祠"，内有新塑吕洞宾泥像。东为"地母宫"，西是"太阳宫"。

地母宫东北，有自然洞一处。前有条石砌厅，上书"圣贤洞"。另有题刻"仙径云横"四个大字。这几处建筑俱是（1924年前后）道士梁鸿峻募资修建，曾有一段时间香火很盛。现存庙中十几块残碑多是"万古流芳"捐资碑。新中国成立后，游人少至，逐渐冷落荒芜。自1987年起，山前"迎胜居委会"投资开发，现在庙貌焕然一新。

庙西沿山径前去不远，傲徕峰下有清泉一处，水质甘洌。庙东沿盘道再上，几经转折盘旋，可至峭立山崖脚下。峭崖形如半开折扇，又似巨大并拢手掌。因此，得名"扇子崖"，又名"仙人掌"。扇子崖三面峭直壁立，唯西南稍有斜坡，但有块石累立。有不畏险者，可从此登临其巅。明代创构天尊殿（无梁殿）的王无欲曾筑室此崖巅，现在其上仍有基址。其北为青桐涧，因古时多青桐而得名。青桐涧北为壶瓶崖，危崖万丈，状若古鼎。站在扇子崖北眺，有山其峰状如龙角，那即龙角山。其东，山峰半腰处又有山若柱，上有树丛，即九女寨。西为傲徕峰，壁立若环，傲立苍穹，非常巍峨。

傲徕峰突立于泰山主峰西南，南向峭崖千丈，十分险峻。因其距离泰城近，南方、西向登山者，先见其峰若插天利刃，常常感到它比泰山主峰高。其实傲徕峰海拔才仅有玉皇顶的一半，当地有句俗语说得好："远看傲徕高，近看不到泰山的半山腰。"

傲徕峰和西溪一带，崖峭峰险，崎岖路缓；树木阴郁，蜿蜒数里；清泉奇石，万状瑰玮。而且行愈远，峰愈奇，景愈胜。实在是一处宜人休憩，别有景致的好地方。

环山丽麓

泰山环山路游览区是指西临龙潭水库，东至虎山公园，在泰城环山路以北，散布于泰山南麓的几处各自独立的人文景观和自然景观区域。

泰山南麓掩映于苍松翠柏之中的几处景点，其建筑依山就势，布局十分灵活：背负雄山峻峰，前临千年古城，旁有溪水环流。虽然接近市区，

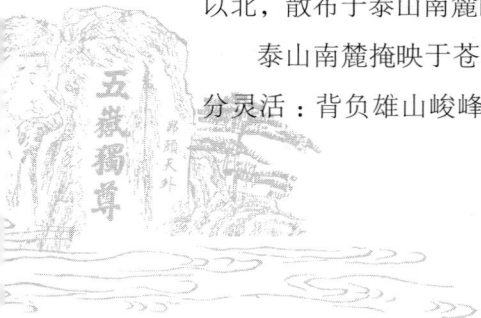

但环境依然十分幽静。很久以来，这一带就被称为泰山的"丽区"。近几十年来，随着时代的演进，这里又增添了几处名胜，风景更加秀丽。

天外村附近的西溪之上，有一座长20多米的单孔石拱桥，臂连溪谷两岸。桥呈东北、西南方向，铁栿构作栏杆，漆成红色，在青山绿水之中十分醒目。石桥拱洞之上，左右各镶嵌一块桥名石。

这座石桥是著名爱国将领冯玉祥先生20世纪30年代隐居泰山时，看到泰山西麓一带因溪谷所阻，群众上山不方便，出资修建的。筑桥为了百姓，故名"大众桥"。桥名石系冯玉祥先生亲笔书题。

1953年党和人民政府将1948年在黑海遇难的冯玉祥先生的骨灰安葬在泰山之上。

冯玉祥先生之墓恰好坐落在大众桥北侧。陵墓台阶与大众桥隔环山路而相直。桥首耸立着一座青色单门石坊，作为陵墓起点的标志。墓台下石阶共66级，取冯玉祥先生度过的人生岁月之数。石阶分四盘，比喻冯玉

冯玉祥先生墓　刘水摄

祥先生一生的四个阶段：一、出生至弱冠从军；二、清代的军旅生涯；三、民国革命；四、抗日救国，致力于民主主义革命。墓台之上，泰山花岗岩砌成的墓墙正中镶嵌着冯玉祥先生浮雕侧面铜质头像。其上为郭沫若所题墓名："冯玉祥先生之墓"；其下是他的一首自题诗手迹碑："我，冯玉祥：平民生，平民活。不讲美，不要阔。只求为民，只求为国。奋斗不懈，守诚守拙。此志不移，誓死抗倭。尽心尽力，我写我说。咬紧牙关，我便是我。努力努力，一点不错。"

整个陵墓掩映于松柏苍翠之中，显得十分肃穆、庄重。墓东侧有他的原配夫人刘德贞女士之墓，这是其子女在冯先生安葬泰山后迁葬于此的。

沿环山公路东行约半公里，又有一座隐于郁郁柏林之中的陵墓。仍是泰山花岗岩砌成，墓台成方形，正中有用条石砌成的长方形墓室，内储灵柩。墓台北面并立三通石碑，中间一通镌刻着"山东省参议会范故参议长明枢先生之墓"；右侧一通碑，是林伯渠题词"革命老人永垂不朽"；左侧一碑为谢觉哉的题词"永远是人民的老师"。周围有石砌墓栏，东、南面都有甬路可通，这就是抗日战争时期被山东军民誉为"抗日寿星""革命老人"的范老之墓。墓台素石构砌，不巧纹饰，显得格外朴实无华，反映了这位以80岁高龄加入中国共产党的革命者的高洁品德。三通石碑的背面镌刻着这位革命老人的生平事迹。

范明枢和冯玉祥迁葬泰山，表达了人民对他们的敬慕。爱国者英名与泰山同寿！

范老墓东面不远的高坡上矗立着一座纪念碑。这是冯玉祥先生隐居泰山期间，报经当时的国民政府批准树立的"辛亥滦州革命烈士纪念碑"，以纪念和冯玉祥一起策动辛亥滦州起义的王金铭、施从云等遇难的爱国志士。

范老墓和辛亥滦州革命烈士纪念碑之间，有一条石铺路面。循路北去不远就是泰山古刹之一的普照寺。

北去先入一条翠柏荫庇的土径，途中有一处峭石壁立似门的地方，两侧南向都有题刻。右题"云门"二字；左镌"迎送柏"三个篆体大字。据传云门为佛地之界，内是佛门净土，出为尘世凡界。僧人迎送客人一般不

过云门。左侧峭石中原有一株古柏，因此得名"迎送柏"。可惜树死，空留残根朽木在峭石之中。

前面有一座平板石桥横跨绕流寺前的溪水之上，称作"子午桥"。过桥拾级而上就是普照寺。寺名取自"佛光普照"之语。有关史籍记载，寺院为唐宋时创建。寺中有一棵古松传为六朝所植，故世间又常常称其为"六朝古刹"。这里有过两位较有名气的住持，其一是明代永乐（1403—1425）年间高丽（今朝鲜）僧满空禅师，他留下了中朝两国人民之间进行文化交流、友好往来的历史，二山门下《重开山记》石碑刻记着满空禅师重兴普照寺的经历；另一位是清代康熙（1662—1722）年间诗僧元玉和尚，他构筑了东禅院厅的石堂，东去不远的溪峪荷花荡中，还有他命名题刻的"石堂十二景"。他曾留诗百首，有"积水半潭涵瘦影，疏香一圃宕寒烟"之句。两人都圆寂于普照寺。

普照寺坐落于两山环抱之中，后依凌汉峰，前临东来溪水，上有古松蔽日，环境清幽。清代和尚奚林有《普照寺》诗一首，道出这里的景致："门前几曲流水，寺后千寻碧峰。鸟语溪声断续，山光云影玲珑。"

寺院依山势而建，层层起台叠升。起伏中不失严谨，规整中不少灵活。普照寺中为三进庭院，坐北朝南。大山门、二山门、大雄宝殿、筛月亭、摩松楼依次坐落在纵轴中心线上。前有钟鼓二楼对峙，中有左右配殿分列两旁，后有边门对开两院，东是禅院，西为花圃，布局严谨，构筑十分对称。而东、西两院各有区别：禅院内房舍多向，曲折迂回，利于居住；菊圃中多植树木花草，南有青竹千竿，又宜人欣赏、养憩。

大山门面阔 3 间，中柱式硬山五脊顶，中间开门，上悬"普照寺"匾额，门前有石狮蹲居两侧。

二山门内又起一台，进入即是寺中主院。大雄宝殿面阔 3 间，硬山五脊顶，前有出廊。殿内正中供奉释迦牟尼铜像，高螺发髻趺坐，像高 1.33 米。两边配殿均为硬山卷棚顶，前有廊。院中银杏双挺，古松如盖，中间一铁铸香炉，婆娑阴影之中，时有缕缕青烟。由正殿两侧垂花门入，循台阶而上，又成一台。正中是一座四石柱方亭。亭东有一株粗过一围的古松，

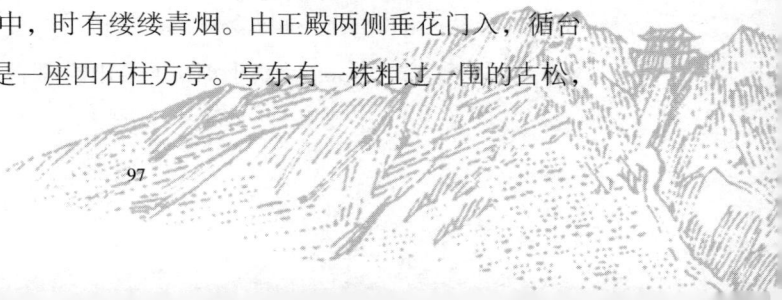

龙干虬枝，枝蔓展伸整座寺院之上，郁郁碧叶，生机盎然。这就是泰山上下闻名遐迩的"六朝古松"，因传为六朝时所植而得名。树旁有郭沫若《咏普照寺六朝松》诗碑："六朝遗植尚幢幢，一品大夫应属公。吐出虬龙思后土，招来鸾凤诉苍穹。四山有时泉声绝，万里无云日照融。化作甘霖均九域，千秋长愿颂东风。"每当月色清朗之时，古松之下，月光点点。因此，四柱方亭取名"筛月亭"。石柱之上，四面都有颂咏此处佳景的楹联。东面书"高筑两椽先得月，不安四壁怕遮山"；南面题"引泉种竹开三迳，援释归儒近五贤"；西面为"曲径云深宜种竹，空亭月朗正当楼"；北面是"收拾岗光归四照，招邀明月得三分"。

亭后一楼双层五开间，也为九脊硬山顶。因楼壁与六朝古松枝叶相触，取名"摩松楼"。

由边门入西院，北面为5间与摩松楼相接的平房，正中门上悬有一匾，题曰"菊林旧隐"，因诗僧元玉和尚曾居此而得名（元玉晚年又号为"菊林盂隐"）。门侧悬挂清道光年间泰安县知县徐宗干所书一副楹联："松曰好青，竹曰好绿；天吾一瓦，地吾一砖。"上下联语均取元玉和尚诗句。上联取其诗《结交行》句意，诗全文为"泰山松，蓬岛竹，路隔虽万千，情结逾金玉。竹寄松曰子好青，松寄竹曰子好绿。买镜所贵为端容，买剪所贵为成服"。诗句比喻人与人之间的交往贵在至诚，彼此了解；下联取自元玉《渡江》诗，全诗为"缆解邗（音寒）关，帆悬邗水；日暖风和，直渡扬子。帆悬邗水，缆解邗关；扬子即渡，夜泊河山。水既有舟，陆自有马，地吾一砖，天吾一瓦"。这里讲僧人云游，当跋山涉水，天地为家。徐宗干取元玉和尚诗句撰此对联，是为纪念这位诗僧，彰其旧居。

"菊林旧隐"房前也有一株古松。主干挺立，枝干盘曲四向，如伞似盖，青绿平散。树下耸立一块自然石，其上有清代光绪年间楚人何焕章题刻："一品大夫"，誉其形状上乘。郭沫若《咏普照寺六朝松》诗中，曾有褒奖六朝松，欲夺此松"一品大夫"称号的诗句。其实，此松除高度不及六朝松外，形状秀丽别有一种风姿神韵，于色于形都不亚于六朝松。

因冯玉祥先生30年代两次隐居泰山时都曾住在普照寺，所以泰山管

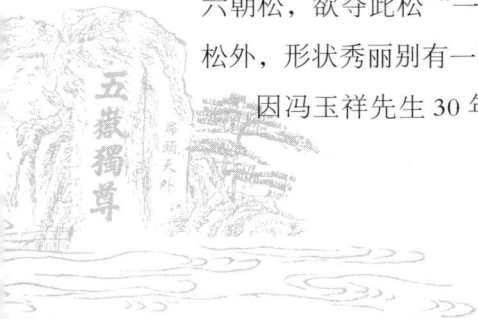

理部门借用此处举办了"冯玉祥先生在泰山纪念陈列"。院中重刻了当年冯玉祥先生同著名画家赵望云合作的画配诗《泰山社会生活写生集》石碑48块。冯玉祥先生以其通俗的"丘八"诗揭露了新中国成立前贫穷百姓的疾苦，号召人们抗日救国，改造社会，改造国家。西院前部还竖立了一通巨大的大理石碑，镌刻了周恩来总理1941年写给冯玉祥先生60寿辰的祝词手迹。浏览院中的这些石刻和室内的陈列，人们会加深对冯玉祥先生爱国情操的认识。

普照寺居山临城。虽近闹市而不染喧哗，隐于山中又多秀姿。松青竹绿，溪鸣鸟啼，十分清幽："清馨度流水，寒山空夕阳，每苔纷古色，花鸟悦清光。"自古以来，文人学士常常寻觅而至："石乳茶三碗，松花饭一瓯。清谈应不厌，逸兴二人幽。"现在，这里是市区人民星期日休息时常临之地。外地游人偶至此处，更是长坐不走。

普照寺风光清幽，环境宜人，实在是泰山脚下难得的一座佳构之所。

普照寺东去不远，有冯玉祥隐居泰山时出资修建的"革命烈士祠"，内祀烈士多是参加辛亥滦州起义先后牺牲的将士。后殿中有冯玉祥的题联："救民安有息肩日，革命方为绝顶人。"祠内外自然石上有许多题刻，敬挽献身者。祠南门外，西侧平面上有楷书挽联一副："诸公豹已留皮，黄土泰山真并重；精气虹常贯日，白衣易水至今寒。"祠东自然石上留刻李宗仁挽联："百世名犹存，众所瞻依，祠巍泰岳；三代道未泯，闻兹义烈，气肃冰霜。"西南路侧巨石上有鹿钟麟摹写经石峪大字：寿，其下有冯玉祥题注："人欲得寿，须要为大多数人们牺牲寿命。"环视四周题刻，一片浩然正气之歌。

普照寺西北处不远，半山中有一片院落旧址，背依峦峰，峭石上题刻多处。如"讲书台""授经台""能使鲁人皆好学"等。东侧临涧有一座四柱石亭，称作"洗心亭"。亭北矗立一碑，上镌"胡安定公投书处"。这就是泰山古老书院故址——"五贤祠"。这座书院最初名"泰山书院"，北宋时，因拓建岱庙，原在岱庙东南隅的泰山书院（今汉柏院）被占，迁至此处。北宋初期，学者孙复、石介先后在此讲学。后有江北学者胡援访学至

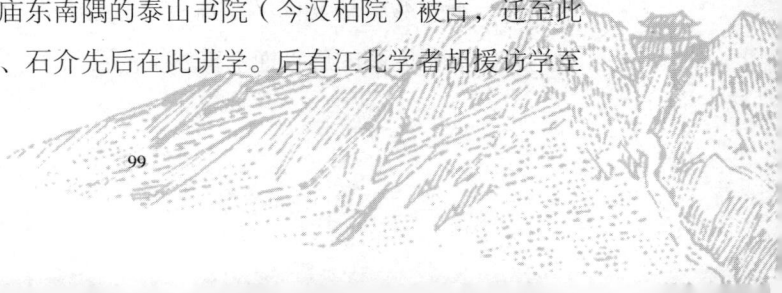

此，师从孙、石二人，"读书泰山，攻苦食淡，终夜不寝，十年不归。得家问，见上有'平安'二字即投之涧中，不复展读"（《岱览》）。洗心亭北，石碑所题"投书"即讲此故事。亭东一涧，也因此得名"投书涧"。至明代嘉靖年间改学堂为祠，祠祀孙复、石介二先生，取名"仰德堂"。后又合祀胡瑗，易名"三贤祠"。至清代又增祀泰安名儒、明代的御史宋焘和清代的文渊阁大学士赵国麟，遂有今名"五贤祠"。现在祠毁景荒，只有石刻及石亭。洗心石亭创构于清嘉庆年间，因亭北有额"洗心"得名。亭东、西面也有题额：东为"迎旭"，西是"送爽"。洗心亭四面五联，道出了这里山岚秀色，更得师者治学严谨，从者攻读刻苦之情。其一是清代嘉庆年间举人泰安蒋大庆撰题"艮止坎流会心不远，言坊行表即目可寻"；其二为清代嘉庆年间泰安训导周桐撰题"秋月清光凝碧涧，春风余韵满烟萝"；其三是清代泰安人赵起鲁（五贤之一的赵国麟之子）撰题"碧涧潺湲，溯游道脉，苍岩巉崿，卓立儒修"；其四为清代嘉庆年间山东候选布政司理问、泰安人贾培荣撰题"真山水不须图画，大圣贤皆自奋兴"；其五为清代乾隆年间泰安知府、安徽休宁（今芜湖）金棨撰题"书孝弟睦姻有学问，考德行道艺而劝之"。

洗心亭内上四周，还有环刻的冯玉祥亲笔书题东北三省人口、面积，大声疾呼抗日的口号："你忘了没有，东三省被日本侵占了去，有硬骨头的人应当去拼命夺回来！"

五贤祠南面不远处，有一巨石盘伏，如象卧之状，上有题名："卧象石"。

五贤祠虽然早已庙室荒废，但自然景色秀丽依然。每年四时都还有人来此凭吊先贤："石上苍松影倒垂，流云带雨洒清地。悬崖几点飘红叶，好拨青苔读断碑。"

五贤祠上，峰脊松林深处有三阳观。因明代道士王三阳始创得名。由五贤祠"螺旋而上五里许，抵山门。青松落阴，云物泠泠。层峦断壁，积翠欲流。殿宇数十楹（间）"。前有"救苦台"，后有"全真崖"。现仅存块石构砌的混元阁和阁后直通全真崖上的百级石阶。

明代大文学家于慎行曾畅游三阳观，留诗九首以颂其胜。其中一首写道："半岭通仙界，萦回岱麓西，已看三观回，犹觉万峰低。暮雨瑶华落，春云玉洞迷，游情浑未减，缥缈望丹梯。"（《下泰山游三阳观》）

环山路东首，为近年新辟的虎山公园。其南古柏郁蔽深处有一组丹墙青瓦的庙宇，即王母池，又称瑶池，也叫群玉庵，是一座供奉西王母的道观。曹植《仙人篇》中有"东过王母庐，俯观五岳间"的诗句，据此推断，王母池始建时间不会晚于三国。不过当时既然称为"庐"，可见其规模不大，建筑也不会崇丽。至宋以后，历代不断增建重修，才有今天这个规模。现存建筑都是清代重建之物。王母池依山傍水，其东流水之上，原有王母梳洗楼，故得名梳洗河。河得中溪之水，曾被引入旧城之内，过岱庙前双龙池而供城中居民饮用。河上原有一座王母桥，早已废。新中国成立后，在王母池南梳洗河上又筑一石桥，取名"八仙桥"。过桥北折，立崖西向之下有一石洞，因传吕洞宾曾炼丹于此，故名"吕祖洞"。洞中镶嵌石碣之中，有所谓吕洞宾题诗两首。其一为"昔年留字识曾来，事满华夷遍九垓。无赖蛟虬知我字，故留踪迹不沉埋"。后人借此附会传说："昔吕公题诗石壁，有虬常对诗顶礼。一夕，吕公复至，挥笔点其额，遂化龙飞去。"（《泰山纪事》）于是，梳洗河中有"虬在湾"，其东北山丘名"飞虬岭"。洞中还有清代徐元圭书题对联一副："五夜慧灯山送月，四时清籁水吟风。"

王母池山门南向。入内有雕栏围砌池水，中有拱桥沟通南北。池栏望柱之上有玲珑狮雕，池中蓄西侧王母泉中甘冽清液。拾级而上，配殿对峙左右。东配殿东、南两面各建筑一亭，上为歇山卷棚四柱顶。东面方亭，高峙于梳洗河流水之上。上可观北面虎山水坝万珠银帘，下可见流水绕穿山石缝缭之中，水声似有似无。亭内悬匾"观瀑亭"，又有一匾曰"咽石山房"。

北面露台之后，正殿3间，硬山五脊顶，前有出廊。中有王母池铜质神像，门前悬额"灵佑四方"。每日有道士供奉，香烟缭绕不绝。院中古柏参天，百年蜡梅愈茂，更有奇石巧立，古碣挺拔。由东侧过穿厅至后院，庭院倍加宽阔。南面紧靠王母正殿后墙，高耸一座四柱叠梁攒尖方亭，因

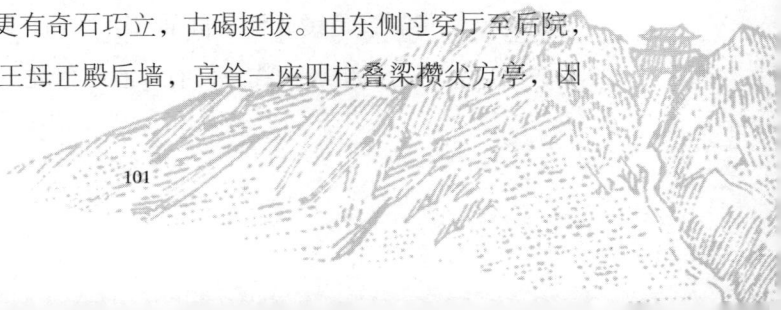

王母池金秋　刘水摄

与北面七真殿相对，取名"悦仙亭"，也称"会仙亭"，意取西王母约会群仙聚会之处，下有座几栏杆。北面再成高台，上筑前廊后殿的七真殿，前廊5间，硬山卷栅顶，内间四梁均用八根四棱石柱承负。近殿四柱南向镌有一诗："朝游北海暮苍梧，袖里青蛇胆气粗。三醉岳阳人不识，朗阴（吟）飞过洞庭湖。"传为吕洞宾诗句。后殿3间，硬山五脊顶。内塑吕洞宾、李铁拐、何仙姑以及吕洞宾的四个弟子焦成广、苗庆、纪肖唐和柳树精七尊泥像。原塑形象逼真，栩栩如生，可惜毁于"十年动乱"。今塑像为1985年重立，其神韵大减，不及原塑一半。东接七真殿有阁一座，东向歇山卷棚顶，两檐飞挑院外，称为"蓬莱阁"。

西为禅院，西墙因地势多折，起伏蜿蜒。北有小边门，北去，可至虎山水库赏景，尽览虎山公园之胜。

清代同治年间泰安知府何玉福曾有一首吟咏王母池的诗，词句流畅，寓意清雅，读来朗朗上口，颇具风采："瑶池小醉几经年，金碧楼台见不鲜。偶踏闲云来岱麓，翻疑此地会群仙。会群仙，将进酒，半缕斜阳挂杨柳，风送山泉入耳清，尘嚣一洗无何有。心超何地不蓬莱，斯世何代无仙才？

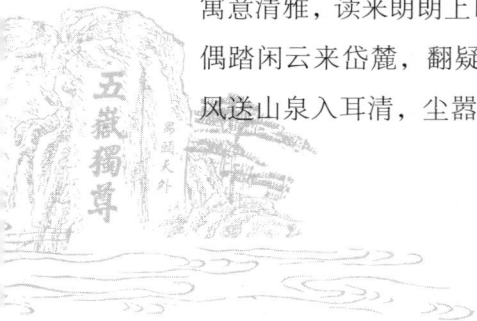

102

壶中天地怀中月，吸到心胸万古开。"

泰山环山路游览区，介于山城之间，背依岱峰，前临泰城，是山亦城，是城亦山，几处景点各有特色。环山路"丽区"扩大了泰山风景名胜的范围，呈现了与中轴登山线有所不同的景观环境。游泰山者，既可遍游，也可择其一二观览。这样既丰富了旅游的层次，又丰富了游览的内容。倘若能细品其中，可陶冶情趣，怡人心胸。

灵岩胜境

灵岩游览区是指位于泰山西北麓，在长清县（今长清区）灵岩山之阳的灵岩寺及其周围的柏林山石等自然景致区域。

灵岩寺位于 104 国道（国家主干公路之一）东侧，南距泰安市 30 公里，北离济南市 40 公里。灵岩寺北依古山，最初称作"方山"。因为其峰功德顶青壁四削，如旧时的方印形状，故名，也称"玉符山"。至东晋时"京兆（今陕西西安）人竺僧朗，事佛图澄，硕学渊通。初上琨瑞山（也是泰山余脉之山，在泰山东北方向，灵岩东南），降锡焉。往来与此说法，猛兽归伏，乱石点头。人以告朗，朗曰此山灵也"。于是，方山遂有灵岩之称。灵岩一带建寺历史比较早，除上述朗公来此讲经传说外，据《岱览》记载："自北魏孝文帝太和三年（479），起灵泉殿、思远佛寺于方山，遂屡兴焉。"到了北魏孝明帝正光初年（520—525）法定禅师在今灵岩寺东南、甘露泉西复兴拓建寺院，始名"灵岩寺"。因此，法定禅师也就被誉为灵岩寺的"开山第一祖"。到了唐代贞观（627—649）年间，高僧惠崇又将寺院迁于甘露寺西南山麓。至北宋熙宁（1068—1077）年间开始将寺院移建今寺之址。随后"历代修葺加隆"至于清代。现存殿宇仅是其中的一部分。这里群山环抱，峰峦叠嶂，陡峭壁立，柏檀葱绿。殿宇依山而筑，房舍错落有致。碑刻四布，文物古迹丰富，风光十分宜人。早在唐宋之际，灵岩寺和浙江天台国清寺、湖北江陵玉泉寺、江苏南京的栖霞寺同被称为天下寺院"四绝"。而且其中灵岩寺居四绝之首，"海岱间山水之秀，无出其右者"。

以致清代学者王士禛有"灵岩为泰山背幽绝处，游泰山不游灵岩不成其游"之说。

灵岩寺是泰山上下较大的佛教寺院。自创建寺院以后，宋代景德（1004—1007）年间因敕赐改称"景德灵岩禅寺"。到了明代成化（1465—1487）年间，曾一度奉敕易名为"崇善禅寺"。至明代嘉靖时期仍改为"灵岩寺"，沿用至今。

灵岩寺的范围，金代之前未见文献记载。根据寺内金代明昌五年（1194）的《十方灵岩禅寺田园记》碑和《灵岩志》所载，灵岩寺和田园范围为：东至棋子岭，南至明孔山，西至鸡鸣山，北至神宝寺（在方山之阴），东西约10公里，南北逾5公里，面积辽阔可观。由于历代封建统治者都注意利用宗教稳固政权，因此，对灵岩寺的保护和税收均有免纳的敕赐。如宋代"免服差徭，止纳税粮"。金、元、明各代也都奉旨不纳税，粮、徭全免，立石明文规定"寺户籽粮全为供奉香烛之用"，官定"赡寺地三十五顷"。因此，附近村民多是寺院的佃户，现在的刘家庄、第四峪庄、野老庄、小寺里等都是原来的佃户村。

灵岩寺的僧人，在北宋有500余人。金人南侵时，部分寺僧南迁。到了金代明昌（1191—1196）年间，就只有和尚、沙弥200人左右了。根据现存石刻和墓塔林的立石来看，到了元、明之际，灵岩寺又趋兴盛。至清代即逐渐衰落。

灵岩寺原有一组历史悠久的建筑群。到明代，尚存伽蓝殿、地藏殿、韦驮殿、观音殿、十王殿、般舟殿、后土殿、千佛殿、藏经殿、达摩殿、驻跸亭、超然亭、倚翠亭、铁架裟亭、辟支塔等30余所。这些殿宇散布于主体建筑千佛殿周围，或殿舍连接成组，或单独成院，依山就势构筑，层次分明，布局灵活。后因年久失修，逐渐荒废，有的现在仅能辨其基址。现存的主要建筑有千佛殿、大雄宝殿、辟支塔、御书阁、积翠证明龛、钟鼓二楼、两座山门、墓塔林和五花殿石柱等，还有唐宋以来的历代雕刻石碑，对研究我国的宗教历史、文化艺术都有较高的价值。特别是千佛殿中四壁台座上泥塑40尊罗汉，塑造技法精湛，线条流畅，比例适中，以动

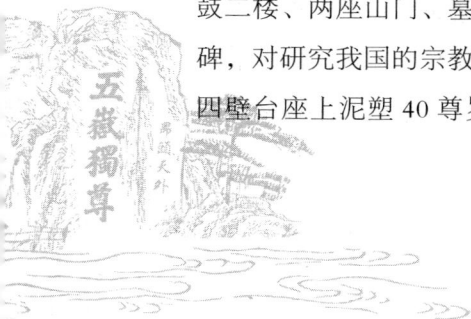

态变化各异、神态逼真见长，被誉为"海内第一名塑"（梁启超语）。

由104国道行至万德镇北，循一条东去沥青公路穿过津浦铁路线，进入一条两山夹峙的谷地之中，行至公路绝处，即是灵岩寺一山门外。

东去途中，先见于一座青石石坊，矗立于北侧之上原来道路之上。四柱三门，中高旁低，四柱前后都有巨大的雕纹抱鼓石，其下承以宽厚的长方体石基础上。四柱上端，都有一个形态神似相同的朝天犼石兽两厢对踞。中间两架横梁之间的栏额上，两面俱题"灵岩胜境"四个大字，即灵岩胜境坊，为寺院西界标志，系清代所筑。其南有鸡鸣山，北为黄现山。

前行不远，在一座跨溪新筑石桥的北面，还有一座古老的大桥。上面平板桥栏已不完整，下面块石高砌，中为单孔拱形桥洞，桥北峭崖壁立，溪水西来遇崖壁改向南去。桥身北侧有两株古柏探枝崖空，盘曲多叉，枝叶茂密，这就是与新桥同名的"通灵桥"。古桥西面北侧路旁有碑两通，告诉人们石桥的历史。东面一碑为《齐州灵岩崇兴桥记》，碑文叙述了北宋大观年间，灵岩寺主持仁钦禅师利用构筑献堂（今大雄宝殿）余资修筑这座石桥的经过。此桥初名"崇兴桥"，后易名"通灵桥"。西碑为明代所立《重修通灵桥记》碑。碑文中有感赞灵岩美景之语"灵岩厥形若龙蟠、若虎踞、若狮象，起伏然者。岩左右群峰簇秀，万壑争流""与泰山并美""登泰山者亦未始不灵岩"。

通灵桥，俗名"大石桥"。其下沟壑称为"大横沟"，它与其东的"小横沟"均是北溪中饮马沟的分支。东去不远的小横沟上也有一座单孔石桥，俗名"小石桥"。这座桥为明代重建之物，桥名"明孔桥"。桥用其南山名。南面环谷有一山，其半山腰处有一洞贯通、南北相望如户牖，故名"明孔山"。明孔桥小而单调，无景可言。但石桥两侧有古柏四株长于其上，均探干悬空，再向上长。干粗有围，干菜多枝郁蔽桥上，也可堪称"灵岩柏奇"一景。附近村民常常置摊位于探出桥侧的悬空树干之上，引人休憩。

在小石桥附近，游人放目东眺，可见朗公山峰南侧有一怪石突立，酷似一位老僧伛背依杖南向讲经之状，这就是朗公石。前后峰头峦巅，树形峭石林立，如众人肃立聆听之姿。其景颇得传说"朗公讲法，顽岩点头"

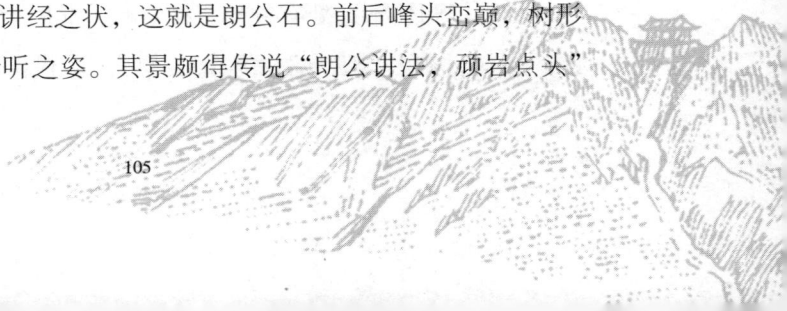

之意，是灵岩胜景之一。东北方向，又可观方山功德顶秀姿：方山（即灵岩山）山顶四向若削，呈正方体状。其上中间微高，树荫其上。因其顶南向有证明龛一座，原有刻石"修证明功德记刻"，故名。

再往前行，灵岩郁柏荫蔽路侧。尤其道路南侧有青色巨石卧伏，平突各异。其上有一四角砖柱方亭，上作歇山卷棚式顶。此亭名"接官亭"，是历代住持高僧迎接官宦之处。古人附会苏东坡"醉中走上黄茅岗，满岗乱石如群羊。岗头醉倒石作床，仰视白云天茫茫"的诗意，称此处为"黄茅岗"。路旁有题刻于自然石上。

前面一座小石桥。北侧崖壁上镶嵌一块题名石，上书三个大字：十里松。小桥前后，柏林郁翠，遍生溪谷坡地之上，直至灵岩寺，约数里之遥。确如诗言"十里灵岩翠如荫"，故名。可惜这里"翠如荫"的不是松树，而是柏树。不知何故，灵岩柏易生长，多菜枝杈。常见古柏主干矮粗，多虬龙盘曲，树冠大如松状。

穿过"十里松"坡，迎面矗立一通石碑。其上为元代文书讷题"大灵岩寺"四个大字。其书法功力深厚，神采秀劲，引人瞩目。碑后东面峭崖上镶嵌乾隆皇帝诗碑八块。乾隆皇帝每到泰山之际常临灵岩，灵岩境内许多地方可见乾隆皇帝的题刻。

大灵岩寺碑南面不远处有一棵苍老的千年青檀。青檀属稀有树种之一，其松突枝茂，宜人观赏。古檀树南新建一处宾馆，因此得名"檀园"。

大灵岩寺碑北面即是寺门，一山门面阔三间，中间开门。上为五脊硬山顶，前有出廊。门前有一对蹲踞的玲珑石狮。室内两侧间，新塑两尊金刚泥像，双目突睁，张口欲呼，十分雄壮。过接引桥，稍东为二山门，仍为3间硬山五脊顶。室内陈设碑幢共十八通，其中有宋代皇祐时期的《佛顶尊胜陀罗尼真言并序》经幢、北宋熙宁年间的《敕赐十方灵岩寺碑》、金代明昌年间《灵岩寺田园记》碑、明代正隆年间立的《释迦宗派图》碑等等，都是研究佛教和灵岩寺历史的珍贵资料。

二山门两侧不远处有钟鼓二楼对峙。北面大露台后即为大雄宝殿，创建于宋代，初名"献堂"，为祭祀之所。明代供奉观音、文殊、普贤三佛

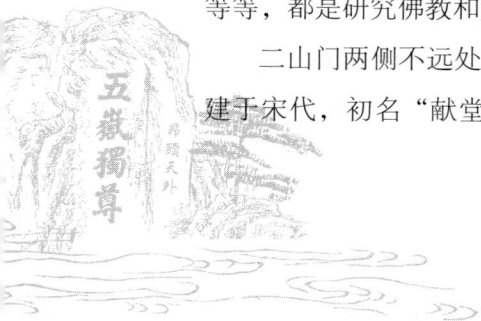

五岳独尊

像于内，改称今名。大雄宝殿为前廊后殿连接一体，前后都是五开间，进深四间，中间三间辟门。前为硬山券棚顶，南面有出廊。后为硬山五脊顶，其上具覆灰瓦。现存建筑是清代中期重建之室，其中部分柱基沿用宋代旧物，但础大柱细，显得很不相称。殿中佛像已无。

大雄宝殿后面是五花殿废墟。现在仅存四面辟门的高大石砌墙体和一部分环廊石柱、石鼓及柱础等石构件。五花殿亦名五花阁。根据《岱览》记载："大雄（宝）殿北为五花阁。上供三大士，下供圆通菩萨。阁四面各五楹、门四，曲廊绕之。宋嘉祐中琼环长老建。"至明代正统年间、清代乾隆年间均曾重修。现存门前八棱石柱和复盆莲花柱础，上刻盘龙、神童、牡丹、宝相花纹图案，刻工精细生动。从雕饰风格看，当为宋代遗存。

五花殿西有一个石砌柱台，中生一株古柏，探首东南，这就是灵岩寺有名的"摩顶松"。根据《大唐新传》记载，相传玄奘法师西域取经时，曾手摩灵岩寺一株小柏桧讲道：我西去你要西向；我归来，你就东向。待玄奘西去，小柏桧果然树冠西向。一年多后，树枝忽然东向。弟子们见此而言：我师将归来。后果然见玄奘回来。于是此树得名"摩顶松"。现在古树两侧各有一棵柿子树，人们巧借两树树名，称此景为"百事（柏柿）如意（一）"。

摩顶松北面恰与千佛殿南北相直。千佛殿为灵岩寺主体建筑，周以短垣，单独成院。南辟一间为院门，院内高砌石台约两米为殿址基础。千佛殿面阔七间，进深四间，单檐庑殿顶，上施黑瓦和绿色琉璃瓦。彩绘斗拱，疏朗宏大，出檐深远。尚保留宋、金风格。柱础雕饰精丽。殿内顶部正中有八角二龙戏珠藻井，宏丽华贵。殿内正中置长方形的须弥座，上有大佛三躯。中间为毗卢佛，史称"髹漆为之"（《岱览》）。现经有关部门查核，此佛像实际是木雕而成。东侧为药师佛，明代成化十三年（1477）用铜五千斤铸造。西侧阿弥陀佛，是明代嘉靖二十二年（1543）用铜铸造。周围上下各有无数高约30厘米的小木雕佛像，因此，此殿才有"千佛殿"之称。这些小佛像，多为明代所置，可惜现存不足半数。殿内四壁台座上，

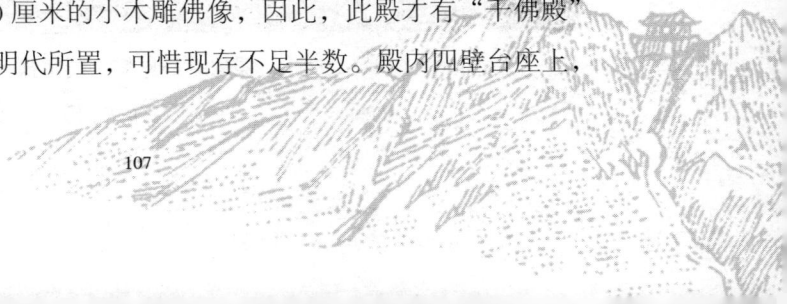

置四十尊罗汉泥塑。台座高 80 厘米，像高 101 ～ 120 厘米，皆坐姿，敷以彩色，这就是被称为"海内第一名塑"的彩塑泥像。塑像以世间真人为基础，打破了一般佛教造像的固定模式，以形似神拟为标准，力图酷似真人。细观四十尊罗汉，神态体姿无一雷同。喜怒哀乐，栩栩如生。啼哭者，若见其泪；谈笑者，如闻其声；体胖者，血肉圆润。著名书画大师刘海粟先生 1983 年参观千佛殿泥塑后挥毫赞誉，称颂不已："灵岩名塑，天下第一。有血有肉，活灵活现。"堪称我国古代雕塑艺术的珍品。1982 年管理部门在维修四十尊罗汉的工程中，在泥塑的腔体内发现了大量铜币。其中除一枚五铢、十六枚"开元通宝"以外，其余都是宋代前三朝铜币，计十八种六十一枚。另尚有宋代"亚"形枝铜镜多面并宋治平三年（1066）六月的墨书题记等。据此可证实罗汉泥塑像大部分为宋代所塑。千佛殿为唐代惠崇禅师创建，宋、明、清各代都曾拓修。现在梁间有"时大明万历十五年岁次丁亥九月初八日德府重修"字样，可见现存殿宇为明代重建之物。但殿前的八根石柱及复盆莲花柱础等建筑构件，线条生动流畅，花纹精丽细秀。据有关专家推断当为唐末宋初物件。

灵岩寺辟支塔　刘水摄

108

千佛殿西北，寺院墙内半峦之上有辟支塔。辟支塔为八角九层楼阁式砖塔。基座八角，石砌筑成。四周环刻阴曹地府酷形场面浮雕，现埋入地下。顶端塔刹为铁制，由复钵、相轮、圆光、仰月、宝珠组成。另有八根铁链分别由九层塔上的八尊金刚拽引加固。辟支塔通高54米。第一至三层为重檐，其他层均为单檐。塔檐具砖作华拱两跳组成，朵数逐层有变化。塔层高度与塔横经自下而上逐层收减，收分适宜，塔体雄伟挺拔。塔内底层有塔心柱。至第四层塔内设登塔阶梯，自第五层起改为实砌塔体。登塔者须沿塔檐上仅70厘米宽的平座绕转再上。登临九层塔檐，可尽收灵岩风光。辟支塔体灰白，挺立于万亩碧峦之上，显得非常雄奇秀伟。翠峦银塔，为灵岩胜景之一。

千佛殿后有般舟殿旧址。门口各砌一石，上书四个大字"持戒""绝俗"，为明代李复初书题。其下墙垣上镶嵌碑刻十六块，多系历代文人官宦与高僧唱和，题咏灵岩诗记。

千佛殿东北是御书阁。最初为唐代惠崇禅师所建，现为明代建筑。红墙上覆绿色琉璃瓦，为歇山九脊顶。因附会"唐贞观三年陈玄奘译经于此，文皇赐以手敕，因建阁以奉之"的故事，取名"御书阁"。阁前有北宋大观年间仁钦禅师篆书门额，明代万历年间重刊的"御书阁"碑。阁壁上下镶多处历代石刻。阁下有拱洞可通阁外院中，院中旧有超然亭，早圮。现有一座四合小院，平房青瓦，十分恬静。据说这是民国时任山东省主席的韩复榘别墅，俗称"韩宅"。拱洞南向洞额处有一株千年青檀，根曲盘绕突出洞前，枝干多茂，争上生长。青檀根突，其状若云朵，成为灵岩一景，称作"千岁云檀"。拱洞东壁下有宋代蔡安持咏灵岩诗刻："四绝之中处最先，山围宫殿锁云烟。当年鹤驭归何处，世上犹传锡杖泉。"诗中所讲"鹤驭""锡杖泉"就是指御书阁南面的"五步三泉"胜景传说。

千佛殿东面，御书阁东南，峭崖之下有三个泉，一名"卓锡泉"，一名"双鹤泉"，一名"白鹤泉"。相距仅数步，故有"五步三泉"之说。汇泉成池，又称作"镜池"。卓锡泉"世传为佛图澄锡杖卓出者"，故名，又名"锡杖泉"。其东有"二井相连，碣曰双鹤泉"，昔传"法定（禅师）建寺，

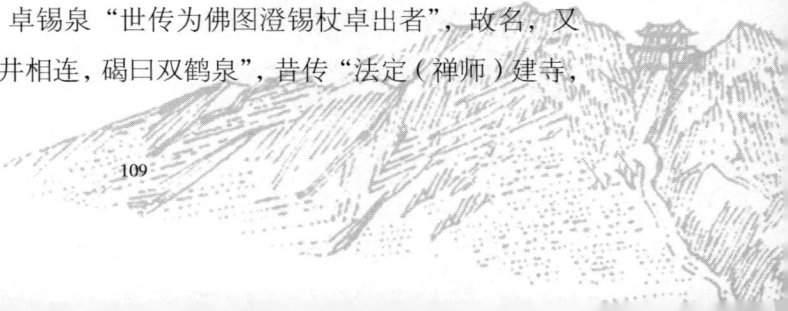

患其无水。双鹤飞鸣，其下涓涓，果得二泉"。这里泉水甘冽。北有峭崖，南面临佛殿，上有碧树郁荫，环境淡雅清幽。明人吴轼有诗镌于千佛殿墙垣东外："焚香思上五花殿，煮茗更临双鹤泉。"吴轼诗刻旁有一株苍劲挺拔古柏，称为"汉柏"。其下有明代王之士所立《汉柏纪》碑，其上所言，多系附会之语。汉柏北侧墙上还有后人仿刻苏轼《黄茅岗》诗手迹碑。

由"五步三泉"处东行，过一新筑拱形单孔石桥北去，即是一条盘旋可至方山功德顶崖下证明龛处的盘道。新筑石桥因其下为灵带河，故名"灵带桥"。灵带桥西南30余米，路南峭崖附近，地上有一生铁铸物。半埋土中，恰似宽大衣衫，故名"铁袈裟"。其旁曾筑铁袈裟亭，早圮。宋代张舜曾赋《铁袈裟》诗一首："线蹊针孔费掺掺，铁作袈裟信不凡。大庾岭头提不起，岂知千古付灵岩。"

沿盘道北上，中途一处突起平台。南下柏林郁茂，北有峭崖陡起。平台宽阔东伸。这里就是北魏时期法定禅师初建灵岩寺的遗址。东至立崖下有石砌长方形水池。池壁西向有石雕龙首伸出，中通池中，池水满溢时可由此流淌。池蓄崖下泉水，上有题刻"甘露泉"镶嵌于崖壁之中。清代乾隆皇帝曾在此建行宫一座，每次来灵岩都在此居住。现在其遗址可寻。

沿盘道再上里许，至峭崖近处，有一石径东去。石径北依峭岩，南临柏林深壑。纵目南望，可得灵岩寺全貌。东去100米处，峭崖壁立之下有两层石岩。最上石台状若石几，可容一人躺卧。石几南向上有题刻"可公床"，传为真可禅师入定之处。其上东壁有乾隆诗刻两处。西壁上有大字题刻"灵岩一派"。其下近石床处，石壁上有宋代僧人知晓书刻《东晋朗公传》。东去不远，东南立壁下有石厂如室。宽20余米，深约4米。其内石壁上镶嵌吾庐题刻"名山石室"。石室上面立壁上有大字题刻"禅林洞天"，字形方正，笔力遒劲。

沿盘道再上，又见一石径贴依峭壁伸向东南。沿石径东去20米有一洞开西南。自然石雕成石阶入内，洞成二进。前洞高约4米，宽约3米，两壁上具刻乾隆皇帝御笔诗刻八首。其一为："天半嵌岩名白云，晴空无雨亦氤氲。前春忆得探奇到，路至英英蔚处分。"二进洞口砌石成拱形，

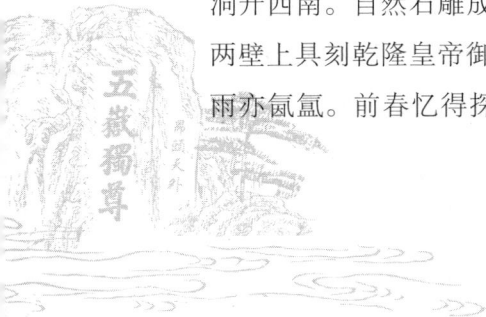

洞高两米。整个洞穴纵深达 15 米，最深处东南折，洞深无测："仅容一人行，秉烛而入，登降者数，有巨堑，深数丈。风涛震荡，瘁疲不可下矣。"（《岱览》）此洞即白云洞，洞门上有题额，传为乾隆皇帝所书。沿石径东南行，约 300 米处，有一岩峭缝隙可沟通内外，缝宽刚容一人，高约 5 米，长约 10 米。这就是灵岩"一线天"景观。一线天所辟两峰，左为"狮尾峰"，右为"灵辟峰"。此景也叫"小天门"，又称"东天门"。循石径继续南行，可达灵辟峰南的朗公石。朗公石西南有一方形巨石，俗称"香炉石"。

沿南道西折，依峭崖崎岖上升。绕过功德证明龛下立崖，只见一簇峭岩壁立当路，有古柏散植其上，这就是"拂日岩"。盘路转向东上，即可达灵岩最高建筑——证明龛。证明龛前为一石砌方形殿室，背依山崖。石室东、西、南三面叠涩出檐，其上三面逐步收分直至崖壁。室上有丛树郁蔽，墙壁遍施红色。后室内部为一高大宽阔的石洞，这就是最早的自然石龛。石龛内雕刻释迦牟尼偏袒跏坐石像，高约 5 米。面容壮硕生动，体态丰满自然，左右侧立四行者。前侧洞口处有石兽对踞，洞口以砌石作拱洞状。石室南向辟门，其上有额"积翠证明"，俗称"红门"。龛内镌刻唐代大中八年（854）《修方山证明功德记》和唐宋题记多处，但多已磨蚀不清。石龛外增筑石室是在明代嘉靖三十八年（1559）。石室两侧峭壁上有宋代人张励题刻"灵岩观音道场"。龛上绝壁立崖如削，为灵岩胜景之一。积翠证明龛的石室筑在南向高起平台之上，其下立壁悬崖，非常危险。灵岩四周，柏林万亩，碧透整个山峦谷地。站在证明龛前和西南巢鹤峰巅，都可尽览灵岩秀色。

巢鹤峰在证明龛西，拂日岩正南。功德顶去拂日岩两峰之间有石径北通，"两峰夹径如雄关"，与一线天（也即东天门）遥遥相对，称作"小西天"。

巢鹤峰突立众群峰屏障之前，南向三面悬崖，其上石坪轩豁，叠岩层积，上有题刻"巢鹤""蹲狮岩""别是乾坤"。1986 年在原来旧亭基础上新构四柱方亭一座，上覆黄色琉璃瓦。居下远视黄亭，耸立于峰巅，犹如万顷碧波之中涌出一颗明珠，其景甚佳。

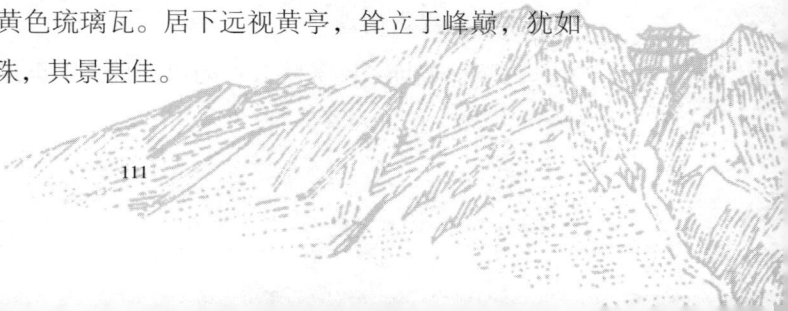

由寺内摩顶松沿路西去约半公里，碧树丛中有灵岩寺墓塔林。这里是唐以来灵岩寺历代高僧的墓地。共有墓塔167幢、墓志铭、石碑81通。墓塔一般由塔座、塔身和塔刹组成。塔座有方有圆，有须弥座形式，有莲花座式，下多有力士顶托，狮首伏其下；塔身为墓塔主体部分，有圆柱体，有多棱长方体，也有金钟形体，上镌塔主僧之名号及年代；塔顶一般为长方体雕莲瓣，或圆形相轮，上置宝瓶或相轮式宝尖。墓塔的高低层次不一，或高或低，或多或少，其中尤以慧崇塔最为著名。慧崇塔建于唐代天宝（742～752）年间，为塔林首建之墓。塔体方形，全部石作。塔基作中间内收的须弥座状，塔身方体，南面辟门，东西面镌雕假门半掩，有侍者作半入半出之状。门上雕有狮首、飞天、伎乐、力士等图案。塔顶双层出檐，以板石叠涩挑出又均匀内收，上置露盘、莲瓣、宝珠组成的塔刹。结构简洁，古朴和谐，为我国墓塔林中的精品，有较高的雕筑工艺价值。其中还有日本山阴道但州正法寺住持僧邵元所撰《息庵禅师道行碑》，堪称古代中日文化交流的见证。由于塔体修建年代久远，常年风吹雨淋，多呈青碧之色。高低错落相间，隐于古柏阴森之中，自成一景。

灵岩，景胜寺古。深入其中，方得其妙。其秀奇景色恰如一古诗所颂："松门十里苍山曲，宫殿参差依岩腹。盘盘一迳入云中，又登绝顶最高峰。石壁苍然起秋色，远溪深处时闻钟。磴道崎岖达岩下，几派清泉在涧泻。月色朦胧出远山，忽惊星斗在檐前。倦客游来不知返，清光皎皎严霜寒。一出禅林复回顾，白云已满山头路。"

灵岩胜景，令人留恋。

名胜撷萃

泰山其他名胜点是指分布于以上六个主要游览区以外的一些风景名胜，多在泰山四周的麓区。现选择其中几处较为重要的名胜做简单介绍，以供游览者寻古访幽。

大汶口遗址，国务院公布的第二批全国重点文物保护单位，位于泰城

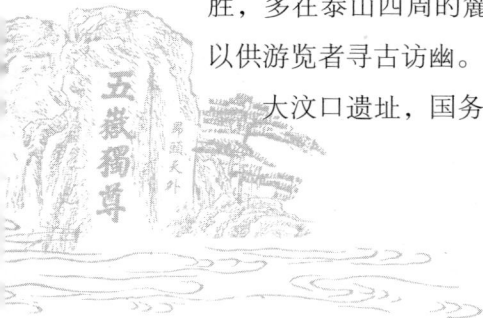

南面大汶河畔，距离泰山约25公里的泰安市郊区汶口镇附近。大汶河横穿遗址东西，遗址被分割为南北两片。南片在宁阳县堡头村，北片在汶口镇卫驾庄以东。整个遗址面积80余万平方米。1959年修筑津浦铁路复线时首次发现，并组织了发掘。经考证定为距今6000年至4000年之间的原始社会新石器晚期的遗存。随后，考古学界即将大汶口遗址及其类同的其他文化遗存命名为"大汶口文化"。其后，于1974年、1978年又先后进行了发掘。遗址内涵丰富，有墓葬、房址、窖坑等等。出土的生活用具主要有鼎、豆、壶、罐、钵、盘、杯等陶制品，分为彩陶、红陶、白陶、灰陶、黑陶几类。其中，特别是彩陶器皿，花纹精细匀称，几何形图案规整。个别器皿上还有类似象形文字的符号。生产工具中有磨制精致的石斧、石凿和磨制的骨器。墓葬以仰身直肢葬为主，有随葬獐牙的风习。还有的随葬猪头以象征富有。大汶口文化的发现，为山东地区的龙山文化（也最早发现于泰山北麓章丘县（今济南市章丘区）龙山镇一带，故而得名）找到了渊源。同时，也为研究黄淮流域及山东、江浙沿海地区原始文化的发展，提供了重要线索。至今大片遗址被覆盖在地下未有发掘。1983年泰安市文物管理局在大汶口遗址北片树立了大汶口遗址的保护标志。人们到此游览，既可欣赏汶河风光，又可借以追想中华民族先人们在这里生活的情景。

泰山齐国古长城，我国现存最古老的长城之一。始筑于齐桓公元年，至今已有几千年的历史。最初是齐国为防其他诸侯国进犯而筑："大约齐（国）之边境，青州以南则守在大岘，济南以南则守在泰山。"（顾炎武《山东考古录》）"齐长城横绝泰山。"（《岱览》）齐国古长城西起黄河岸边的古防门（今济南市长清区广里店），沿泰山主峰北面的山峦峰头蜿蜒东去，跨越十几个县市，至胶南县（今西海岸新区）的南琅琊台而临黄海，全长500余公里。其修筑历史早于秦始皇的万里长城。如今齐古长城大部分地带都尚有墙址残垣存在，有的地段保存相当完整。在泰山主峰附近，如西麓桃花峪以北的北顶山，东北麓的仙台岭、梯子山等处，都可清楚地看到两千年前的古长城残垣。若登临其上，顺长城遗迹眺望，可见长城墙垣蜿

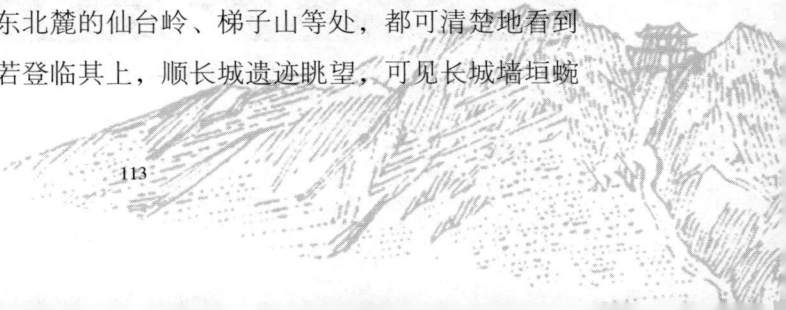

蜒起伏于岭峦之巅，气势十分磅礴宏大。特别是泰山东北麓谷山玉泉寺以北仙人岭一带的古长城遗址，更有一番风姿。城墙以北遍生松柏，残垣南坡尽是刺槐。树种以长城为界，截然两异。每年槐花芬芳时节，这里北是一片绿，南是一层雪，景色十分秀奇喜人。倘若有兴趣，沿齐国古长城作一次长足考察，一定会很有意思的。

桃花峪，泰山著名自然景观区域之一，位于泰山西麓，距泰安市城区约15公里。桃花峪沿一条溪谷延伸，约10公里。溪谷两侧峰峦起伏，群山逶迤，丛林浓荫如黛，溪水清澈碧透，峪中花果飘香。这里有彩岩缝隙的"一线泉"，有临潭壁立的"钓鱼台"。过去这里曾经桃树满山，每逢早春三月，桃花吐蕾，一片粉雪，故有桃花峪之称。乾隆皇帝所题《桃花峪》诗中有"春到桃花无处无，峪名盖学武陵乎"的赞誉。桃花峪生殖着泰山独有的中国稀有珍贵名鱼——赤鳞鱼。赤鳞鱼方头阔嘴，红鳞俏丽，在光照下金光闪烁，在暗处则全身变黑，其肉质细腻鲜嫩，味美无腥。盛夏暴晒可化为油，仅剩皮骨，它不仅是营养丰富的珍肴，还是名贵的药材。桃花峪远离城区，这里无噪声，无污染，山清水秀，林木葱郁，空气清新，环境幽深。置身其中，可观鱼赏花，看山景，听鸟啼，沐清溪，穿茂林，人人都可做陶渊明"世外桃源"的联想，是一处十分理想的度假之处。现

桃花峪彩石溪　邢永来摄

在已经进行投资修缮，可以接待少量游客食宿。简易房舍，山珍野菜，别有一番风味。从这里，盘循山径可至岱顶。

徂徕山，泰山支脉，位于泰山东南20公里处。其东为莲花山，汶河之水自东而西绕经其下。主峰海拔1028米。这里山清水秀，峭石突立，自古享有"小泰山"的美称。其主峰顶部宽阔平整，称为"太平顶"，其上有巨石屹立的感应侯故址和夕阳赞红散紫的"紫霞祠"遗址。太平顶东侧是古松郁蔽的万松岭，太平顶南侧有奇石若人的贵人峰，其西北侧有传为吴王伐齐时设立中军帐的故址。徂徕山上下有许多观赏价值很高的自然景观和人文景观。其中较著名的有：北齐武平年间刻于巨石峭壁上的《金刚般若波罗蜜经》，其字体酷似泰山经石峪经文，故成为泰山经石峪书体断代的旁证之一；还有称为"徂徕第一奥区"的南麓礤石峪；东南麓有创建于北魏的光化寺；其西南麓有唐代诗仙李白曾经隐居过的"竹溪六逸（堂）"故址。徂徕山下还有1987年竖立的"徂徕山抗日武装起义纪念碑"。1938年1月1日，中共山东省委在徂徕山发动起义，打响了山东敌后武装抗日的第一枪。新中国成立后，人民政府组织了植树造林活动。现在整个徂徕山林木茂密，绿树映翠。人们登岱顶南望，虽然"徂徕如丘"，但登临其中，却松石奇秀，刻石瑰丽，景色也十分迷人。

谷山玉泉寺，位于泰山北麓约20公里处，俗称"佛爷寺"。由南北朝时期的北魏高僧意师创建，金代善宁禅师重建，后屡经兴废，现仅存寺址。这里山高峪深，环境幽静。寺院北依山峦，南屏翠峰，前有深峪。院中银杏数株，都粗达两围（一人两臂展伸为一围），树高20余米，十分雄壮，堪称泰山银杏之最。寺中尚存碑刻10余处，其中有金代大学士党怀英撰书的《谷山寺记》和"玉泉"碑。玉泉在古寺东侧，水色碧黛，大旱不涸。东西山腰处有天然足印，当地群众称为"东西大佛脚"。寺后高坡之上有一株古松，树冠十分硕大，可庇荫大片山岗，被誉为"一亩松"。寺前有山径可通往泰山主峰，旧时为济南历城一带群众朝山进香之路。

汉明堂故址，位于泰安市城区东北8公里的谢过城村。故址为一高大的圆形台垣，西侧有河水南流。再西不远处有一泉，周砌八角护栏，汇泉

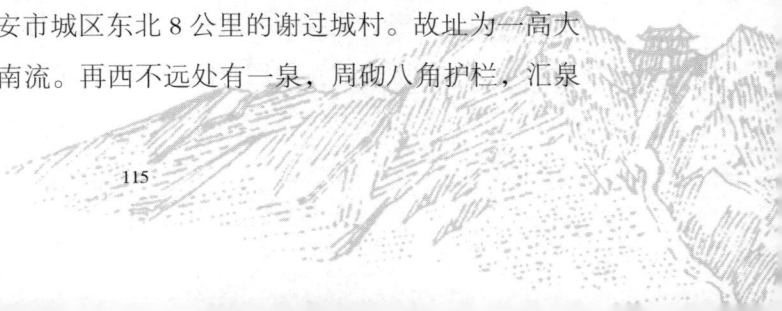

成池。旁有一碑，上题"明堂泉"。据《史记·封禅书》记载，汉武帝封禅泰山时，因见原来位于泰山北麓的周明堂"处险不敞"，遂在泰山东麓另筑明堂于汶水之侧。其形制如济南人公玉带所献《明堂图》：明堂立于水上。中有一殿，四面无壁，上以茅草覆顶，下有复道。后世时常有人来此凭吊，以发幽古之情。今残垣高台周围尚有许多汉代陶片可寻。

张夏—崮山地区寒武纪地层标准剖面位于泰山西北麓，距泰安市以北 25 ～ 32 公里处，距济南市西南 15 ～ 22 公里处。在北纬 36°25′ 和 36°30′ 之间，东经 116°50′ 附近。环绕津浦铁路线和 104 国道两侧方圆 3 公里范围内，交通十分方便。这种山地属于溶蚀构造低山，其海拔一般在 500 ～ 800 米之间。相对高度在 200 米以上，山体主要是由古生界沉积岩层组成。当顶部覆盖有厚层的灰岩时，相对抗风化、剥蚀、侵蚀的能力较强。山坡主要靠重力的崩塌作用而不断后退，坡面较陡，一般都在 45 度以上。当四周都有沟谷时，则形成四壁都很陡峭，顶部平缓的"方山"；若在两个谷地之间，则形成两壁陡峭，顶部平缓的长条形平台的低山；有的山顶被侵蚀，变成互相不连接的堡状山脊。这些灰岩山地的溶蚀现象也较明显，长条形的岭脊被溶蚀得非常狭窄，可以在洞穴中通过缝隙观看天空，形成多处"透明山"。这些山体上，形成下伏太古宙泰山群花岗片麻岩，上覆寒武系张夏组厚层灰岩（常常由各色（杂色）页岩和泥质灰岩组成），形成一种典型的地质地貌现象。这种地质剖面是中国北方寒武系（主要是中、上寒武统）标准地层。张夏—崮山地区寒武系地层的研究开始于 20 世纪初（1907），20 年代以后，才主要由中国地质学家来研究。这个地区的寒武系地层标准剖面是由四个可相互连接的剖面组成，即馒头山剖面、虎头山至黄草顶剖面、唐家寨剖面和范庄剖面，共包含下、中、上寒武统的七个地层单位。这组标准剖面具有多种重要价值：其一，它是我国地层和生物研究历史最长、研究工作最多、最详细的地层剖面之一，在我国地质历史上占有重要地位；其二，这里是古生物许多种属的命名地或模式标本原产地；其三，是我国寒武系中、上统的标准剖面，在我国寒武系区域地层对比和国际寒武系地层对比研究中起了重要作用，我国地质学家凡涉

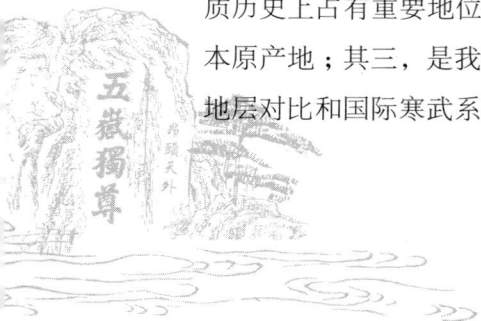

116

及寒武系研究几乎都要到这个地区来观察研究；其四，是我国大专院校地质学的重要实习基地，仅近几年中就有十几个大专院校的师生来这里实习考察。因此游览这个地区的地质标准剖面既可学得一定的地质学知识，又可增加旅游的情趣。

齐鲁青未了

　　泰山是座中华民族的精神文化之山，1982 年被国务院批准为第一批国家重点风景名胜区，1987 年又被联合国教科文组织列入世界遗产清单。这就必须严格按照世界遗产公约和国务院有关风景名胜区保护条例等，对泰山风景名胜区进行保护。同时，为适应科学文化和旅游事业的蓬勃发展，对风景名胜区也做必要的开发和建设。

　　泰山风景名胜区曾经在 1958 年、1960 年、1979 年和 1980 年先后搞过 4 次规划。这些规划对泰山风景名胜区的保护、管理、开发、建设都起过一定的指导作用。1982 年国务院批准泰山为第一批国家重点风景名胜区。以后，泰山风景名胜区的性质、地位发生了新的变化，国家对泰山规划提出了新的要求。在山东省泰安市人民政府以及泰山风景名胜区管理委员会委托北京大学地理系承担编制新的泰山风景名胜区总体规划的过程中，泰山又被列入世界遗产清单，从而对泰山规划提出了更高的要求和标准。

　　几乎与编制泰山规划的同时，北京大学又组织 7 个系 13 个学科的专家、教授等专业人员，承担了城乡建设生态环境部关于《泰山风景资源综合考察和评价》的科研任务。这项科研任务所取得的丰硕成果，又为泰山规划的制定提供了比较充分的科学依据和坚实的工作基础，使这次规划顺利获得有关专家的评议认可。规划现已经报国务院待批，批准后的《泰山风景名胜区总体规划》将是泰山风景名胜区保护、管理、发展和建设的蓝图。遵循泰山风景名胜区总体规划去保护，去管理，去发展，去建设，泰山的明天一定会更加雄伟秀奇，一定会更加美好。下面将规划中的部分内容简

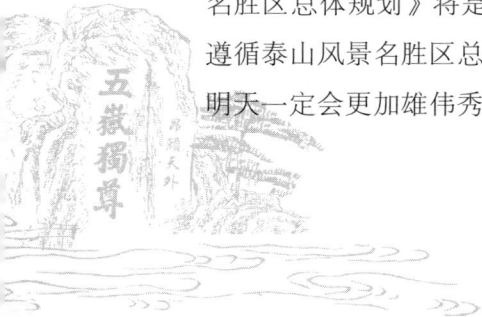

要叙述如下：

（一）泰山风景名胜区的性质

泰山突兀雄伟的山体，丰富的历史文化内涵，体现了一种不同于其他风景名胜区的突出特点。泰山一个最大的特点，也是最能反映泰山性质的特点，即泰山是中华民族历史文化精神的缩影。所谓精神缩影，从有文字记载的中国几千年的历史来看，泰山受到了整个封建社会国家最高统治者——帝王的朝拜。帝王封禅，一方面是以神道设教，巩固其统治；另一方面又是四海联合、国家统一的标志。这就使泰山成为国家和民族的精神支柱。雄伟高大的泰山在人民群众的心目中，则成为崇高精神的代表。"稳如泰山""重如泰山""有眼不识泰山"等成语早已深入亿万中华儿女的心坎之中，名扬世界。所谓泰山是中国历史文化的缩影是指它的历史几乎与中华民族的历史同龄。泰山连续而丰富的文化，恰如郭沫若所讲"泰山应该说是中国文化史的一个局部缩影"，甚至可以说是一部中国通史的缩写。

因此，泰山风景名胜区的性质，概括地说就是：泰山是五岳之首，景观雄伟，历史悠久，文化丰富，形象崇高，是中华民族历史上精神文化的缩影，是具有重大科学、美学和历史文化价值的国家重点风景名胜区，是世界的遗产。

（二）泰山风景名胜区开发建设的指导思想

根据泰山所具有的价值和性质，要求我们必须严格地保护泰山风景名胜区的自然景观和历史文化风貌，在保护的前提下做到合理利用，不仅为当代，而且为世世代代的人们享用。分析泰山的历史，可以看到中华民族雕琢泰山的主题思想和主要功能是：登山封禅，神道设教，祈求国泰民安；朝山进香，游山览胜，领悟崇高精神。那么，我们今天的泰山规划，应该是继承历史上泰山的精华，摒弃其迷信色彩。从而确定泰山规划的主题思想和主要功能是：审美求知，博览世界的自然文化奇迹；登山览胜，弘扬民族的奋发向上精神。也就是以游览审美、科研普及和精神文化交流及爱国主义教育为中心，以及登山、度假、休养、宗教多功能的风景名胜区。

由于历史上的泰山主要以封禅祭祀和朝山进香为中心，因此主要游览区在岱顶以南，即泰山南坡至岱庙之间一片不足20平方公里的范围。这一区间的景观内容已经满足不了现代旅游以及科学文化活动的要求。这就需要在严格保持岱南"登天序列"的历史风貌基础上，因地制宜地开发泰山博大而丰富的风景名胜资源，发挥泰山风景名胜区的多功能作用。遵循这一原则，今后需要新添少量（主要在新开发景区）与自然景观、人文景观协调的保护和游览服务设施，以利于控制和减轻岱顶的容量。

为了保持传统游览区的自然和历史文化风貌，恢复某些被破坏了的景观，还将需要重修个别古建筑，并逐步改造或拆除某些破坏景观的建筑工程。

今后仍要保持山城一体的景观布局。泰安城是因为泰山而发展起来的，是为泰山服务的基地。因此，保持山城一体，既是历史的传统，又是现在和未来旅游事业发展的需要。所谓山城一体，首先是在景观布局上，保持和适当恢复"三重空间一条轴线"的基本布局。尤其是保持泰安门（泰城古城南门）－通天街－遥参亭－岱庙－岱宗坊－岱顶景观带的历史风貌，以及和它相邻空间的景观协调。

同时，对于风景区内具有科学价值的地层剖面、地质露头、古树名木以及赤鳞鱼等要严加保护，禁止随意开山取石、狩猎和伐木毁林，以保持生态平衡。风景区内的居民从事经济活动，首先要服从于风景区的保护和建设。

今后泰山的旅游业，要充分体现泰山特色。没有泰山特色的旅游业，不但没有生命力，还会破坏泰山珍贵的自然和历史文化遗产。泰山旅游业的发展必须与泰山性质和世界遗产这一特殊的性质相适应，要具有丰富而深刻的科学、美学和历史文化内容，并具有体现中国特色社会主义精神文明的第一流服务。泰山的旅游市场应以省内为主，争取逐步向省外和世界市场拓展。

（三）泰山风景名胜区的规划面积

根据城乡建设生态环境部、文化和旅游部联合签署，并报经国务院批

准的《关于审定第一批国家重点风景名胜区的指示》报告中的要求："风景名胜区的规划和管理范围要从保持景区自然和人文景观的完整，有利于保护，便于管理和组织旅游出发，不应受到行政区划的限制。"因此，针对泰山风景名胜区的具体情况，为了管理上的方便，综合考虑到林场、铁路、乡镇行政区划以及山脊线、山脚、河流等界线，泰山风景名胜区的范围，南面应自泰安古城的南门——泰安门开始，东南、西南两侧以环山公路为界，东、西、北三侧与林场界线相吻合。而西北方向则应包括灵岩寺、万德至张夏之间的寒武纪地质剖面。尽管灵岩和寒武纪地层剖面地带都已不隶属泰安市的行政区划（这是因城市区域范围变动所造成的），但是灵岩是泰山山脉的一部分，而且在历史上有着不可分割的渊源关系。泰山佛教文化最早传入者之一的高僧朗公曾到灵岩寺讲法，封建皇帝封禅泰山也去游览灵岩，"游泰山不游灵岩，不成其游"的说法广为流传。灵岩一带无论从地理位置，还是历史文化方面，都是泰山风景名胜区不可分割的有机组成部分。把灵岩一带划入泰山风景名胜区，将会有助于保持泰山景观序列的完整性。而泰山西北麓的寒武纪地层区域，即张夏—崮山地区，在地质学上早已被确定为我国寒武纪中、上统的标准剖面，是我国区域对比的重要依据，也是国际上寒武地层对比的重要依据。把这个地学区域划入泰山风景名胜区统一规划管理，将会大大提高和丰富泰山的科学内容和价值。开拓新的旅游区间，将上述两处划入泰山风景名胜区范围内，完全符合国务院《风景名胜区管理暂行条例》中"凡具有观赏、文化科学价值，自然景物、人文景物比较集中，环境优美，具有一定规模和范围，可供人们游览、休息，或进行科学、文化活动的地区，应当划为风景区"的要求。因此，泰山风景名胜区的规划面积为 310 多平方公里。

（四）目前游人量的时间分布规律和控制游人的措施设想

自 1978 年泰山对外开放以来，游人数量明显增加。从 1983 年开始，游人骤增。近几年几乎每年都在接近 200 万游人的数量上。目前泰山风景名胜区游人量的时间分布规律主要体现在以下几方面。

首先，每年都有一个三峰突起的月游人量。进山游人分中路（即东路）

和西路，总游人量各月的分布是极不均匀的，呈三峰突起、峰谷变化非常显著的特点。主峰在 4～5 月，总游人量约 62 万人次，占全年游人数的 38%；第二次高峰在 8 月，游人量约 20 万人次，占全年的 13% 以上；第三个高峰在 10 月，游人量在 15 万左右，大约占全年游人量的 9%。三个高峰月的总游人量占全年游人量的 60%，但游览天数不到全年的 1/3。12 月到翌年 3 月为全年的谷峰，这四个月的游人数的总和只占全年总游人量的 10%。

其次，五一和十一前后是两个高峰游览日。高峰月中的游人量，相当一部分人集中在五一和十一前后。而其中，尤以五一游人数最多。1982 年的五一，游人量竟高达 12 万人次。每年的十一游人数略低于五一，这种数万人的高峰日游览，造成泰山中路游览路线上人山人海的超容量游览状态，极不利于景观的保护。游人始终处于拥挤状态中，也很难全面欣赏泰山风光。

最后，24 小时的日游人分布。几乎每天 24 小时都有人登山游览，其中早上 8 点前后和夜间 23 点左右是两个高峰时间段，有时甚至是夜晚超过白天。而多数夜游泰山的人，目的是凌晨赶到岱顶观日出，披星戴月登山也有一番情趣。浩浩荡荡的夜游队伍，本身就构成一种特殊的景观："夜则灯火万点，下至山麓，上至天门，煌呼如烛龙衔跃，谓天下奇观。"

但是，这种东路主景区内游人量的大增大减，特别是节假日超容量的游览，给泰山自然和人文景观的保护、管理造成很大危害，必须采取综合疏导的措施来减缓这种危害。

控制东路游人的措施，可以有如下几种方法：其一，是通过开展新景区，减少东路游人量；其二，是在东路盘山道另一山谷中新辟一条步游路，形成往返分开的环形游览路线，可以减缓东路下山游人的压力；其三，疏导中天门、岱顶等主要景点上的服务设施，扩大游览面积；其四，是通过宣传和组织，控制五一、十一期间游人数量。譬如，在两个节日期间，分散和限制本省本地区的人们游览泰山；另外，可以采用浮动票价调整进山游人，不同景区、旺季、淡季、节日与平时的票价有所不同，借以达到时间、

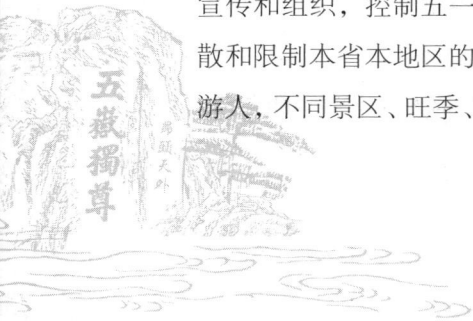

空间上合理分配游人的目的。

（五）景区划分及规划设想

泰山风景名胜区资源丰富，地域广阔。但从目前来看，可供游览的面积太小，而且集中分布在从岱庙到岱顶的中轴线上，人们匆匆而来，只在东路（甚至只是乘索道直至岱顶）一带游览而返，难窥泰山风景名胜全貌。同时，环境容量非常有限，远远不能满足日益发展的旅游业和人们对泰山精神文化上的渴求。因此，在保护自然和历史文化遗产风貌的前提下，有节制地开发泰山的风景资源，在总体布局上打破几千年来仅仅是一条轴线朝天登顶的格局（这条登天轴线的风貌不动），是非常可取的。

根据泰山风景资源的分布特点，要做到：一方面在地域上有连续性，另一方面各个景区都有特色鲜明的中心景点，使游览者不到一处，都有所失。根据以上条件，本着有利于组织游览、便利于管理的原则，结合自然景色界线，参照现有林场各林区的界线，泰山总体规划中把泰山风景名胜区划分为九大景区来保护、管理和开发，主要有登天景区、天烛峰景区、桃花峪彩石溪景区、樱桃园景区、玉泉寺景区、齐鲁长城景区、灵岩寺景区、古地层景区和其他待开发景区。

规划中的各景区特色及设想如下：

1. 登天景区

这个景区即几千年来形成的泰山主景区。景区以东路登天路线为主，包括大直沟古登山道（由中天门东，中溪山头北侧东去，曾为汉武帝登封泰山的道路）、扇子崖游览线和以普照寺为中心的环山路中段各个景点，是泰山名胜景点、景观集中体现的区域。

东路（即古登山盘道中路），从泰安城南的泰安门开始，经通天街、登山盘道到岱顶，外加其西南部的蒿里山，格局上呈三重空间一条轴线及登山封禅的景观序列，是泰山两千年来不断雕琢形成的一幅伟大精品，生动形象地反映了道佛家关于"人间、天堂、地府"的宗教传说，集中了泰山风景名胜区现存的绝大多数奇观，是泰山风景名胜区的特色所在。因此，对于这个景区的规划主导思想是整体保护，重点恢复，原则上不搞新项目。

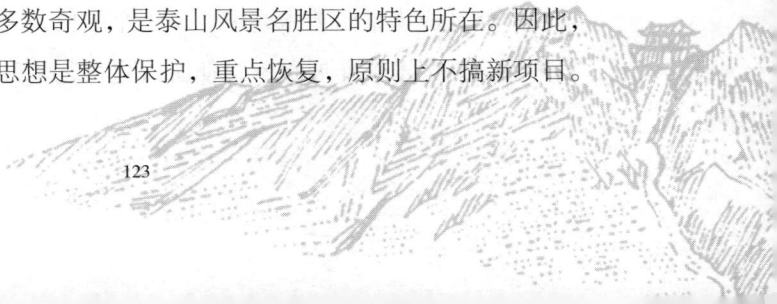

在视野范围内，对原有历史风貌和自然环境产生干扰的刺眼物，逐步改造或者拆除。在关键地段恢复个别重要古建筑，其中岱顶区域又是这个景区的精华所在，应当是保护和整治的重点。为了疏导旺季主景区内游览日的拥挤，修整开辟中溪以东沿山脊东侧，从王母池到岱顶的登山道（即前文中控制东路游人的措施之二），登山盘道与西溪公路之间贯通岱顶，拦住山、凌汉峰、三阳观、普照寺等处的登山便道。

古东路，即大直沟登山道，现尚存汉武帝登封故迹，自然景观也十分清秀，逐步整修古登山道，既可以扩大游览空间，也能起到疏导中天门的游人，减缓东路登山盘道上游人的压力。

扇子崖、傲徕峰游览线，则以傲徕峰一带为中心景点，包括黑龙潭、白龙池、百丈瀑、天胜寨、龙角山等景点，这里峰险、石怪、潭深、瀑奇，自然景观十分丰富。逐步恢复"天胜寨农民起义军"旧址，整修好扇子崖庙宇，使其成为游人小憩、游览的处所。有计划地开辟黑龙潭至傲徕峰、傲徕峰至中天门的登山道。这样可以扩大主景区范围内的游览景点，使人们更加充分地欣赏泰山的美景。

2. 天烛峰景区

天烛峰景区包括后石坞三面悬崖峭壁，一片古松蟠结，旧有泰山奥区之称，尚有庙宇残址。其间有多处大小石峰，相对高度 80 ~ 100 米，危如峭壁，较突出的是大小蜡烛峰。中有溪谷长达 5 公里，溪中清流潺潺，景观十分雄奇幽奥。溪谷之中，时有大片基岩露于河谷两岸，或平坦于谷底，成为摩崖刻石极好的地理环境。自后石坞以下到溪谷东口的扫帚峪，除一樵行小道，无任何人文景观。其自然景色之秀，堪称泰山第一。尤其是古松怪石，更为雄奇瑰玮，令人叫绝。

为了开发这一景区，保护古代珍贵的摩崖石刻，刻制我国现在尚存的优秀摩崖石刻和国际友人的珍贵题词，设想把天烛峰景区规划为文化谷，以丰富这一奇奥自然之区内的人文景观。其大致设想为：重建后石坞元君殿宇，使其成为泰山艺术之家。设十个床位，为艺术家创作泰山艺术作品服务，可设艺术佳作展览室，使游人更得艺术升华后的自然景物之妙。在

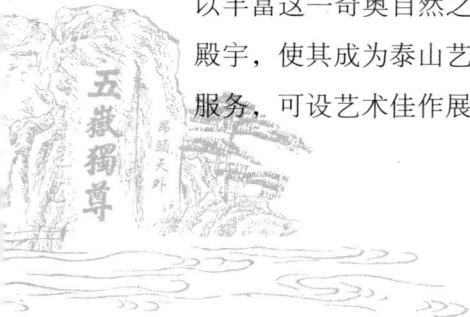

谷溪岩石之上复镌古代摩崖石刻的精华作品，如泰山经石峪摩崖石刻，邹县铁山摩崖石刻，以及全国各类碑林中的上乘之作。特别是一些古代摩崖石刻都已面临风化剥蚀殆尽的危险，再过千年或许就不复存在了，但后来存于天烛峰文化谷的石刻又会成为千年之作。同时，征集评选现代人中的优秀书法作品和国际友人的题词，继续泰山人文景观的延续性，发扬泰山历史文化丰富的特点，使泰山成为全人类文化的荟萃之地。要加强保护措施，使后石坞原始油松林保持苍翠秀奇的美姿。

3. 桃花峪彩石溪景区

这个景区包括桃花峪、彩石溪流域的范围。景观特色是五彩基岩构成的溪谷河床，终年不枯的清澈流水，植被丰富的优良环境；这里也是泰山稀有珍贵鱼种赤鳞鱼的产地之一。景区应恢复溪流两岸的桃花林，再现桃花源意境。在今天桃花源景区区部基地上，改建一所"桃园山庄"，设置30个床位，供人们住宿、休养，并进一步修整桃花峪通往岱顶，桃花峪通往傲徕峰的步游路，扩大景区之间道路的联通，减少游人走回头路的状况。同时，要求桃花峪溪流上游的一切设施都要有无害化处理设备，以保证赤鳞鱼的生存环境不受污染；并且要避开现在已经破败不堪的采石区，另选一处更有自然意境的景区入口，使桃花峪景区处在一种非常和谐的自然环境之中。

4. 樱桃园景区

樱桃园景区位于泰山西麓 8 公里处。这里环境幽静，小气候优良，容量较大，而且交通方便。这里拟逐步恢复樱桃植被景观，建成一处度假旅游的基地。

5. 玉泉寺景区

这个景区以玉泉寺为主景，逐步恢复玉泉寺庙宇，修整玉泉寺至岱顶的登山便道。

6. 齐鲁长城景区

这里以齐鲁分界的齐古长城为主要景观，严格采取措施，较完整地保存长城遗址。修整北麻套至长城的一条步游路，并加强山腰下部的植被景

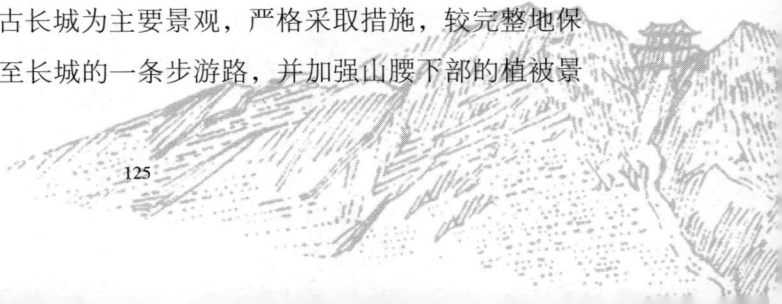

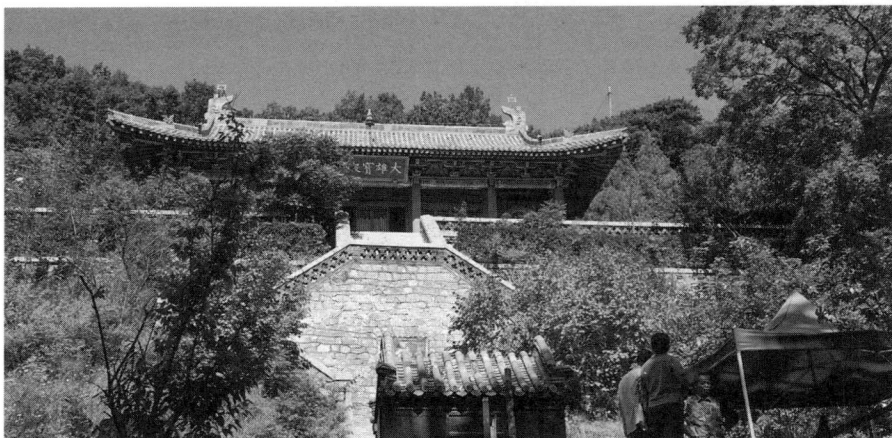

玉泉寺　邢永来摄

观。使人们在绿树青山之上再睹古长城蜿蜒起伏的雄姿。

7. 灵岩寺景区

以灵岩寺为主景，保持环境幽静，植被茂密，文物古迹丰富，殿宇塔林壮丽的景观。今后注重全面保护，加强林场外围环境的绿化。在景区入口处，进一步完善停车、饮食、商业和旅游纪念品销售的服务设施。

8. 古地层景区

重点在张夏－崮山一带，包括馒头山、唐家寨等标准地质剖面，开辟一条轻便的地质科学考察路线，设立标准剖面的标志牌，在适宜的地方建立一座介绍地质学标准剖面的陈列室，或者是一处宣传长廊，使游览者进一步全面了解泰山一带地质标准剖面所具有的科学意义，增加地质科普知识。

9. 待开发景区

包括巴山林区和桃花源林区的部分，区内耕地较多，近期主要是荒山绿化，保护植被，以待远期开发。

（六）重点景区保护措施

东岳泰山是五岳之首，在古代帝王的封禅史上，在宗教史上，都享有非常特殊的地位，一直受到历代统治者的特别保护，并派要员专管或者设置管理机构严格管理。早在春秋战国时期，就已设有专门掌管泰山的岳牧。

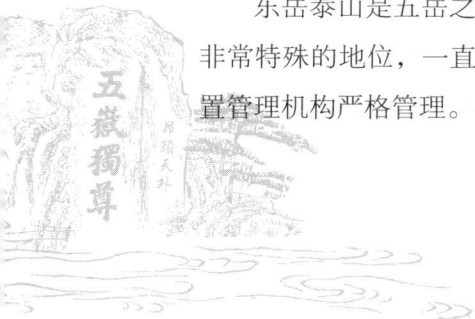

以后都由帝王派员严守泰山，对泰山上下的名胜古迹屡加维修拓建。特别是在帝王封禅或者国家重大庆典之时，都要对泰山进行祠庙修葺。平时，帝王也常常下诏令，拨资给庙观主持，令其"晓夜尽心，兼可时加修葺，以壮往来观瞻"，倘遇自然灾害被毁之时，则命大臣督工修复，"务使庙貌辉煌，工程坚固，速行告竣，以辅朕为民报享之至意"。对泰山的山水林木，则视为珍宝灵物。先秦之前，"古者封禅为蒲车，恶伤山之土石草木"，后代封建帝王在兴盛时期均下诏令，不准在泰山上砍柴牧畜。宋真宗赵恒登封泰山时，"凡两步一人，彩绣相间，树当道者不伐"。举行封禅大典之后，又下诏令：泰山四面7里之内，不准樵采，并给近山20户，以奉神祠，同时在社首山、徂徕山也禁止樵采。到了元代，因为邑人山民和游人香客常在王母池梳洗，污染溪水，泰安州官台便下一条禁令：诸人无得于池上作秽，如违，决杖八十，并将此禁约刻于王母池石崖上，以告众人。由此可见，自古以来，泰山就受到上至君主帝王，下至州长岳令的高度保护，从山石、林木、水体至寺观庙宇建筑等均有保护措施和禁令。这一方面，在中国名山保护史上也是独一无二的。那么，今天的泰山，作为被列入世界遗产后的国家级风景名胜区，更要采取积极的保护措施，使其精华永传。

为此，泰山总体规划中明确了三条保护原则：

第一条，泰山的一切风景资源的开发利用均应将保护放在首位，忠实地反映原始环境的特征，而不是人为地改变、削弱甚至破坏它们。因此，当二者之间发生不可调和的矛盾时，宁可暂时不开发，也要保护起来。

第二条，泰山风景名胜区自然景观与人文景观浑然一体，是历代开发的特点。因此保护规划必须对景区、景点实行整体保护，尤其是对"天上、人间、地府"三重空间的整体保护，不得改变其空间序列与意境，要突出保护历代帝王封禅祭祀活动序列的景观环境，因为它们强化了自然空间的特征，点明了主题，成为原始环境中的印象强烈地带，在游人感知心理中形成高潮。

第三条，加强管理，严禁在景观环境强烈地带出现破坏景观和与环境不协调的"刺眼物""干扰物"与"干扰活动"，严格控制各种破坏因素的

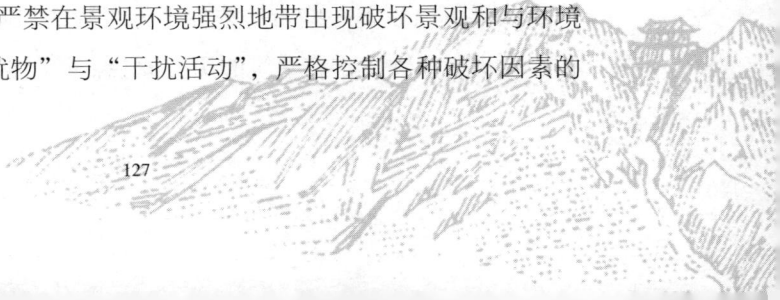

产生（包括游人、居民、外单位以及开发者本身的人为破坏，与自然风化剥蚀和各种灾害所带来的自然毁坏）。旅游业的经营以不破坏景观为原则，山下为主，山上适当经营。目前已有的设施，不等于"存在即是合理"，应服从统一规划，该拆的就要拆，该改造的就改造，一切服从景观环境的许可度。对于重要景物，已遭破坏的要尽可能恢复，面临毁坏灭绝的要极力抢救，尽量恢复其原始环境特征。

根据上述保护原则，将列入上报世界遗产清单的景区、景物和具有较高科学、历史、美学价值的景点、景物作为特级保护进行管理。这些属特级保护的景点、景物，即岱庙、岱宗坊、红门宫、王母池、普照寺、万仙楼、斗母宫、壶天阁、中天门、五松亭、南天门、碧霞祠、玉皇庙、灵应宫、灵岩寺、辟支塔、慧崇塔及墓塔林等古建筑群；无字碑、经石峪、唐宋摩崖等石刻；望人松、五大夫松、姐妹松、六朝松、一品大夫松、汉柏等古树名木以及对松山、后石坞古油松林；极顶石、丈人峰、仙人桥、拱北石、飞来石、斩云剑、虎卧石、西天门、君子峰、嘛人峰、醉心石等自然石景；齐古长城、桃花峪彩石溪与赤鳞鱼、延岭河天井湾、牛角洞处的赤鳞鱼、寒武纪地层标准剖面、油桶构造岩石现象等等。

同时，在规划中把特级景点、景物所在的周围环境以及其他有较高价值的景点定为一级保护区。一级保护区是泰山风景区的精华所在，这些区域需要保护自然原貌和历史环境，其中的重点是对封禅祭祀活动序列空间的整体保护。

过去祭天活动（也称登封）是从泰安古城南门——安门开始的。因此，这里需要重建泰安门阁楼，以标志登封活动的开始处，并在这里设立旅游咨询服务站，做游览者的参谋。在通天街恢复单层清代风格的文化商业街面貌，建筑简朴淡雅，形成收缩空间，烘托岱庙建筑群的效果。遥参亭两侧扩成东到仰圣街，西到二衙街的广场，会使空间为之一放。清乾隆时期，遥参亭前曾是"四民辐辏，炉烟釜气"的景象。因此，在扩展后的遥参亭广场四周可以设置一些带有浓郁地方色彩的风味小吃铺，再现这一意境。按照宋代规模恢复岱庙建筑的历史面貌，并严格控制岱庙四周其他建筑的

层高。今岱庙北街已经恢复商市，食品、饭店、小吃、旅游商品为主，建筑高度宜在两层以下，最好都是灰瓦坡顶，与岱庙建筑群和谐，岱宗大街到岱宗坊要保留两侧的两片绿地。环山路与登山主轴线（今红门路）相交处，在环山路口各设一座体量小于岱宗坊的石坊，以示封闭。而中轴线方向向北开敞，以示延伸。整个红门路段，都应增植绿化带，荫蔽两侧，形成由城到山的意境、环境。红门路应由城市道路改为游览道，城市交通不再入内。

登山盘道两侧的建筑物与原来景观不协调的，一定要拆除、改造。

中天门一带建筑体量过大，已经成为游客过往的闹市，失去了旧时过壶天阁、登上中天门后形成的一种"小旷"的意境。因此，今后要限制再建，逐步减少。有些工程待远期拆除后进行绿化，恢复黄岘岭西端登山步游道。

逐步恢复沿途登山盘道上"三里一旗杆，五里一牌坊"的壮观气势。

岱顶区的保护是整个风景区的关键。旧时，登上南天门，天界骤开阔："天门一长啸，万里清风来。"整个序列空间为之一放，同中天门相比，其境界是一个大旷："凭崖览八极，目尽长空闲。"岱顶是"天界"的意境，在"步步登天"的序列中是游人最后"漫步天庭"的阶段。到达终极（极顶），即为古代帝王登封泰山与"天""神"对话的场所。古人们为帝王设置了天宫神阙、金殿玉阁、神奇虚幻的环境；天高云低，寂静空杳、吾天同在的心境。过去封建帝王在这种环境和气氛中完成了君神对话的仪式，掀起登封活动的高潮，山呼万岁，松涛齐鸣；今天作为游览区、名胜地也不能破坏它的历史环境。因此，对岱顶的保护原则是保护自然与历史文化遗迹，尽可能恢复原貌，保持"天界"即自然美的意境：松柏葱郁，花木繁茂，云烟缭绕，青天高寥，金殿玉阙，神奇虚幻，寂静空杳，钟磬隐约，悠悠扬扬，漫步天庭。可惜目前岱顶上的建筑物太多了，近乎人烟稠密、房舍毗连的山上城镇，已失去了"仙境"的自然美。所以，山上建筑只能成组不能成片，不宜在主景区内大搞建设。要将已破坏了的景观尽快恢复。岱顶其他建筑的体量、形式与色调宜与自然环境协调，烘托意境，成为古建筑的陪衬，要以沉着、朴实的灰褐色的基调突出红墙庙宇。同时，还要

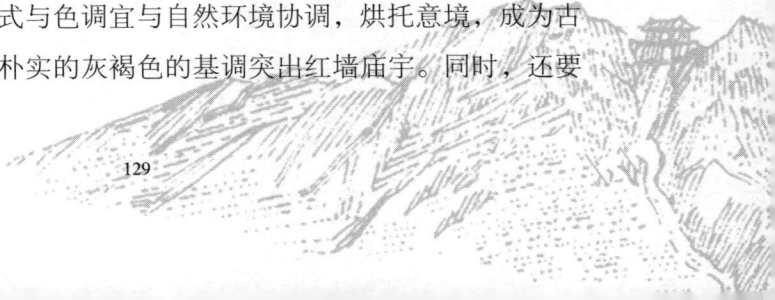

严格控制游人量，限制性地安排游人在山顶上的吃住。

封建社会封禅仪式中的"禅地"活动的场所多在泰山附近的几座小山，其中最近的一处即现在泰安火车站东南的蒿里山。与其相连的社首山也曾是唐、宋之际的帝王禅地之址。但是此山已毁，不复存在。因此，拟在蒿里山上刻石立碑，以示地所。并以石刻浮雕的形式再现蒿里神祠，影指地府冥界的所在。这样完善泰山"三重空间"的整个意境，揭示封建统治者"神道设教"、麻痹统治人民的精神枷锁。

（七）景区旅游步行道路的规划

泰山风景名胜区内旅游可行道路的总体格局以岱顶为中心，放射性登山道为基础，再加上岱顶以下，东、西、南、北方向的游览道为辅，构成各景区或相互景区自成系统，且又与岱顶有方便联系的网络，为游人全面、多角度、多层次的游览、欣赏泰山风姿提供方便。步游道路宜简易，小径、石阶隐于丛林、沟溪、山坡之中，既有利于行走，又不破坏景观。具体路线有以下八条：

1. 后石坞至扫帚峪步行道，即规划中天烛峰景区主要的一条步游路。并使这条步行道把尧观顶（后石坞上面的最高峰）和后石坞相通。其下与东环山路（今泰佛公路的一部分）有便捷的联系，这条步行道开通以后，可以吸引并分散岱顶上的一部分游人，这条路以自然景观取胜。所穿行奥区，雄、奇、险、秀、幽、奥特色俱全，尤以奥、奇、幽、秀最为突出。铺设路面，因山就势，听其自然，陡坡处铺筑石阶。道路沿设想的摩崖刻石文化谷穿行，奇峰、怪松、古庙、刻石尽得其便。

2. 沿中溪山山脊线东侧开拓一条步游路，即解决登天景区（主景区）往返走回头路的矛盾。修在山脊东侧，一方面展现泰山多方位的自然秀色，另一方面不与原登山盘道在同一溪谷中，不破坏原来登山意境的设计。这里路面保持过去樵夫山间便道的风格，蜿蜒曲折，尽得泰山险峻旷远景色之妙。

3. 桃花源景区至岱顶的可行山径，即规划中的桃花源彩石溪景区与岱顶相通的便道。道路隐于丛山密林之中，山林野趣甚浓，路长坡缓，由此

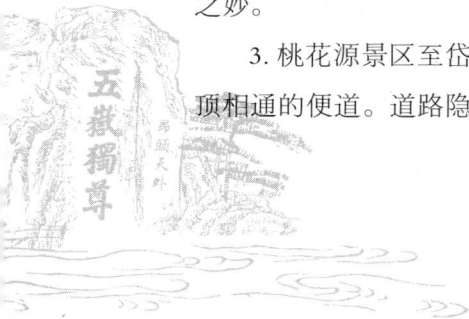

处登泰山极顶，会有另外一种感受。又可疏导部分游人由此路上、下泰山，减轻泰山东、西两条主干路游人的压力。

4. 中天门至傲徕峰或远达樱桃园的步行路。拟以此路代替原有的西溪游览步行道，减轻中天门的游客压力，并在步行路与泰山盘山公路交叉处设立旅游车停车点，便利游人乘车或步游，可改变目前西溪旷景只能乘车观览的缺憾。引导游人游览扇子崖、傲徕峰、樱桃园诸景点，把囿于主景区两条干线路上的游人多方向散开，开发泰山新的自然奇秀景观。

5. 桃花源景区通西溪公路黄西河的步行路。此路沟通两个景区不经岱顶的联系，中间经临龙角山、九女寨，又是一条吸引游人探奇历险的步游路，仍以自然景观为主。

6. 修铺岱顶经拦住山、凌汉峰、三阳观到普照寺之间的山径步游路，这条路一方面分散东路登山盘道上的游人，另一方面游人可取便利之径游凌汉峰、三阳观、普照寺，既有山林秀美，又有寺观妙景。

7. 中天门至上梨园步行路，即古登山东路。可寻汉武帝登临旧迹，览溪谷石色，下与泰佛路相连，交通较便利。

8. 岱顶至佛爷寺步行道。此路为林场工作线，道路漫长，多在泰山主峰以北的群峦山脊上行走，自然旷景为主，传为秦始皇"从阴道下，禅于梁父（山）"所行之路。这里山峦叠伏，碧林万顷，宜于作长足山游之径，下有玉泉寺风光，并与泰山东环山公路——泰佛路相通，往返道路较便利。

（八）风景区的绿化设想

关于泰山风景名胜区的绿化现状，粗略估算一下，森林覆盖率约达80%，而主景区及其附近，植物覆盖率90%左右。绿色苍茫的泰山和周围其他荒山秃岭相对照，景象特别鲜明。置身岱顶，极目四望，杜甫《望岳》诗中"岱宗夫如何，齐鲁青未了"和明代钟宇淳描绘的"远眉横黛出霄汉"的境界油然而生，大面积绿化的实现，再现了泰山历史上"茂林满山""竹树森森，未风先鸣"的景观，烘托了泰山的雄伟壮丽，并且在防止水土流失、保护自然环境方面，显现出了越来越明显的效益。

但是，从长远的观点来分析，泰山绿化中还存在一些问题。

131

第一，风景林少，分布范围狭窄。根据1984年林场的调查，当时的风景林占有林面积仅34%，其他为防护林和用材林，而风景林主要分布于泰山前怀主景区和灵岩景区之中。这与国家重点风景名胜区和世界自然遗产的要求是不相称的。

第二，树种少，多纯林。泰山林种仅有松类、侧柏类、栎类、刺槐，而且多为纯林，混交林很少，造成景区景观上的单调感。尤其是刺槐，落叶期长，冬春林相景观十分荒凉，也容易滋生病虫害。

第三，破坏植被较为严重。索道施工，西路盘山公路施工出现大量生石面、碎石坡，仅岱顶月观峰的植被就被砍去三分之一，出现的生石面高达60余米，施工碎石坡长500余米。无论站在泰山之阳哪个角度，只要前面无遮挡物，都会清楚地看到这一破坏痕迹，严重影响了泰山绿树青岩的雄伟景观。

第四，迷信压石造成对泰山植被的破坏。树上压石是一种传统的迷信现象，是一种落后、愚昧的行为，严重破坏了树林的气象，影响了树木的生长。

第五，古树名木的长势日趋衰落。古树名木是泰山上"活的文物"，但毕竟是生长了千百年漫长的岁月，日趋衰老是生命的必然规律。尽管泰山的园林科技人员进行了很大努力，但挽救、保护工作仍然非常艰巨。

因此，要正视现实，对泰山绿化进行一个科学的规划是很有必要的。

规划的原则首先以暖温带原有植被分布为基础。根据泰山在植被分区、气候、土壤、历史文献各方面的资料可以判断，泰山植被属于暖温带植被区系，其类型最主要的是油松林和落叶阔叶林，或者是两者的混交林。山顶和上部以油松为主，混有少量的棘椴、紫椴、花椴等落叶阔叶林，也可能兼混有油松林。次要树种有榆、椿、槭、槲、栎、杨、柳、栾树及臭椿等。灵岩和泰安火车站附近的蒿里山，原始植被更可能是侧柏林和以青檀、朴树、旱榆等石灰性土植被为代表的落叶阔叶林。准确分析原始植被面貌，为泰山大面积的绿化、防护林、用材林的改造，提供了科学依据。

其次是调整营林方向，扩大风景林的面积和分布范围，改造全部防护

林、用材林为风景林，改造部分单纯林成为混交林，特别是改造刺槐林。努力做到美化、防护、生产（果树、油料植物等与景观效果相一致的经济植物）相结合。林木的修枝、砍伐、防护、管理等都要以不影响景观和促进风景林的健康生长为原则。

其三，以松柏常绿树为基调，体现雄伟神圣、庄重深厚的泰山风格。成为衬托"百花烂漫""云烟缭绕""红叶映天""松柏雪帘"四季景观的背景；渲染神圣、肃穆、幽静的奇观外围环境气氛。

其四，与各景区景点的景观气氛相协调，树种的选择和种植位置应注重体现雄中藏秀、藏奇、藏幽，雄中有旷、雄中有奥的意境，使景区景点各有特色。

其五，种植配置要做到"虽由人作，宛自天开"。大面积的山地风景林、登山盘道、寺观外围，绿化要自然式种植，切忌规整等距离。同时，还要满足山岳风景区、游人视点多变的要求。登山时的仰视，应表现树冠层层相叠的深远感觉，并使林冠线的起伏变化与悬崖峭壁的参差交融，使青岩与绿树互为衬托。"长松入云汉，远望不盈尺""蔚葱葱，青蒙蒙，千株万株插芙蓉"，就是这种林相的仰视效果。在岱顶、群峰和山脊线上俯视，更应注意大面积的色彩构图，产生一层层、一带带、一片片的树林色异效果。那种"远眉横黛""碧浪苍龙""遥看一坞桃花红"，正是古人们俯视景观的心理感应。林中空间要注意下层花草的配置，使深邃葱郁之中具有活泼亲切的气氛，恰似"林光宠兰芷"。

其六，恢复生态环境，保护植物资源。对于后石坞、对松山两片原生油松林，一定要划定保护圈，规定游览路线，控制游人数量，严格执行防火、防病虫害的措施。桃花峪、延岭河是泰山赤鳞鱼幸存的重要生息地，在其保护范围内的植被种植、管理都要有利于赤鳞鱼生存的环境水质的保护，利用绿化防治人为活动对自然环境的破坏。

关于东路（即登山盘道）主景区一带的绿化。首先，通天街路面两侧的绿化，要清除长势高大的国槐、银杏，代之以不遮挡视线的灌木或小乔木，以清除绿化障碍，达到入门（泰安门）即见泰山的效果，使人一临景

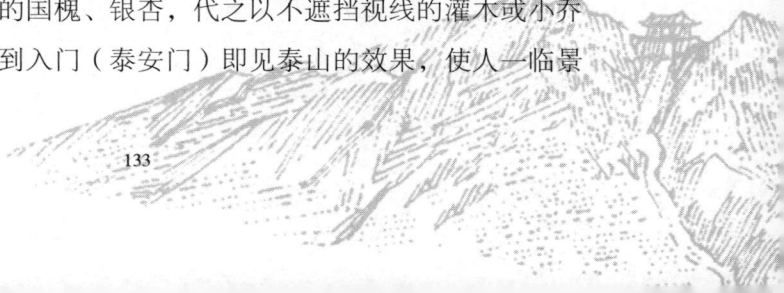

区就能得到群峰拱岱、崇楼金殿可与天通的雄伟神圣之画面，加深第一远视印象。

岱庙内绿化要改造绿篱、雪松等西方式绿化格调，恢复以柏树为主的规则式树林，恢复岱庙后花园。

出岱庙外的红门路，成片规整种植常绿树，以便收缩现有宽阔的红门路空间，遮挡两侧不协调的高大建筑物。

登山盘道至南天门，要加强充实松柏常绿树，路边适当点缀以灌丛野花，创造步步登天的意境。

岱顶绿地要结合"三天胜迹""天宫神府"的意境，做到以花灌丛为基调，常绿树与灌丛草本形成上、中、下不同层次的生态结构，逐步恢复"万松侍卫""金茎遥草""苍苔半蚀摩崖字"的景象。

对于寺庙宫观要做好三个空间层次的绿化：第一，要保持、充实外围大面积的常绿松柏林，增强静穆超脱的环境特色；第二，管好松柏、国槐、银杏等寺院庙宇中的慢长骨干树，保持"四季常青，古树成精灵"的宗教气氛；第三，利用灌木花丛、花草美化庭院，以达"曲径通幽处，禅房花木深"的意境。突出普照寺的菊花、王母池的蜡梅、红门宫的牡丹、斗母宫的榆叶梅等，使每个寺庙都有自己的特色。

对于索道、盘山公路的生石面、碎石坡，要尽快以爬藤植物遮障；西溪盘山公路两侧植以高大乔木隐蔽盘旋多曲的公路裸石路面。

另外，一些用植物命名的峰峪景点，如青桐涧、海棠峪、丁香沟、藤萝坊，努力使其名副其实，形成一些风格各异的森林奇观，丰富扩大泰山的景观效果。同时，还可以在新辟的景区内增加一些以植物为主题的景观，如长城岭上的"梅花岭""枫林坡"，玉泉寺的"银杏坞"，扫帚峪的"栎树峪"，大直沟的"海棠峪"，各具风姿，林相多变。

当然，泰山的未来，还需要不断利用新的科学技术进行防火、治虫以及自然景观和文物古迹的保护，也需要在不影响景观的前提下，采用高水平的服务措施，诸如通信、供电、供水和废弃物的处理，以求科学与自然既相吻合，又能互相利用。

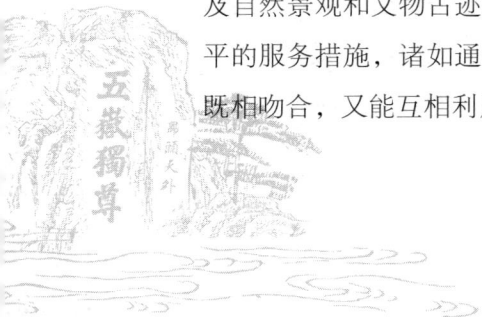

泰山有日趋完善的管理机构，全面严格的保护措施，周密科学的总体规划，伴随着时代前进的步伐，古老泰山明天一定会更壮丽！

（这部分文字，最初是作为中国风景区协会计划出版一套国家级风景区丛书《泰山》分册写的。写成后，中国风协没有组织出版。后来《史学概论》的编辑、人民出版社吕先生来泰安组稿，作者参与座谈。中间，我谈起这部稿子，他说我们给你出。不久，由责任编辑王能雄审稿，东方出版社出版了《泰山古今》一书（1991年4月第一版），该书由钱绍武先生题写书名，杨辛先生作序。出版后，一期《新华文摘》的封三上推荐了这本书。该书先后获得泰安市社科优秀成果一等奖、山东省社科优秀成果三等奖。这里收录了原书正文中的五个部分，部分内容有删改）

景观欣赏

初识天烛峰

泰山上有两个天烛峰，世说因其陡峭如柱，四壁洁净无挂，只有峰巅处几棵松树啸傲天风，其状酷似巨烛秉天而燃，故得此名。两个天烛峰又一大一小，人们就以大小天烛峰区别称之。

我是泰安人，又在泰山管理部门工作了十几个春秋。天烛峰自然是知道的。而且从岱顶、后石坞曾无数次眺望过它的倩影，却从没有机会走近天烛峰细细地欣赏它。

事有凑巧，泰山管委要开发天烛峰景区，我又参与其中。在最近短短的二三个月中，我十几次登上海拔千米以上的山呼台，只隔着一条几十米宽的溪谷，细看了天烛峰。这一次，我可真正领略到天烛峰的峻峭、挺拔与壮美了。

沿着泰佛公路西行，不过二三里路，人们就会从东边眺望到群峰簇拥中的泰山主峰玉皇顶。从泰城看泰山，峻岭横卧，山体浑厚，泰山如坐，给人以稳重之感。但若从东侧去看泰山，形势就不同了。可能天下群山都有一些共性。这里的景致应了一句古人咏庐山的诗句"横看成岭侧成峰"，泰山主峰东侧群峰突起、山势峭立、峰头直插云天，让人感到了泰山的雄伟挺拔。群峰争立之中最突出的是天烛峰。它那矗立的峰影比从岱顶上看到的要奇险峻拔得多。从新建的天烛胜境石坊西望，朝天壁立、苍岩如柱的峰影就是天烛峰的英姿。

天烛胜境石坊是这个景区的门户，也是新建成的步游道的起点。石坊南侧有一块状如圆球、高达数丈的巨石，中心开裂。当地群众呼其为开心

石。这里峰峦叠翠，溪水潺潺，红瓦顶的农舍，墨绿色的果园星星点点散布其间。这里没有城市的喧闹，也没有现代工业的污染。清心涤虑，超凡脱俗。有人提议，须给巨石题个名。议论再三，与其直书"开心石"，不如改题"到此开心"。既有景，又有意，一语双关。此议，大家一致赞同。

沿着新建成的游步道，穿行于山脊松林之中。过会仙峪不久就是仙鹤湾。这是一条通往天烛峰的大溪谷。两旁峰岭屹立，流泉汩汩。天长日久，溪谷被冲出一个形状如天鹤的水湾，故以仙鹤名之。上游溪水汇集于湾中，湾满水溢，水流跌落下去，又形成一处十分壮观的瀑布。仙鹤湾北是一片高大的槐树林子，溪水从树下石头缝中穿流。即使盛夏，这里也十分清凉。从天烛胜境坊到仙鹤湾不足三里。只是途中不断登高，还有一段小小的攀岩险道。常常让人走出了汗，腿也有些发酸。每每到此，总是想多待一会，看景、听涛、嬉水、歇足。

从仙鹤湾到登上山呼台去看天烛峰，还有 700 米路程。细心的游人数着新砌成的台阶向上走，数到头是 978 个台阶，中间经过千尺瀑。这是一个西高东低，几百米长，光洁裸露的大岩石坡，常有山水流下直落仙鹤湾中，故称其为千尺瀑。在这样一个大石面上横穿过去，很惊险。每逢至此，大家都自觉放慢脚步，站稳前脚，才敢再抬后脚。千尺瀑上端更是一片光洁如洗的大石坪，可与经石峪石坪媲美。大石坪一直向北延伸到山脊处，当地老百姓称其为"鲤鱼背"。面对一大片上千平方米的自然石坪，联想到泰山中路盘道两侧密密麻麻的刻石，我们预感到这里将来也会成为一处人文自然景观交融的名胜点。

鲤鱼背的顶端是一片自然平台，平台沿溪谷呈东西走向，西高东低，长长的平台上只有东头长着一小片松树林。小树林簇集生长，远看呈伞状，成了平台的标志。熟悉这里的人们在天烛胜境坊以外就能找到这片树林，指出平台的位置。这就是山呼台，海拔 1080 米。登上山呼台，日观峰、玉皇顶、后石坞清晰可见。而看得最清楚的是大小天烛峰。最近的又是矗立天际的大天烛峰。山呼台与其只有一条溪谷相隔，大有隔谷相峙之势。天烛峰从溪谷中拔起，直立中天，四壁光洁如削，不挂尘染，令人感慨，

令人称奇！只有大自然的造化，才有这种让人看到它的人不断生出无限遐思的景观。

站在山呼台上，你会感到日观峰、玉皇顶、后石坞、九龙岗、小天烛峰以及周围的峰峦叠嶂都成了天烛峰的陪衬。甚至可以讲，此峰造化，天下无匹。面对天烛峰，我在想：今天我已细细地看清了它，也许有一天我还会登临其顶，高吟古人咏岱的诗句："峰巅最高处，拔剑纵狂歌。"

（此文是作者在负责泰山登天景区保护建设工程后，根据泰山管委主任办公会议，在开发天烛峰景区过程中依据观感所写。发表在《风景名胜》杂志 1995 年第 9 期）

岱庙碑碣知多少

岱庙内今存自秦朝以来历代碑碣刻石众多，素有"岱庙碑林"之称。按其内容划分可有以下三种：1. 有关兴修岱庙的碑刻。这是后人研究岱庙历史沿革的重要资料；2. 有关崇祀、封禅、吟咏泰山的碑刻。多是今存泰山刻石中的瑰宝；3. 收藏泰安地区散布的各种碑碣刻石。这是研究泰山周围历史的资料，其中不乏碑刻珍品。岱庙内碑碣，粗略统计有近二百通。

一、有关兴修岱庙的碑刻

共 18 通，择其要者如下：

1.《大宋天贶殿碑铭》：位于天贶殿前西南碑台上，碑高 3.86 米，宽 1.48 米。此碑立于宋真宗大中祥符二年（1009）。翰林学士杨亿撰文，翰林待诏尹熙古篆额并书，碑文主要记述宋真宗梦"祥瑞"得"天书"，在泰山创构天贶殿之事。

2.《大宋东岳天齐仁圣帝碑》：位于配天门西南侧的碑石之上。碑高 8.20 米，宽 2.30 米。立于宋真宗大中祥符六年（1013）。翰林学士晁迥撰文，翰林待诏尹熙古篆额并书。此碑俗称"封帝号碑"。碑文主要记述宋真宗为崇祀泰山神灵，先封泰山神为"仁圣天齐王"，继而加封为"东岳天齐仁圣帝"（甚至"五岳咸升帝"），以及泰山祠庙大兴土木的过程。此碑是今之岱庙自北宋初年兴修的历史见证。碑阴有明代万历二十四年（1596），巡抚张允济、巡按王立贤所题"五岳独宗"四个大字。

3.《宣和重修泰岳庙记》碑：位于配天门东南侧碑台之上。碑高 9.25 米，宽 2.10 米，仅碑下石作赑屃，就重达 20 吨，为岱庙今存最大、最重

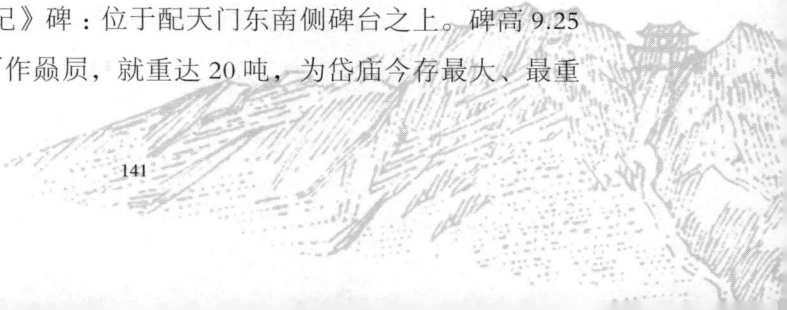

之碑。此碑立于宋徽宗宣和六年（1124）。翰林学士宇文粹中撰文，朝散大夫张崇篆额并书。碑文追述历代帝王"告祭、柴望、五载一巡狩必以岱宗为首"的崇神历史，记载了宋徽宗"诏命屡降，增治宫宇，缭垣外周，罘崽分翼，归然如清都紫极，望之者其为神灵所宅……凡为殿、寝、堂、阁、门、亭、库、馆、楼、观、廊、庑，合八百一十有三楹"的盛景。由此证明了今存岱庙规模早在北宋宣和年间已经初步形成。碑阴另有明代万历十六年（1588），山东巡抚李戴、巡按吴龙征题，田东作书"万代瞻仰"四个大字。

此碑与《大宋东岳天齐仁圣帝碑》，对峙于配天门两侧，赑屃山蹲、高大雄伟。被誉为"岱庙两大丰碑"。

4.《大定重修东岳庙之碑》：位于天贶殿东侧碑台之上。碑高6.20米，宽1.83米。立于金大定二十二年（1182）。礼部尚书杨柏仁撰文，礼部员外郎黄久约书，大学士党怀英篆额。碑文记载了大定十八年（1178）岱庙因灾，"虽门墙俨若，而堂室荡然"的情况。其后由金世宗下令复修，于"大定二十一年（1181）辛丑冬告成"。据《岱览》记，此碑因集杨伯仁文祠、黄久约书笔、党怀英篆籀于一碑，而有"金源一代金石之冠"的美誉。

5.《封东岳泰山之神碑》：位于天贶殿西侧碑台之上。碑高6.55米，宽1.56米。立于明洪武三年（1370）。由明代开国皇帝朱元璋御敕而刻，俗称"去封号碑"。碑文讲述朱元璋因自己出身寒微，不敢效法历代皇帝加封泰山神灵，而去掉泰山神原有的名号，自明代起，泰山神灵只尊为"泰山神"，以前所授封爵位一概免除。

6.《东岳祝文碑》：位于天贶殿南面的阁老池西侧。碑高5.30米，宽1.43米。立于明洪武十年（1377）。碑文刻记朱元璋特派遣大臣李文忠和道士吴永舆、邓子方致祭泰山神的祝文。

7.《东岳泰山之神庙重修碑》：位于天贶殿西南碑台之上。明天顺五年（1461）刻于《大宋天贶殿碑铭》之阴。翰林学士薛瑄撰文，山东等处承宣布政司左布政李颙篆额，济南知府陈铨书丹。碑文记述维修岱庙工程"始事于天顺庚辰（四年）秋七月，次年辛巳夏五月讫工。殿宇、周廊、门观、

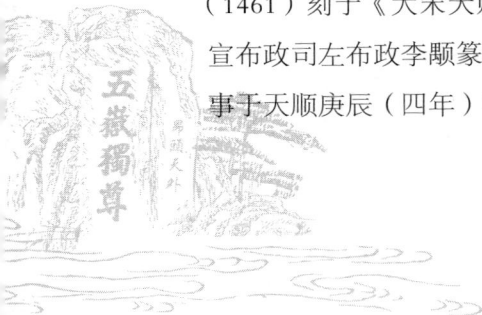

缭垣，悉皆完备。"表榜此次重修岱庙"以省民财，重民力为本"，不事铺张，仅限于"不陋于前，不侈于后"。

8.《皇清重修岱岳庙碑》：位于天贶殿南面小露台西侧。碑高 5.97 米，宽 1.28 米。立于清康熙十七年（1678），为山东布政使施天裔重修岱庙的记事碑。施天裔撰书。碑阴详细记载重修工程的起止时间，所耗人力、所购材料、所建房舍和所栽树木，是岱庙维修工程中一份难得的详细资料。

9.《重修岱庙碑记》：位于天贶殿东侧碑台之上。碑高 6.84 米，宽 1.48 米。由乾隆皇帝御制碑文，立于乾隆三十五年（1770）。碑文记载此次重修是为乾隆六十大寿，其母皇太后来年"八旬万岁"而举。碑文书刻满、汉两种文字，故又称"满汉碑"。

二、与泰山有关的主要碑碣刻石

其数量最多，共 98 通，影响最大的有：

1. 秦李斯小篆碑：亦称秦泰山刻石，位于东御座院中。秦始皇与二世胡亥先后登封泰山，均刻石于泰山之上，两次刻石俱为丞相李斯所书。历经二千余年，现仅残存二世诏书中的十字："斯、臣去疾、昧死、臣请、亦臣"。另有清代人利用明存秦刻石二十九字拓本复制的李斯小篆碑，立于天贶殿东廊房中。

泰山刻石是秦始皇统一中国采取"书同文"的措施后，李斯用通行的小篆体书写的，字体整齐秀美。据史载，秦始皇父子刻石共有泰山、峄山、琅琊、芝罘、东观、碣石门、会稽等七处，保留至今的只有泰山、琅琊两处。此碑实为稀世珍宝。

泰山刻石原在岱顶。到北宋大观年间（1107—1110）尚存可识者 146 字，明嘉靖年间将残石移立岱顶碧霞祠时，就只有二世诏书中的二十九个字了。清乾隆五年（1740）碧霞祠失火，刻石遂失。嘉庆二十年（1815），泰安府尹蒋柏生从碧霞祠西侧的玉女池中寻得残石两块，并将刻石移立岱庙时，石上仅存十字。光绪十六年（1890），刻石被盗。泰安知县毛蜀云严加盘查，失而复得，重置岱庙中。今存刻石碑楼所嵌清代两位泰安知县徐宗干、俞庆澜的题跋，尽述泰山刻石两千年来多遭劫难的历史。

2.《唐泰山斋醮造像记碑》：位于天贶殿东廊房内。碑身为两块同样尺寸的条石并立，共嵌入同一碑首与碑座之间。每块条石高2.38米，宽0.50米。碑首作唐代殿阁九脊歇山顶状，屋檐平直，勾头滴水隐约可见。此碑原立泰山脚下的岱岳观（已圮）内，近年重立于岱庙之中。碑文主要记载唐高显庆六年（661）至德宗贞元十四年（798），六帝一后在泰山的崇神活动。他们每祷祭一次，就在此碑上刻记一次，前后共刻记20则，时间持续137年之久。碑文中刻有与武则天有关的文字八则，其中采用武则天自造字12个。碑体四面还有唐、宋之际插空题刻。这通碑是研究唐代崇神历史的宝贵史料。

此碑由武则天派遣道士郭行真所立。碑体设计别具一格：碑首示天，碑座喻地，两石并立其间，借喻帝（高宗）后（武则天）并立，共治天地。此碑也被称为"双束碑""鸳鸯碑"。

3.《大唐齐州神宝寺之碣》：位于天贶殿东廊房中。碑高2.60米，宽1.30米。唐开元二十四年（736）立于泰山西北麓神宝寺（今长清张夏小寺村），1965年移立于岱庙内。碑文记述神宝寺创建的艰难和唐开元时期该寺的兴盛景象，反映了唐代泰山佛教兴盛的历史。碑文典雅流畅，书体从隶，遒劲秀丽，堪称唐代隶书之佳作。

4.《大宋封祀坛颂》：位于天贶殿东南碑台之上。碑高4.85米，宽1.57米。北宋大中祥符二年（1009）立于泰城南郊，后移立岱庙。宰相王旦撰文，裴王禹篆额并书。碑文主要记述宋真宗封泰山的礼仪和登封泰山的经过，是记录宋代皇帝登封泰山礼仪的翔实资料。

5.《升元观敕》碑：位于天贶殿东廊房中。碑高1.76米，宽0.65米。碑立于北宋政和八年（1118）。碑文摹刻宋徽宗批准泰山"建封院"改为道观，并赐额"升元"之敕。该敕牒由当时的尚书省签发。碑原立于泰山南麓的玉皇阁内，1976年移立岱庙。是研究北宋敕牒文格式的重要资料。

6.《金重修天封寺记》碑：位天天贶殿东廊房中。碑高1.88米，宽1.96米。立于金大定二十四年（1184），金代名士党怀英撰并书。碑原在泰安郊区旧县村天封寺旧址，1979年移立岱庙。碑文记载了唐、宋之间泰安县

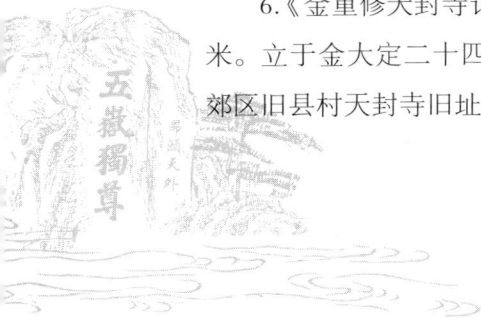

治迁移的历史。

7.《谷山敕牒碑》：位于天贶殿东廊房中。碑高 2.40 米，宽 0.94 米。碑原立天泰山北麓谷山玉泉寺内，1984 年移立岱庙。碑上摹刻金代尚书礼部于泰和六年（1206）、大安元年（1209）两次下发的敕牒文。上为"玉泉寺牒"，下为"秀严寺牒"。

8.《山东等处提刑按察司为置造岱庙备用供器记事》碑：位于天贶殿东廊房中。呈横长形，高 0.92 米，宽 2.35 米。明成化七年（1471）刻。内容为山东等处提刑按察司为岱庙置备供器的经过和所供器物分类明细表，是岱庙明代储物的珍贵档案资料。碑阴刻万历三十四年（1606）凌志魁《登岱八首》。

9.《五岳真形图》碑：位于天贶殿东廊房中。碑高 1.68 米，宽 0.79 米。立于明代嘉靖年间（1522—1566）。碑上刻道家符篆"五岳图形"及注文。东、西、南、北四岳图形颇像古代四种吉祥物，即东（岳）青龙、西（岳）白虎、南（岳）朱雀、北（岳）玄武。东岳"真形图"下有文刻记："东，岱岳泰山。乃天地之孙，群灵之府也。在兖州奉符县……岱岳者，主分世界人民官职和定生死之期，兼注贵贱之分，长短之事也。"泰山神灵如此权威，天下百姓竞相长拜，难怪中国有许多东岳庙了。此碑碑阴有元至元二年（1336）所刻《东平府路宣慰张公登泰山记》。杜仁杰撰文，王祯楷书。

10.《泰山赞》碑：位于岱庙配天门西侧。碑高 2.23 米，宽 2.85 米，呈横长方形，为一巨石磨制。立于清乾隆四十年（1775）。泰安知府朱孝纯撰并书。碑文分"序"和"铭"两部分，盛赞泰山神威磅礴。字为八分隶书，洒脱端庄，流畅秀美，为清代隶书佳作之一。碑阴刻泰山图。

11.《杜甫望岳诗》碑：位于天贶殿东廊房中。碑高 2.65 米，宽 0.88 米。立于清乾隆四十九年（1784），泰安知县何人麟草书杜甫《望岳》诗。杜甫这首诗，为咏岱诗歌中的千古绝唱。何人麟善草书，笔锋流畅飘逸，堪为书法上品。

12.乾隆咏岱诗碑：乾隆一生广游历，好诗文，曾十一次到泰安，六次登上岱顶，其登岱咏诗多达 140 余首。其泰山诗作，由地方官吏刻于泰山自然石上，又树碑于庙宇宫观之中。乾隆"御笔"诗碑现存岱庙不少于二十通。仅岱庙天贶殿前两个御碑亭中，就有乾隆诗书八首。

13. 历代文人咏岱诗刻：泰山为历代文人所崇拜，咏岱佳作不止千篇，后人多选名诗刻于石上。岱庙西侧原来雨花道院中的环咏亭曾汇镌许多咏岱诗碑，后来环咏亭圮，许多碑刻散失。20世纪50年代，在汉柏院建成碑墙，多次收集失散的诗碑，现已得76块。

三、收藏泰安地区一带散布的碑刻

共32通，珍品如下：

1.《汉故卫尉卿衡府君之碑》：也称衡方碑，位于天贶殿东廊房中。碑高2.75米，宽1.08米，碑刻于东汉灵帝建宁元年（168），是衡方的门生在其死后为追述衡方生平事迹所立。此碑原在汶上县郭家楼，1953年移立岱庙。此碑汉隶碑文，体丰骨壮，为现存汉碑中的珍品。

2.《汉故谷城长荡阴令张君表颂》：也称张迁碑，位于天贶殿东廊房中。碑高2.95米，宽1.15米，两侧及顶高浮雕八条蟠龙相戏，立于东汉灵帝中平二年（185），系张迁由谷城长升为荡阴令后，故吏为表彰其功绩所立。此碑长期埋于地下，明代掘地所得，重立于东平州学，1965年由东平县移至岱庙保存。此碑自明代被发现后为历代金石、书法家所推崇："词旨淳古、隶书朴茂"，"字体方整中多变化，朴厚中显媚劲"。在四百余字的碑文中，竟有一半文字是追述张迁祖系功德的，上可追溯到西周宣王时期。从"以孝友为行"的张仲、"善用筹策"的张良、"建忠弼之谟"的张释之，到"广通风俗，开定畿宇"的张骞，无不一一大加褒扬。由此可见，此碑借为一个小小的县长升迁表颂之机，意在褒其族，扬其姓。是当时重名姓望族之风的反映。张迁碑是现存汉碑中的精品。

3.《晋任城太守夫人孙氏之碑》：又称孙夫人碑，位于天贶殿东廊房中。碑高2.5米，宽0.95米。此碑始立于西晋泰始八年（272），原在新泰市张孙庄，1965年移立岱庙。碑文中叙述了晋吏部尚书孙邕之女，任城（今济宁市）太守之妻孙夫人慈孝贤良的美德。晋代多尚短碣，而独此孙夫人碑与济南历城的郭休碑、河南的太公望表高大丰雅，文字繁多，被誉为晋代三大丰碑。

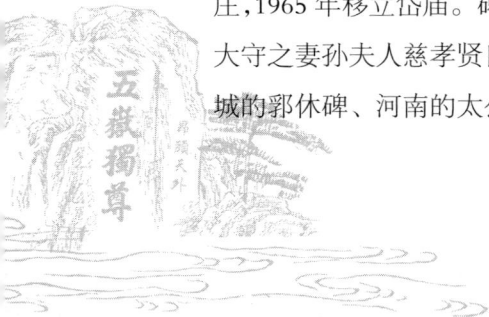

4.《大观圣作之碑》：位于天贶殿南阁老池东侧。碑高 5.80 米，宽 1.53 米。立于北宋大观二年（1108）。宰相蔡京题额，书学博士李时雍摹宋徽宗瘦筋体书文。碑原为文庙中立石，后移立岱庙。碑文是宋徽宗大观元年颁定的全国各郡邑的学规："取士科八行者；善父母为孝；善兄弟为悌；善内亲为睦；善外亲为姻；任于朋友为伦；仁于州里为恤；知君臣之义为忠；达义利之分为和。反是为八刑"。

岱庙除上述三类重要碑碣刻石外，还有一些历史价值较高、引人注目的碑刻，有 30 通左右。其中有《大元太师泰安武穆王神道之碑铭》《重修东岳蒿里山神祠记》《重修普庵碑记》《重修金桥碑记》《双龙池碑》《禁止舍身碑》《可摘星辰》方体诗碑、明代张鹏融题《唐槐诗》碑和《双柏诗》碑、《（清）定亲王赠浚川大炼师诗》碑、何绍基书《杜甫·秋兴八首》诗碑，以及郭沫若《咏岱诗》碑、朱德、陈毅有关泰山的诗碑等。还有诸如"登泰观海""簣为山""唐槐""汉柏""翔凤岭""飞龙岩""第一山""树种汉时""汉柏凌寒""浴鹤""醴泉"等大字题名碑碣。

读岱庙碑刻，不仅使你欣赏到中国古代书法艺术中的众多珍品，获得一种书法艺术美的熏陶，还可从中了解到许多有关泰山的历史资料，丰富你的文化知识。饱览岱庙碑林是一种艺术美的享受。

（本文是举办岱庙碑刻讲座时的发言稿）

读《登高必自》碑

　　沿泰山中路的盘道登山，首先要经过红门。红门飞云阁跨道而立，这是从中路登泰山的第一道关隘。飞云阁前矗立着三座石坊，第一座与第三座分别称作一天门坊、天阶坊。告诉登山的人们：自此便走进了泰山仙境的第一道门。门里的盘道就是上天之阶了。而中间的石坊上写着：孔子登临处。不言而喻，至圣先师孔老夫子也是从这里登上泰山的。

　　孔子登临处坊前东西两侧各树一碑。西边一碑题写：第一山；东边一碑大书：登高必自。

　　《登高必自》碑竖立在这里，值得一读。

　　该碑中除四个大字外，另有"（明）嘉靖甲子（1564 年）仲春，左相弘斋翟涛题，青社载玺顿首书"的字样，碑高 2.45 米，宽 0.82 米。

　　此碑所题应当如何理解呢？

　　首先碑文所题四字是从古文中变来，故有"翟涛题"的款。也告诉后人文从古语中来，而自己有所取舍。《礼记·中庸》中有"辟（譬）如行远必自迩，辟如登高必自卑。"而《尚书·太甲上》则云："若升高，必自下，若陟遐，必自迩。"此碑所题"登高必自"当取自"登高必自卑"之句，但却删去了这句古文中的最后一个字"卑"。古人也有这种省略的用法，都是借古文中的名句，寓意更宽泛。翟涛在这里题写省略古文中的名句，应该另有用意。

　　笔者久久凝思此语，一日有所顿悟：

　　题此碑文者引古文名句却省去一字，竖立在红门之前，有令句义多生

148

之意。这应是题写者给后人留下的添字生义的文字笔法。笔者由此想到碑文后面分别添三个字可使句意有所变化。

其一为登高必自卑。令碑文内容回到古语名句之中，让人们遵循古人的教导，登高要从低矮下处一步步开始，循序渐进。

其二为登高必自己。碑文中的内容则成为鼓励登山者。告诉人们要想登到高处、达到极顶，必须靠自己的不懈努力，奋力攀登才行。

其三为登高必自此。这样，碑文的内容就可理解为登泰山从这里开始最好。

从泰山中路的盘道登泰山是千百年来先人们选择舍取而形成的最佳路线。从这里登泰山，自然景色壮丽，景象多变，一步一层天；时见寺庙古迹，石刻碑碣遍布。人们在攀登中饱览，可以感悟祖国山河壮美，从中获得启迪，受到鼓舞！

孔子从这里登临泰山，于是孟子赞呼：孔子登东山而小鲁，登泰山而小天下！

杜甫从这里登上泰山，感叹"会当凌绝顶，一览众山小"！

李白从这里登上泰山，高吟"天门一长啸，万里清风来"！

更有封建帝王从这里登上泰山，演绎"君权神授"的封禅大典，易国朝、纪太平。

还有千千万万的人文墨客从这里登上泰山，留下自己的壮志情怀。

翟涛、载玺自然是泰山的敬仰者，他们从攀登泰山中有所感悟，于是题书"登高必自"四个大字竖立在孔子登临处的石坊之前，留给后人品味欣赏。如果我们只从碑文字面引回到古文去解释和理解，恐怕有失两位题写者的初衷。

《登高必自》碑，值得品味细读。

（发表于2002年8月4日《泰安日报》）

读《高山流水亭记》

近日又去经石峪。

欣赏过千年大字之后，环游经峪四周，西侧巨石之上，重读明代万恭撰写的《高山流水亭记》，不胜感慨。

万恭，何许人也？明代江西南昌人，字肃卿，嘉靖间进士，累官至通议大夫、兵部侍郎。曾总理河道，督修黄河。其间，上泰山，两次丰富泰山景观。留下令后人赞许的景观古迹。

《高山流水亭记》开篇即云："余既表泰山之巅，掠泰麓而南下，则憩晒经之石。"告诉人们，他的泰山行踪是先登极顶后至经石峪的，而且突出他在岱顶有"表泰山之巅"的行为。寥寥数语之中，大有洋洋得意之形。

文中所提"表泰山之巅"，系指万恭到经石峪之前，在岱顶见玉皇庙大殿置于极顶石之上，以为不妥。以泰山神灵托梦给他，使用督修黄河余资把大殿移至极顶石以北，"掘地而出颠，勿刓方，无毁圆，勿斫天成，返泰山之真矣"。"今出之，始返泰山之巅而全其尊"（万恭撰《表泰山之巅碑》）。得使泰山极顶石显露于庭院之中。这就是今天我们所看到的玉皇顶景观，即万恭在泰山上的第一个景观升华工程。

万恭此举确系有识之举。当代著名美学家杨辛教授高度评价了玉皇顶院内表露极顶石的景观效果："几块浑圆的石头，犹如整座泰山的浓缩。可谓小中见大，使得原来狭小单调的庭院变得很有情趣，十分令人回味。如此佳构，使得庙观融于自然环境之中，自然环境渗入庙观之内。达到了内外呼应，相互渗透，巧借自然。精在体宜的良好效果。"

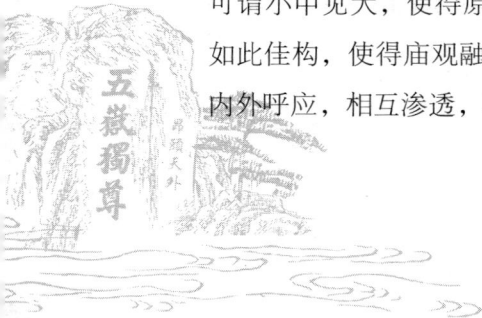

万恭在表泰山之巅时，不伤及原石外形的做法，无论是从崇神的角度出发，还是其本身已经考虑到园林景观的效果，万恭的行为确实是值得称颂的。其洋洋得意之情，当是其托神灵之名，达到崇神景胜效果的一种愉悦自得的反应。应当是每一个了解这段历史的读者都能理解的。

随之，文章在记述作者在经石峪题刻"暴经石""水帘"……之后，着重写了构筑石亭的经过："穿涧水而西得石壁，高约十五尺、广约四十尺，夷出天成，下拥石基。余东向而立，则水帘之泉冷冷出其左。而桃柳数十株蔚蔚绕其右，余遂倚石壁为之亭。亭悉以石。石柱四，直如石基，其深尺有咫，上覆以石板，令永久。登泰山者得憩息万祀焉。"万恭偕从者坐于亭中。并为从者"援琴而弦之"，感慨大发："夫是倚泰麓之壁也，斯不亦高山乎！夫是临水帘之泉也，斯不亦流水乎！"于是，联想到俞伯牙与钟子期的故事："若将巍巍乎志在高山也，又洋洋乎志在流水也。"遂将石亭命名为"高山流水之亭"。

万恭是一个善于赏景又善于以小品点化景观的人。经石峪位于两侧山崖峭立的谷溪石坪之上，绿树、流水、石壁环绕，一片幽静的旷野山色。千年以前石坪之上留下僧徒刻记的金刚经。后又有文人附会了许多文字。而万恭饱览此处山色水景之后，创构了高山流水之亭。小小石亭为这里的石坪旷野平添了些许人文气息。形成了一幅人与自然和谐共存的山水画面。从此之后，石亭成为经石峪不可或缺的景观构筑物。这应是万恭在泰山上留下的第二处风景佳构。高山流水亭石柱上刻有一副楹联："天门倒泻一帘雨，梵石灵呵千载文。"更是道出这里天人合一，超然物外的悠然景色。

《高山流水亭记》文字中显露出的意气飞扬，也让后人从中感受到亭成景胜之后，万恭的那种自鸣得意的举止神情。

时过境迁。大约过了四百年，经石峪上方筑起了一座水坝，高山流水亭被迁移到经石峪西南路的山坡上。变点景之亭为引景之亭。再后来，经石峪大字四周围上了石栏。应该说，后世人这些行为的初衷都是好的，但却慢慢地改变了这里的景致。

今天，经石峪大字已采用科技手段封护岩石表面，以阻风化，以追求

千年大字的神韵久存。然而环视四周，护栏围立，让人有一种庭院囿居之感。水坝又挡住了石坪北望的开阔，没有了《高山流水亭记》中"北耸石岩，石若斩截而成，涧泉漫石而下，以悬于空，俨若垂万珠"的景色。而移置于西边半坡之上的石亭几乎被四边绿树遮蔽，引景的作用似乎不大。石亭旧处，徒留《高山流水亭记》刻写在已有些荒芜的石壁之上。当年万恭坐于石亭之内援琴高歌的天然景致早已不复存在。

宜人景观虽系人为，犹如天成。人与自然的和谐构图是重要的一环。这就要求我们做事情要想得更全面一些。在风景区内动土，尤其不能只重一点，不计其余。否则，好心未必办成好事。

经石峪的环境治理早已引起有关方面的重视，据说专家充分论证之后的方案已经形成。

我们期待一个更让人神往的经石峪景色早日再现。

（发表于 2002 年 9 月 22 日《泰安日报》）

感受泰山快活三

因为有了上山的公路，因为有了空中客运索道，虽然每年都有几百万人来泰山，却早已不必上上下下都走那条泰山石砌的盘路了。渐渐地人们对于泰山上有个叫"快活三里"的地方印象不深了。至于那些完全借助现代化交通工具直上南天门的匆匆过客，问及泰山"快活三里"在哪里，他们更是茫然了。

泰山快活三里，通常是指中天门以北，过倒三盘，沿盘路过增福庙不远，绿树林荫下的一段平坦的沙土路面。称其三里，其实不过 200 米。但因其平坦，使沿盘路登山者久踩坚硬石块的脚板落在微微发软的沙土路面上，顿觉足平、体轻、十分舒坦！令人不禁生出一丝快意。就是这样一段不足半里的沙土路面，曾感动过古往今来成千上万的登山人。读读周围石壁上的题刻，就能感受到古人路过此地的心情："快活林""逍遥游""登欢喜山""妙极"。

我也曾多次走过快活三里，感受过这段沙土路面给人的惬意，而且有过登山和下山不同的感觉。

因为登上去时，多从中天门开始步行。体力充沛，又多顾及周围景致。每行至此处，虽然脚下感到了与走在石头路上的不同，但比起游完岱顶，沿十八盘一步步地走到这里时的感觉就大不一样了。

古人有首诗写得好："人情轻便易，世路重艰难。不走巉岩路，谁知快活三？"

过去，我也曾认为这首诗中的"快活三"就是指中天门北去不远的这

段"快活三里"的地方，其实不尽然。

我因工作，经常往返于泰山中路盘道之上，曾经几十次走完从红门至南天门长达6000余级的"天阶"，终于领悟到了诗中的"快活三"并不只是"快活三里"的简写。应是指泰山中路登山盘道中的三处沙土路段：其一，是在刚进红门北行不远的地方。这里路东溪中有"醉心石"等题刻，由溪中观路上行人若隐若现，终日不断。此处景致曾被古人称为"小洞天"。其二，是在斗母宫以北，过水帘洞北行到东西桥子之间。这里有"万笏朝天"的景观；其三，即快活三里。从下而上，依次可称为快活一、快活二、快活三。对于刚过红门不远处的快活一，刚刚开始登山的人们可能不会感觉到这段沙土路面给他的舒坦。可问一问下山行过此处的人们，他们的感觉却是十分深刻的。

纵观泰山中路这条让古往今来的人们走了上千年的路。人们在攀登泰山的同时，不停地砌垒，不时地修整，不断地完善，终于形成了一条让登山者在行进中感受到中国历史文化熏陶和中华民族精神洗涤的路。这种感受和启迪不仅来自散布在路旁的一座座庙宇宫观，刻记在石壁上数以千计的题刻，以及令人称奇的自然景观，也包括这条路本身。泰山中路登山盘道从红门至柏洞之前，让人感到了它的平缓；悬挂在南天门前的十八盘，又使每一个登山者都感到攀登的艰险；而途中回马岭处的峰回路转，中天门北侧的倒三盘，则告诉你道路是曲折的。在盘路中出现的三处沙土路面，又会令你很惬意。这正是经历一段艰辛后获取进步的喜悦。坚持走完泰山中路盘道的全程，你就能感受到登山如人生：有艰辛、有喜悦；付出一分劳动，就有一分收获；有征服困难的信心，就会有取得最终胜利的自豪。

泰山盘道在山石砌成的石阶路上，修路者保留了三处看似十分平常的沙土路段，是一种别具匠心的创造，是让每一个勇于徒步攀登泰山的人们去感受泰山登山途中的快活三，去感受攀登中每一次进步所得到的喜悦。

登泰山时，我们应当记住古人的那首诗："人情轻便易，世路重艰难。不走巉岩路，谁知快活三？"

（发表于1999年6月6日《泰安日报》）

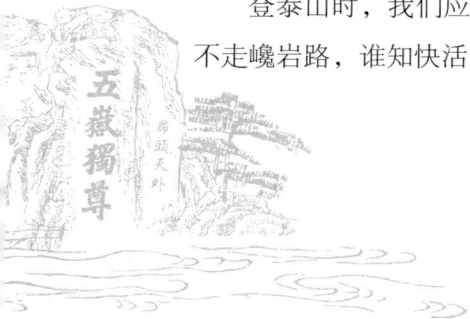

能使鲁人皆好学

——游五贤祠小记

　　五贤祠为泰山著名历史学馆之一，现已修复一新。临此览胜，可启迪世人的好学之风。

　　五贤祠位于岱阳凌汉峰下，普照寺北去不远处。整座建筑呈东西连通院，东祠西馆。东院纪念宋代孙复、石介、胡瑗，明代宋涛，清代赵国麟等五位历史贤达饱学之士，故名五贤祠。正门南向，下有台阶三十余级。游人拾级而上进入祠堂，敬重之感油然而生。西为学馆，有正屋三楹、厢房三间，系古时儒者治学、教书之所。整个院中古柏结翠，院后崖石耸立。院东临涧有一四柱石亭，叫作洗心亭。此处山林肃静，远离尘嚣，是一处潜心治学、修身养性的好地方。清道光年间泰安知县徐宗干有文称赞："层层幽谷，林密泉清。为三子（指胡瑗、宋涛、赵国麟）所藏修而息游者"、"两先生（指孙复、石介）所瞻依不忍去者也"、"亦即后之学者百世下闻风思淑之地也"。

　　今日登临五贤祠，除观其建筑布局灵巧和谐，环境肃静幽雅之外，研读四处题刻也令人心神入胜。

　　五贤祠东侧，洗心亭以北矗立一通石碑，上书一行真书大字："胡安定公投书处。"此碑颂扬胡瑗苦读治学的逸事。《岱史》有文记之："胡安定，名瑗，字翼之，宋海陵人。与孙明复、石守道讲学泰山，攻苦食淡，终夜不寝，十年不归。得家书，见有'平安'二字，即投之涧中，不复展读。"以至后人将其投书处称之为"投书涧"。洗心亭石柱之上有副对联歌颂其志："好山河不须图画，大圣贤皆自奋兴。"每每至此，读此碑此联，当令有志之士刻苦奋发。

进入祠堂院内，山门侧有泰安革命老人范明枢先生撰写的《五贤祠碑记》，碑文颂扬五贤苦读治学、报国兴世的史迹，读后令人更生仰慕之情。五贤之中又以孙复首开泰山学院严谨治学之风。《岱史·遗迹纪》篇详记其事：孙复"少年进士不第，退居泰山南麓，学《春秋》，著《尊王发微》，鲁多学者，其尤贤而有道者石介。自（石）介以下，皆师事之。""孙复行为世法，经为人师。""其治《春秋》，不惑传注，不为曲学以乱经。其言简易，明于诸侯大夫功罪，以考时之盛衰，而推见王道之治乱，得于经之本义为多。"解读这段历史，更会令人佩服孙复治学严谨、追根求本、不饰虚假的学风。

再入西院，一座清代以前的学馆风貌映入眼帘：一屋一厢，清静淡雅。院中唯有一石似人向北而立，上书三个大字：侍立石。览此景石，自然令人联想到古时求学弟子尊师重道之仪。若细读方志，可知此石实为石介敬重孙复而立。《岱史》载：宋大臣孔道辅"为人刚直严正，不妄与人。闻（孙）复之风，就见之。（石）介杖履侍左右，（孙）复坐（石介）则立。升降拜见，（石介）则扶之，及其往谢也亦然。鲁人既素高此两人，由是始识师弟子之礼，莫不叹嗟之"。今天，国家倡导"科教兴国"方针，尊师重教当为先。石介尊师之风，我们应当继承发扬。

祠堂、书馆正屋都有后门可出入。院后崖石巍峨，其上多有古人题刻，内容都与五贤祠有关。如"授经台""千秋道岸"等等。抚岩细读，常常令人生出刻苦好学之志。其中尤以宋代名士欧阳修评价令人振奋："能使鲁人皆好学。"此词虽然当时是为褒奖孙复、石介等人讲经治学的德行而发，但时至今日，欧阳先生之语仍有很大的号召力。为使中国早日屹立于世界强国之林，我们理应能使国人皆好学！

五贤祠焕然一新，为泰安旅游业发展开辟了一处新的景点。其所纪念的五位历史贤达之士的苦读治学之风，更应该是我们奋发图强、努力传承的民族优良传统。

（发表于 2000 年 1 月 16 日《泰安日报》）

恰似老干新绿时

——写在唐槐院重新开放之际

岱庙内多古树名木，尤以古柏老槐为最。

相传当年汉武帝登封泰山之时，曾亲植柏树于山下，至今在岱庙东南院中尚存五株，此院因此被称为汉柏院。院中古柏老干虬枝，枝叶茂密葱绿。甚得文人墨客称誉，有"汉柏连理""汉柏凌寒"之说，也有"赤眉斧痕"的历史附会。于是，汉柏院成为人们游览岱庙时必到之处。

其实，与汉柏院相对的岱庙西南院也曾因古树得名。岱庙西南院中有一棵树围硕大而中空的老槐树，相传初植于唐朝，遂有唐槐之称。这个院落自然也就被称为唐槐院了。只是唐槐的时运远不及汉柏，多有磨难。五十年前，已是空留躯干在人间了。1948年，早已没有了古建筑的唐槐院中具是杂乱平房，临时建成了医院。据闻，一老汉送人来看病，将毛驴拴在依然有一息新绿的唐槐枝干上，不料毛驴挣断活枝，老树终于不再吐绿。不久，有一好心人为补遗憾，将一棵小槐树栽入唐槐腹中。不想成了岱庙的一景，叫"唐槐（怀）抱子"。后因唐槐院终成杂居之所，不再对外开放。除了一些熟知此处地理，又对唐槐常存眷恋之心的人们间或来此感慨一番之外，唐槐院内这处"唐槐（怀）抱子"的景观也多不为人所知了。

新中国成立半个世纪之际，唐槐院迎来了它的一个不平常的春天。院中杂乱的平房全部被拆除。延禧门早已恢复，岱庙西南角楼与其周围的城墙也重现了昔日雄姿。院中原有的主要建筑——延禧殿残留基础在清理时被发现并保护起来。令人欣喜的是在清理时发现了曾十一次来泰安、六次登上泰山，在泰山上下留有一百四十余首诗的乾隆皇帝的咏唐槐诗碑。一

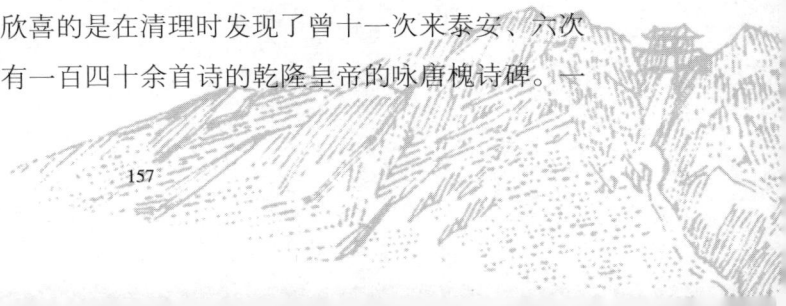

首七言绝句道出了这位帝王对唐槐景致的喜爱：兔目当年李氏槐，枒槎老干依春阶，何当绿叶生齐日，高忱羲皇梦亦佳。

今天，乾隆御书咏唐槐碑重新树立在院中，此碑与汉柏院中乾隆御制汉柏之图碑都成为研究岱庙古树名木的宝贵史料，也成了今天游人常读的景物志碑。乾隆对岱庙景物的爱护，功不可没。

唐槐院中的唐槐不及汉柏院中的汉柏兄弟们那么多。但令人称奇的是唐槐院现存树木都是槐树，且有二十余株，又可谓唐槐虽死但子孙多。

今天，进得延禧门来，纵横五千平方米的唐槐院被修整得焕然一新。唐槐所抱之子已绽新绿，在汉白玉石栏围绕之中显得十分挺拔。周围数十棵槐树争相吐绿，使整个院中上空呈一片淡绿。被青砖和鹅卵石路面割成大小不等的方块地面之中，摆放着几百盆树桩、鲜花盆景。松柏和桂花树的墨绿使庭院中的绿色有了变化，娇嫩的鲜花更是艳丽夺目，一派生机盎然。而高高矗立的石碑和静静躺在殿宇基址上的柱础向人们展示着这座历史院落昔日有过的辉煌和风采。所有这一切，又都反映了当今时代的繁荣与复兴。

唐槐院的重新开放，选在了阳春三月，恰是古槐老树绽绿之时，又是一个万物更始的季节。走进一片新绿的唐槐院，我们感到了时代前进的步伐。

我们衷心祝贺唐槐院获得了新生。

（发表于 1999 年 4 月 25 日《泰安日报》）

山城之间有条历史的线

泰山是中国的一座历史大山。

"泰山安，则四海皆安。"山脚下的古城因此叫泰安。

山在北，城居其南，山坡之间有条历史的路相连。路从泰安古城南门开始，经过通天街，穿过岱庙、岱宗坊，从红门沿着六千六百余级石阶，越过三道天门，直达泰山主峰的山巅。

这条路，中国人已经走了几千年，这是一条反映泰山和泰城文化的线。

两千余年的开凿与登攀，不断地营造与构建，这条路上留下了极其丰富的人文景观。沿途之上，可见磨光的石阶，跨越盘道的楼关，飞来路边的石头，劈开挡道的山峦；更有秦王的诏书，唐明皇的御笔，汉武帝手植的柏树，宋真宗修建的宫殿；还有数不清的明清题刻散布在路旁山间。

在这条路上，封建帝王演绎着"君权神授"、"受命于天"的旷代大典；文人墨客留下了数以千计、脍炙人口的诗篇，太史公在《史记》中把人死得其所称之为"重于泰山"；僧侣道众沿途建观立庙，佛经道义刻于天然的谷溪石坪之间；黎民百姓纷至沓来，怀着无限的虔诚向神祇诉说着自己美好的意愿……

一条山坡之间南北纵连的路，把中华民族传统的文化意识体现。雄伟的泰山，古老的泰城，连同古城西南隔着奈河的小小蒿里山，三点连成一条线。中国人在这个长约十公里的狭长地带上勾勒出一个地曹（蒿里阴司）、人间（泰安城中）、天府（岱顶山上）的三元空间。因此，祭泰山下小山以谢地祇之恩，登泰山之巅以告上天成功。封建帝王在泰山上下举行

的封禅祭典，形成了中国历史上一个特有的文化景观。在这条线上，人们出岱庙北门到极顶的六千六百余级"天阶"的辛甘，由低到高，步步登攀，最后登上巍巍"天府"，一览人间天上的神奇景观，飘然成仙。这条登山之路，在建筑形式上，是从巍峨的岱庙宫殿过渡到因山势而构的仙阁，由庄严规整到因山就势，随自然环境而变换；在意境上，是从人间闹市上达穹宇，由平淡到神奇，渐入仙境琼銮；在色调上，则是红墙黄瓦不时与苍松翠柏互染，处处相映生辉。长长的登山路上，三里一旗杆、五里一牌坊与漫漫的登山石阶连贯，形成了一条十分壮观的封禅朝天的序列空间。成为一组人工与自然珠联璧合的雄伟景观。

我们称泰山是中国的一座历史名山，是世界文化的遗产。其历史文化价值多在这条轴线上体现；我们说泰安是一座历史文化名城，溯源其城建历史，是从位于这条线上的岱庙发端。

纵连泰山泰城的这条登山盘路，这是山城历史文化发展的中轴线，向世人展现了山城历史文化所独具的特点。人们沿着这条路登山，慢慢地去寻觅、去体验，细细地去读、去看。才知道什么是泰山，山下的古城当初为什么叫泰安。

历史发展到今天，泰安城市的规模扩大了几倍甚至十几倍，但山城之间的这条文化轴线依然在充满现代化建筑的城市中显现。这中间虽然也出现过遗憾，但宽阔的绿茵广场，灰砖色的古老城墙，使岱庙依然显示着它的古色古香。北门外红门路两旁，长长的绿荫把岱庙的一片苍然翠色与泰山的茫茫绿野相连，形成泰山伸入泰城的一条绿色的线。威严的岱庙宫殿，通过矗立在路中间的岱宗坊，与红门以上的古建筑遥相呼应、连接成片，使它们成为一组不可分割的具有民族特色的建筑景观。

山城之间的这一条线，是名山历史和城市古老的集中体现。要保存下泰山的文化景观，要保留下泰城历史发展的积淀，首先要保护好这条充满民族文化特点的历史轴线。这条自然与人文和谐交融的历史风景线，最能把泰山独具特色的历史文化景观向世界人民全面展现，显示出中华民族历史文化的灿烂。

我们应当珍惜山城之间这条历史的线。

（发表于 1998 年 6 月 21 日《泰安日报》）

石墙碧瓦 简朴荣华

——三阳观建筑风格欣赏

三阳观为泰山著名历史道观之一，位于泰山凌汉峰西侧半山处。建筑坐落南低北高，山门、混元阁、碧霞元君行宫依次纵向抬升，两侧房舍对称分列。四周围筑以石墙，院内外多植树木。整座道观，北依岱峰，南瞻泰城，是一处修身养性、静观大千世界变化的场所，环境十分幽雅。史籍有文记其胜：由五贤祠"螺旋而上，五里许抵山门，青松落阴，云物泠泠；层峦断壁，积翠欲流；殿宇数十楹"。

三阳观因明代后期东平道士王三阳到此"凿岩石为穴，苦行修道"而始建，故因其人而得名。初称三阳庵，明代万历年间东阁大学士、礼部尚书于慎行应王三阳之徒昝复明之邀为此处题名时，改称三阳观。

三阳观始建于明代后期，兴盛于明末，至清末、民国时期破败。几十年来，徒留石阁残垣，断碑横卧，一片荒凉。

泰山管委历三年时间，组织专业人员，参照史籍记载，拿出修复方案，严格把握施工质量，终于1999年八月底完成了一期修复工程。曾经兴盛一时的三阳观重现于泰山之上。

在其修复之时，笔者曾多次往返于五贤祠至三阳观之间的石砌盘道，目睹了整个复建过程。残破之状尚未能忘，全盛之貌已现于目，令人十分欣慰。

三阳观虽然是泰山上众多的宗教宫观庙宇之一，但其建筑风格却独具特色。这种风格，归纳起来可用八个字概括：石墙碧瓦，简朴荣华。

三阳观始建于明代道士的苦行修道。初时，道众靠砍山柴到泰城换米

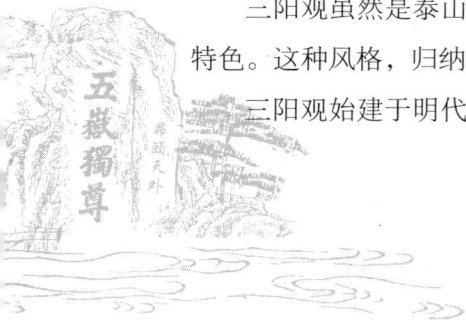

维持生计，身体力行构筑栖身修行之所而成。因此，以乱石干砌围以院墙，用乱石和泥砌成房舍、洞阁。天长日久，洞阁墙壁泥土散落，多显石块叠垒之状，与干砌院墙浑然一体。使整个庙观呈一片山石素岩之色，厚重圆浑，朴实无华。突出反映了泰安传统民居的一种砌垒工艺。此次修复工程之中，规划设计者刻意保留了这种干砌石墙的建筑风格。今天，我们走进三阳观，四周围以齐整的干砌石墙，山门、混元阁及其前厅，均以自然开石垒砌墙体，不露泥线，形成山石构筑物的一片岩石色。用不规则的岩石砌成十分规整的墙体，厚重、质朴、简洁、明快，令人耳目一新。三阳观虽系道观，实为泰安民间传统建筑风格的再现，具有十分浓厚的地方特色。

三阳观在明代末期得到地方官府的资助。其时，由于朝中重臣于慎行、肖大亨的爱荐，引起明朝后宫的重视。终于成为当时朝廷宫妃、太监到泰山朝山进香、醮斋之所。贵妃、太监赐以重币，于是山门、混元客之顶覆以绿色琉璃瓦；混元阁后筑起了六十五级陡立的青石台阶，高高的全真崖上建成巍峨的庙堂建筑——碧霞元君行宫。厚重、质朴的石体建筑之上覆以皇家的琉璃瓦碧顶；陡立的石阶之后立以严整的官式建筑。显示了一种皇权的荣华。这也是明朝末期，腐败无能的朝廷借宗教场所愚弄黎民百姓，苟延政权寿命的行为见证。

三阳观建筑的风格既反映了其初建时道士苦修的艰难，又反映了其兴盛时期为明代皇宫所利用的荣华。

睹物鉴史，游览复建完成后的三阳观建筑群，可以帮助我们了解泰山宗教文化中的这一段历史。

（发表于 1999 年 11 月 21 日《泰安日报》）

泰安"城中见山"规划意境赏析

　　朋友送我一套新的《泰安市城市总体规划》（1996—2010）。出于对家乡的热爱和对这座历史文化名城的殷切关注，我把这套书置于案几，不时翻阅研读。

　　文中《历史文化史城保护规划》一章提出了"山城一体，城不压山，城不上山，城中见山"的保护原则。这个原则的前三句话在过去几轮的泰安城市总体规划和编修中都已提出。而第四句"城中见山"是这次规划修订中新增添的一条。虽然仅仅是四个字，我们却可以看出修编者对泰安这座城市与泰山之间形成交融于一格局的把握。十分值得我们每一个关心泰山与泰城发展的人细细地品味与思考。

　　泰山与泰城之间的关系绝不是简单的地理依附，而是两者之间与生俱来的相辅相成、互为补充。是不可分割的一个整体的两个部分。

　　泰安一名何来？古语云：泰山安，则四海皆安，遂有泰安。也就有了成语：国泰民安。城不仅因山而建，其名也是因山而得。因此泰城建筑的出现自然是紧扣泰山对社会的影响而来。当帝王登泰山封禅告祭的路线由北（周成王、秦始皇）而东（汉武帝），至隋（文帝）、唐（玄宗）以降而固定于泰山南麓。于是，泰安这座城市则由最初的坛墠之址，随后为岱岳镇，而渐渐成为一座县州府所在的城市。经过千余年的营造，泰山与泰城之间形成了一条融进中国传统文化观念的轴线。是中国古人文化理念中的三重空间在泰山与泰城之间形成立体的再现：从城西南"阴曹地府"的蒿里山，过奈河而至"人间闹市"的泰城，出泰城过岱宗坊，沿"天阶"就

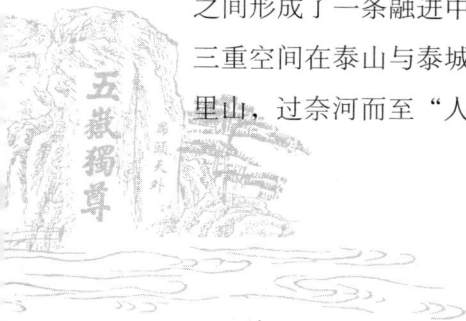

164

可到达"天上仙境"的天街、玉皇顶。中国古人的文化理念使当时的建设者独具匠心,立体化造就了泰安独特的建筑神韵。规划中把这一条轴线称之为历史文化轴线,真是再恰当不过了。规划中也提出了保护这条轴线的措施。可以说保护好这条历史文化轴线,也就保护了这座历史名城的建筑灵魂与文化。

社会在不断进步,城市建设也伴随着时代的前进而日益扩大和变化,泰城也不例外。昔日万余人的小城,今天已经成为一座拥有四十万人口的中型城市。从 20 世纪 80 年代开始,泰城出现了六层乃至十几层、二十几层的高楼大厦,这是社会发展的必然。但如何使这座城市继续体现山城一体的关系呢?给今天的城市建设者以新的课题,除了限制老城区新建楼房的高度,制定严格的山城界线以及整座城市建筑南高北低的布局之外,更需要深入科学地规划意境,以保证这座城市与泰山之间密不可分的内在联系。"城中见山"的规划原则正是在这种形势下产生的。这一原则的科学实施将会在现代化城市建设中充分体现泰安城市的性质与特点。如何实施这一规划原则呢?怎样才能真正做到城中见山呢?这就需要我们借助中国古代园林造园艺术中借景与小中见大的透视法来实现,诸如颐和园巧借西山塔影,苏州园林以窗口通透连景等等。

90 年代初,泰城开辟了岱庙南门外的绿地广场后,人们就可以在城市中心欣赏到古老的城墙后面那巍峨的泰山雄姿。

泰安火车站广场扩大之后,使南来北往的中外游客一下火车就感受到泰山那雄浑博大胸怀的召唤。

天外村广场拆除了众多建筑物,并将旅游车辆隐藏在圆形下沉式广场之中,使尚在城市中的人们仿佛已经置身于绿水青山的环境之中,感受到了泰山的亲切与热情。

但城市中不可能出现众多的广场,要体现这种"城中见山"的建筑意境则更多的是通过城市南北通道的拓宽和延长,使在一座座高楼中穿梭往来的人们,可以不时地在街道南北通畅处看到泰山的一角,感受到泰山与这座城市的交融。

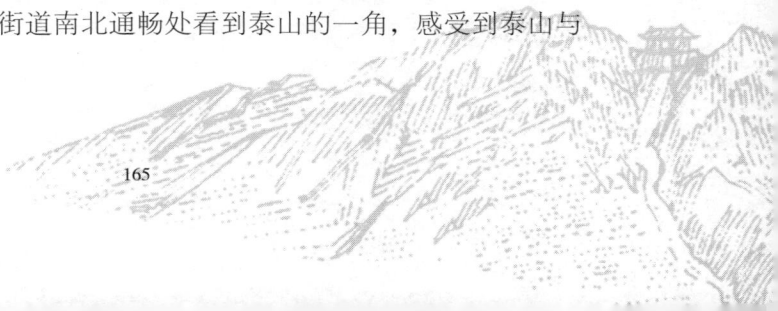

泰城依山而建，特别是新市区向西扩展之后更是呈包抄泰山南麓的东西向狭长地带，这就更需要新市区多建南北向的宽阔道路（这也是东西狭长形城市交通的必要），将城市建筑纵向切成块状，让泰山的雄姿秀影不时在城市的建筑间隙中出现，让大山融进这座山城之中。如能在城市与山麓接壤的地段，有意识地多留一些绿地让山麓伸进城市之中，如泰山广场西侧的御碑园，就更显得泰山与泰城之间交融于一了。

"城中见山"规划原则已经确定，并在新的建设中已见效果，当我们在新的规划实施中继续科学地把握，泰城无论是在旧城文化区，还是在新区发展中都将以其独特的建筑布局体现泰安"山城一体，城中见山"的城市风格，进一步展现泰城的历史文化特色，给每年数以百万计的中外游人留下深刻的印象。

（文章发表于 2001 年 11 月 11 日《泰安日报》）

泰山与世界文化遗产的标准

　　笔者因工作关系，1998年9月1日至4日，陪同联合国教科文组织世界遗产中心计划专家景峰先生和国际自然保护联盟专家莱斯·莫洛伊（新西兰人）先生对泰山的遗产保护工作进行了实地性周期监测。世界遗产中心的专家从红门到岱顶，又从岱顶到后石坞，进行了认真的徒步考察。同时考察了岱庙、普照寺。他们对泰山的遗产保护工作表示满意。景峰先生十分高兴地说，世界文化遗产有六项标准，自然遗产有四项标准。符合其中一条就可以列入世界遗产名录。泰山是以符合文化遗产的六条标准和自然遗产的第三条标准（自然景观）被列为世界文化与自然遗产的。目前，列入世界文化遗产的418处中只有三处全部符合世界文化遗产的六项标准，这就是中国的泰山、敦煌和意大利的威尼斯水城。

　　喜闻此事，令我们异常兴奋。过去我们知道泰山是以自然遗产项目申报世界遗产的，但在遗产中心大会上两个遗产委员会争相要求将泰山列入。最终泰山被列为自然与文化双重遗产。也是从泰山开始，世界遗产名录中才有了双重遗产的项目。今天我们得知成为世界双重遗产的泰山，当时又是以全部符合文化遗产六项标准而跻身于世界文化与自然双遗产之列，怎么不令人为之振奋！

　　泰山是中国的一座历史名山，她以其独特的地理位置，雄伟的自然山体和极其丰富的人文内涵成为中国无数名山大川中无以替代的民族文化象征。泰山曾经养育了一支中华民族的先民，分别发现于泰山南北的大汶口文化遗址和龙山文化遗址都是中华民族早期文明的重要组成部分。从远古

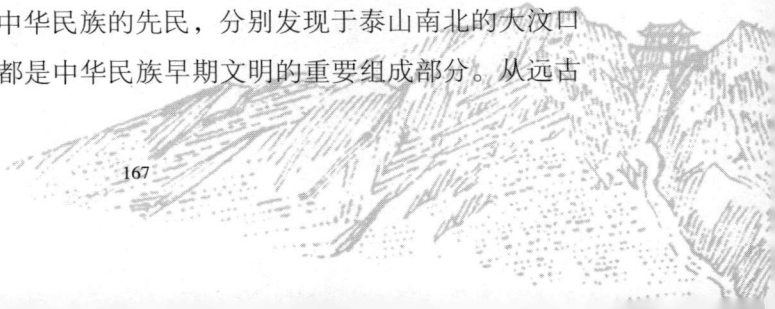

到今天，远古时期，封建社会的每个朝代都在泰山上下留下了它们的遗迹、遗物。全面了解一下泰山的文化古迹就可粗略地知道中华民族历史发展的轨迹。从远古的七十二君封泰山，到有信史可证的十二位封建帝王亲临封禅告祭，几千年来，泰山一直演绎着"君封神授"的旷代大典，泰山成为国家社稷寄重之地。"泰山安，则四海皆安"，泰山成为国泰民安、天下太平的象征。

封建君王的神道设教，文人墨客的登临咏志，僧侣道徒的建观立庙，黎民百姓的顶礼膜拜，致使泰山上下留下了 20 余座古建筑，1800 余处摩崖石刻，形成了 6000 余级的登天盘道，使中国传统的文化意识在泰山上下构成了一种形象具体的再现。只要你仔细地去读，认真地去体验，中国传统的政治、文化、道德、意识，都会在登临泰山之中感受到，并可从中获得启迪、受到鼓舞。泰山被融入了中国的政治之中，融入了民族文化的意识中。"国泰民安""稳如泰山""重如泰山""有眼不识泰山"的民族文化意识早已深入到亿万中华民族的心中。泰山以其"海天之怀，华夏之魂"的精神成为中华民族的象征。

泰山所具有的历史文化价值是极其丰富的，也是难以用语言充分表述的。世界遗产中心的专家们根据世界各国的文化遗产的价值集思广益，形成了吸纳世界文化遗产名录的六项标准，而中国泰山却能以其特殊的历史文化现象条条符合，可见泰山文化价值的深远博大。泰山的历史文化价值不仅是中国独有，而且是世界少有。欣喜之余，我们应该更加严格地保护泰山，保护好泰山的人文景观。

今天，我们已经认识到了这一点，并开始加强了这方面的工作。从登天景区保护建设工程，到古建防火设施的配套；从古建全面维修到以岱庙为重点的古建复建工程的组织实施；从文物基础资料到科学的保护方案；泰山上下的文化保护工作已经步入了一个良性循环的阶段。但任重道远，需要我们做的工作还有千千万万。

依照遗产公约的要求，按照国家文物保护法和泰山的总体规划，泰山的管理者将以充分展示泰山文物古迹的历史风貌，全面显示泰山文化的丰

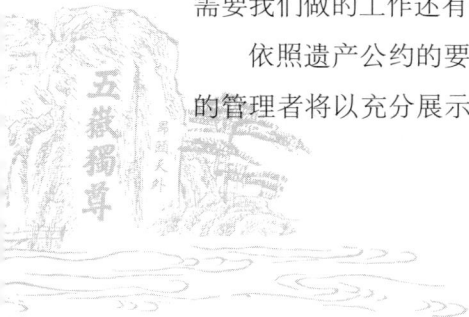

富内涵而辛勤工作。努力以科学的手段，严格的措施保护管理好泰山这个"大文物"，让中国人民引以为豪，让世界人民共享遗产。

附：

列入《世界遗产名录》文化遗产的标准

（1）代表一种独特的艺术成就，一种创造性的天才杰作；

（2）或在一定时期内或世界某一文化区域内，对建筑、纪念物艺术、城镇规划或景观设计方面的发展产生过重大影响；

（3）为一种已消逝的文明文化传统提供一种独特的或至少是特殊的见证；

（4）或作为一种建筑或建筑群或景观的杰出范例，展示出人类历史上一个（或几个）重要阶段；

（5）或作为传统的人类居住地或使用地的杰出范例，代表一种（或几种）文化，尤其在不可逆转之变化的影响下变得易于损坏；

（6）或与具特殊普遍意义的事件或现行传统或思想或信仰或文学艺术作品有着直接和实质的联系。

（发表于 1998 年 10 月 11 日《泰安日报》）

天贶殿壁画欣赏

岱庙天贶殿内的壁画《东岳大帝启跸回銮图》，绘制在大殿北、东、西三面墙壁上，高 3.30 米，全长 62 米。除山水殿阁外，共绘有人物 691 个。形象地描绘了东岳大帝出巡和回归的巨大场面。整个画面由大殿正间神龛后的北面墙壁分成为两部分：东向为启跸图，西向为回銮图。我们按照壁画的顺序逐一欣赏，可以更仔细地了解壁画的内容。

一、东岳大帝启跸图

画面内容可划分为三部分：

1. 宫廷学士及内官嫔娥恭送东岳大帝出行：由北壁中间的门，向东至 4.40 米处。内绘宫殿耸立，曲栏环绕，盘龙绕柱，陛阶宽阔。一座三拱单勾栏御桥，上侧高山悬崖有古柏梅竹。殿门口五侍从挑灯举扇引三嫔妃并行；阶两侧各八名武士列队；殿外官女倚栏观看；二随从持长柄如意香炉随十八名文官于御桥。

2. 东岳大帝乘舆巡行：由 4.40 米处向东转大殿东墙至壁画 26.30 米处，画面长 21.60 米。画面以东岳大帝为中心，疏密相间地画出了洋洋大观的前导后随的出巡队伍。东岳大帝玉辂后有随员 118 人。其中四人执扇、十人执旗、文官 20 人，其余为持戟、槊等随骑武士。东岳大帝坐于四轮六马的玉辂之中，头戴冕旒，身着青边黄袍、青色披肩，手持玉圭，端庄威严。玉略双辕，前有踏蹬，中立黄屋。屋前二柱，刻镂盘龙，屋顶四角有龙头衔红色络饰，顶上有圆环三层。二御手在辕马两侧，一御手引五匹骖马，六马均为青色。御马两侧各有五名持旗武士，前有二骑士持旗奔驰。两乘

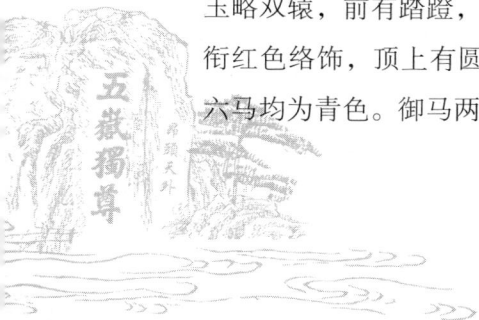

八人肩舆并行，舆中分别乘坐炳灵王和延禧真人。炳灵王着叶纹红袍，延禧真人披蓝色道袍。舆旁各有一持伞者；前有两人各牵一狮，狮驮开片瓷瓶。路边巨石悬崖，崖上有梅花、兰草及倒垂苍松。一人牵大象前行，象上坐一人（似异族）捧长颈师范片瓷瓶，瓶子中有七色光束散出。四持刀武士挟象而行；象前有四人，其中牵骆驼二人，骑麒麟二人。此处路边有一株古柏参天，树旁山石壁立。二带箭骑士持鸾凤导旗，四骑士持戟紧随一皂旗后，旗红旄盖，白质皂游长条形，一骑士持之、三骑士于其侧拉之、一骑士引旗。又一高坡上六持剑带箭骑士聚于一处，路旁有山石、古树。再前是左右分列的仪仗队，各十六人；前二人扛圈前交椅，二十八人持矛、槊、戟、斧、伞、盖、金瓜、镫仗等，后四人肩剑。仪仗之前，有九个骑士绕过一株参天古树，紧随一大龙旗后。一骑士持大龙旗居中，旗白质青火焰脚，绘升龙，上端红旄盖，饰双龙；后一力士拉之，四骑士夹护。前有八骑士组成的乐队，分成两列。乐队前两骑持龙凤民间旗，其中二龙旗居后，黄质青火焰脚，上绘升龙；三凤旗在前，黄质青火焰脚，上绘金凤。二骑麒麟武士在前引导，二夜叉徒步持旗在前鸣锣开道，其中一旗黄质青

启跸回銮图壁画（局部）　曲业芝摄

171

火焰脚，绘狮；一旗白质青火焰脚，绘鸾。乐队和龙凤导旗之间，绘山崖及楼阁建筑。楼阁下层有三柱支撑，上层围以栏杆，中绘阁楼和八翼角飞起的八柱亭。

3. 地方神灵恭迎东岳大帝：启跸图最末的 4.70 米。在鸣锣开道夜叉前面，有二人抬供桌，桌上摆供器。往后依次有二侍从持长杆圆筒吊灯、二人传递供品，二夜叉举旗，十九名文官捧笏恭候。南端上方绘五人，其中武士、持旗、老者、青年各一人，另一人为伏虎力士。下方绘二人，一老者拄龙头拐杖，一武士随后。

二、东岳大帝回銮图

画面内容亦可划分为三部分：

1. 地方神灵官员恭送东岳大帝：由殿内西壁南首开始，向北至 4 米处。南端有五随从，其一持旗幡；中间十九文官捧笏恭立，一武官相伴；文官一侧有一神灵恭送，身旁一夜叉，其中一夜叉捧灵芝仙草。人群下一人伏卧，瘦小丑陋，双目惊呆。人物之旁绘山岩石松老柏，侧旁绘一组建筑。建筑中间为六桩亭式门楼，门楼上层建殿阁三间；右侧连双层殿阁，下层为四柱宽

启跸回銮图壁画（局部）　曲业芝摄

廊；左侧连三栋建筑，亭前二古树上有鸟聚栖。廊下五人引颈远望。

2. 东岳大帝乘玉辂返驾：由西壁 4 米处后转北墙至壁画 26 米处，画面长约 22 米。画面左侧为地方随驾送行者十一人，其中八人骑马，一力士徒步，另二力士徒步抬一虎。右侧为护驾及随从 137 人。其中有四人执扇、一人持大旗、一人、五人持日月星辰方旗、十一名随驾文官，此外有 115 名护驾骑士，分别手持槊、戟、剑等，威武雄壮。东岳大帝持圭端坐，所乘四轮玉辂如出巡图，头戴冠冕，身着青边黄袍，外罩青色披肩。玉辂驾一辕五附马共六马，辕侧有二御手，驸马侧亦有二御手。辕、驸两侧各有三导驾骑士，其中四人持戟、槊，另二人持白质青火焰导旗。玉辂前一人徒步捧果盒，路旁绘山峦、柏柏。炳灵王与延禧真人，乘八人肩舆并行导驾，旁各有一侍从持伞。二人牵狮驮宝瓶前导，以狮前有一人怀抱广口宝瓶，坐于象背之上。瓶口有七色光围绕红色珊瑚状物。二士卒各牵驮画卷骆驼并行，随二骑麒麟武士。路侧多绘山峦、古树，山中可见亭阁、房屋。在一座三拱单勾栏石拱桥上，有仪仗三十六人，分持黄盖、剑、矛、戟、伞、斧、金瓜、镫仗等，其中还有二侍骑牵马，二着红袍者肩椅。前面十二骑

启跸回銮图壁画（局部）　刘水摄

士持剑，聚簇前行。一骑士持大旗一面，旗上绘金龙，一力士徒步在前拉。旗前后，二持刀骑士前引、二持剑骑士夹护、四持槊登骑士骑麒麟，二夜叉徒步持旗，鸣锣开道。路侧绘起伏山峦，山间有松柏古树、繁花古柳。树丛与山峦间绘有殿阁建筑一组及八角亭、六角亭等。

3. 宫廷官员妃嫔恭迎东岳大帝：回銮图最后5米。此段画面上部绘宫廷殿阁，宫垣绵延，近殿阁处有一掖门，墙外柏树一行，殿阁前有御阶。二侍者持长柄如意香炉引导，十九名文官捧笏恭候；十六人乐队分列御阶两侧，鼓吹奏乐；后面十六名卫士分别左右。宫中二嫔妃率侍从、持伞盖者、吹奏者等十二人出迎。

从画面看，这幅东岳大帝启跸回銮图正是封建帝王出巡的仪卫图。仪卫，指帝王行动的随员制度。《宋史·仪卫》指出"文谓之仪，武谓之卫"。泰山神动用天子仪卫，应当是北宋真宗大中祥符四年（1011）封泰山神为"天齐仁圣帝"之后。据金《宋史·仪卫》载帝王仪卫自"秦汉始有周庐、陛戟、卤簿、金根、大驾、法驾千乘万骑之盛"；宋徽宗时，"黄麾半仗，共二行二百六十五人"。壁画不可能绘制那么宏大的场面，只能采取以一代十的

写意画法来反映帝王出巡场面的威严。画面中两骑持旗夹道前引，驾前设立瓜、卧瓜、蹬仗、仪九、戟、斧、四方神图幢等，大象及其他祥瑞神兽导行，皂旗、大龙旗均一人持旗，四人监护，尤其是东岳大帝所乘玉辂，上有黄层，屋顶圆环三层，驾六青马等，都符合宋代天子出行的仪卫制度。

　　泰山神用天子仪卫，应当是宋真宗封东岳神灵为"天齐仁圣帝"之后，那么此画应为宋代崇饰岱庙大殿时所绘。但大殿自北宋修建之后，金、元、明、清屡圮屡建。据《大定重修东岳庙碑》记载：金大定十八年（1178）"岳庙灾，虽门墙俨若，而堂室荡然"。金大定十九年（1179）兴建至二十一年（1181）告成。金末，殿毁于寇，到元至元七年（1270）才得重修。明嘉靖二十六年（1547）"庙灾，仅存寝宫及炳灵、延禧二宫""越十五年后才兴建"（《重修东岳庙碑》）。这几次重修，实际上几乎是重建。金末由毁到重修长达 36 年之久，明代也达 15 年。即使只毁殿顶，经过如此长期的风吹雨淋日晒，壁画也不可能完整地保存下来。到了清康熙七年（1668）又行营造重建，此次重修比较彻底。从现存建筑的檐柱天侧角和升起，柱子用铁铸地裹连接段木而成，以及柱间施穿插枋及斗拱等，都是清初的建

启跸回銮图壁画（局部）　曲业芝摄

筑风格。从壁画中所绘宫殿建筑等，也能看出虽然保留了中国传统的建筑风格，其中大部分楼阁却都是西画在清初传入中国之后的画法，即采用西洋画的透视法。因此，可以断定现存壁画不可能是宋代壁画的原物，而应当是清初重绘之作。另外，在画面上还有许多与宋代形制不同的器物。如肩舆（也称亮轿）上面两竿所架的椅子与宋代的腰舆不同，而与元代的腰舆样式相似；壁画中竖吹的大小号，《宋史·仪卫》中不见记载，而清初才列入仪仗中；壁画中东岳大帝所持玉圭，与宋代"宋白玉圭圆无上杀"的形制不同，却与清代乾隆皇帝送给泰山神的温凉玉圭相同；壁画中有二御者肩负交椅，这在宋代帝王仪卫中未见列入，而与金代墓室壁画中的形制类同，等等。综上所述，岱庙壁画在多次重绘和补绘中不断掺进了重绘者所处朝代帝王仪卫中的器物。那么，为什么壁画在画法上又能够基本保留宋代始画的主题构图和帝王仪卫呢？这主要是因为自宋始封泰山神为帝之后，元、明、清诸代统治者虽然赐号不同，但礼秩规制始终与天子一样，而且天子仪卫多是代代因袭，只是稍有变化而已。既有宋代开始如帝王之仪的泰山神出巡仪卫图，以后几个朝代当然要承袭保存。因此，即便是重修大殿时不能保留原画，也会先临摹下来，待到殿堂墙垣修好，再重新绘制上去。泰山是历代统治者社稷寄重之地，历代封建帝王都借泰山神威以扬帝王之尊，保留源于较早时代的泰山神所利用的天子仪卫制度，更能震慑黎民百姓，借以达到稳定社会、维护统治的目的。

我国现存各类古代壁画不少，但属于道教内容的巨幅壁画为数不多。像岱庙壁画借颂扬泰山神灵，实写封建帝王巡行仪卫场面的巨幅作品更是少有。因此，岱庙壁画对于研究宋以来帝王仪卫舆服制度的沿革，有着重要的参考价值，在中国古代壁画史上理应占有一席之地。

（1990 年 11 月，由联合国教科文组织赞助支持的"中国泰山壁画保护研讨班"在泰安举办，作者参与组织教学。其间，作者做了题为《泰山·岱庙与宋天贶殿壁画》的主题发言。本文为第三部分"宋天贶殿壁画的内容和价值"。文字有删改）

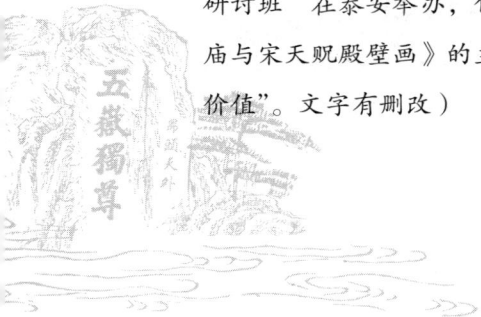

闲话泰山五岳独尊

听人家讲，泰山上下碑碣石刻有一千八百余处之多。

生活在泰城，经常爬爬泰山，逛逛岱庙。久而久之，我发现在这数以千计的碑碣石刻之中，除了秦王诏书的李斯小篆、书法珍品汉张迁碑、"大字鼻祖、榜书之宗"的经石峪刻经、唐明皇御书的《纪泰山铭》之外，给人们留下较深印象的便是"五岳独尊"之类的题刻。

岱庙里有两大丰碑，双挺于配天门两侧的方整平台之上，碑高八米开外，赑屃山尊、蔚为壮观。西为宋大中祥符六年（1013）所立《大宋东岳天齐仁圣帝碑》，东是宋宣和六年（1124）所立《宣和重修泰岳庙记》。但两通巨碑的碑文常不为游人细览。而碑阴所书"五岳独宗""历代瞻仰"八个大字却时常有人驻足欣赏，不时有人拍照。

南天门之上的天街中段，北依凤凰山的山峰。山峰南面距天街路面高约十米处有一"五岳之尊"的大字刻石。游人至此，争相攀扶其上，偕题刻拍照。

矗立在群峰之巅的玉皇顶近处，盘道东侧有一独立的山崖峰石。峭立的石壁上刻有清皇族宗室、泰安知府爱新觉罗·玉构所题四个端庄的楷书大字：五岳独尊。许多初登泰山极顶的人大都在此留影。常常出现人群簇拥，排队等候的场面。

古语云：宗者，始也；尊者，长也。无论是"五岳独宗"，还是"五岳独尊"，或者是"五岳之尊"，讲的都是一个意思：泰山为中华群山万岳之长，是中国历史第一名山。登泰山者，多慕泰山历史文化之名，在五岳

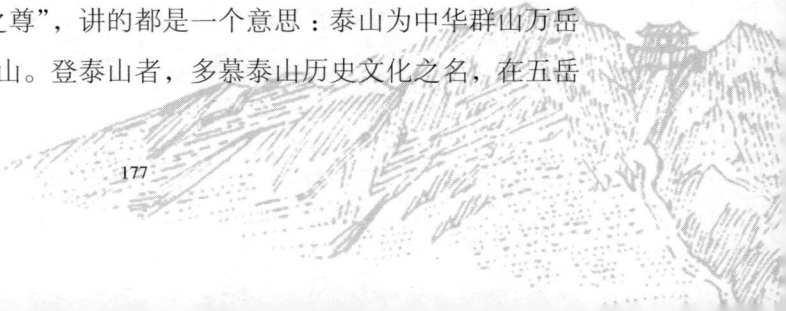

独尊之类的题刻前留影，自然最值得纪念。

这其中，玉皇顶近处的"五岳独尊"刻石最具形象。立石四壁峭直，状如突兀石柱。此石刻此语，很有意境。能以小喻大，容易让人们联想到泰山东天一柱，拔地通天的气势。于是，这块"五岳独尊"刻石成为泰山顶上一处景观。人们每每至此陪同者愿讲，游览者愿听。

1995年，中国历史博物馆举办全国风景区会展。泰山风景区在其不大的展区中刻意复制了这块"五岳独尊"石，惟妙惟肖，几乎可以乱真，产生了轰动效应。引起了中央首长的关注，引来了数以万计的参观者。

在今年即将开幕的昆明世界花卉博览会上，山东厅的造型主题是一山一水一圣人。在精心砌成的山体上，如何标明是泰山？同样是用"五岳独尊"刻石点题。泰山何以被称为五岳独尊呢？

许多人常常地问，许多人不断地答，但能说明白的不多。

只要有人登泰山，这个话题就常有。

新建成的泰山咨询中心展厅之中，设计者们想到了这一点。他们又一次将"五岳独尊"刻石搬进了展厅。让讲解员言简意赅地阐述这个问题：

"就海拔而言，泰山在五岳之中并不最高，仅排第三位。但泰山却被世人奉为五岳独尊、五岳之长。

按照古人的哲学思想，泰山在五行之中属木，五常之中为仁，四时之中为春，在《周易》八卦之中为震，在二十八星宿之中属苍龙。木主生，仁为天地大德；春时万物更生；震和苍龙是帝王出生的腾飞之地。所以泰山成为吉祥之山，神灵之宅，紫气之源，万物更生之所在。

因此，泰山的五岳独尊地位是中国历史上形成的一种特殊的文化现象。"

正是泰山以其雄伟的山体，优越的地理位置，以及生活在这块土地上的一支先民在中华民族的形成融合之中曾起到的重要影响作用，泰山被揉进了中国社会意识的演进之中，成为国家社稷稳定的象征："泰山安，则四海皆安。"于是有了封建社会"唯泰山为天子亲至"的封禅祭祀活动。这种始自远古的祭祀活动成为一种以皇帝为中心的祭天地神灵的旷代大

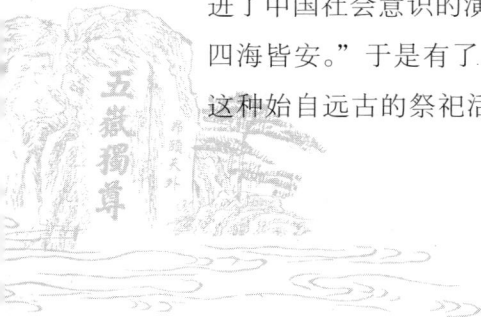

典。礼遇最高，不可逾越。

春秋时期，鲁国季孙氏"旅（祭）于泰山"，为孔子所讥笑，指责季孙氏以诸侯臣而祭泰山是一种"僭越"、无礼的行为。

太史公司马迁的父亲司马谈因不能随汉武帝封禅泰山而抱憾终生，于是有了一段在文人学士中传颂的历史典故，称为"茂陵之叹"。

终于，中国人世世代代祈求国家社稷稳如泰山，黎民百姓安居乐业。国泰民安成了家喻户晓的一句成语。风调雨顺，国泰民安成了中华民族千百年来祈求、颂扬太平盛世的标准。

泰山以其雄伟的山体、傲霜的古松、浑重的山石表现了中国人的阳刚之气，并以其所蕴含的民族文化精神永存于中国社会的不断演化之中，给人以启迪，鼓舞人奋发。泰山在中国人心目中的位置是任何名山大川都不能替代的。泰山早已不是一种自然山岳形体的代号，而是中华民族自强不息的精神象征。

泰山称为五岳独尊，恰是中华民族屹立于世界民族之林的标志，更是中华民族不断进步的见证。

五岳独尊，不是泰山的自大，而是中华民族的伟大。

（发表于 1999 年 3 月 28 日《泰安日报》）

走进桃花源深处

　　自从泰山打开西大门之后，由 104 国道驱车可以直到桃花源尽头的三岭岔口。每每沿着一路溪水，满目绿树青山，峰回路转处，四周的峦峰峻岭就交换着身影。溪床中不时出现黑白相间花纹的大片石坪，石纹在清清流淌的溪水中似乎也在飘动。游人在溪边戏水赏石，一派回归大自然的桃源景象。

　　一连去了八年，每回走的都是这条道。逗留之间，总为这里的山绿水清、空气新鲜而赞叹不已。金秋十月，我又来到桃花源。在与景区的同志聊天中又说起了这里的山、水、空气。景区的一位同志讲，如果你若走进桃花源深处，那里会更迷人。不知是他的话诱人，还是真的想去看看桃花源大山深处的景色，二话没说，我就请他带路走向桃花源山林深处。

　　我们跨过公路旁的溪谷，经过景区办公室相对的五峰叠翠中的一线天，沿着一条绕在半山腰的山道，听任那位同志引领我们走向那大山深处的山峪。山道因为人迹罕至，早已被茅草遮掩。一边是高高的山体，一边是陡峭的石崖，步履之下，处处都须小心。两眼盯住脚前，不觉有些紧张。绕了两个弯后，我们便跨越溪水已成潜流的巨石垒叠的溪床，转到了溪谷的另一边。心定下来，再回头望去，桃花源公路已经不知躲在了那条山脊的背后，前行不远，溪谷转为南向，突见一片凹形山崖挡在前面，我们竟在溪底之中。山崖高处有细流滚落，四周湿润的草木散发着一阵阵清香。景区的同志告诉我们，这里叫黄果树瀑布。我问为何叫这个名字？他讲夏季水大时其状如贵州黄果树瀑布。我与同行者开玩笑：泰山景区怎好用人家

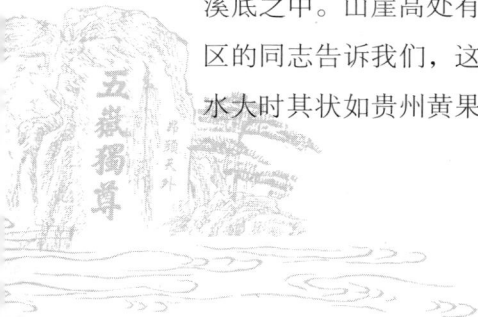

的名字？此水南来，可称南天来水，或者叫南天瀑布更壮观一些。大家都说：好，今后就叫南天瀑！气喘吁吁攀上崖顶，高台平缓处有一座白色两柱双亭，好似两把硕大的伞，在这青山绿水中显得十分突出。带路的同志称为连心亭，是这座山峪中唯一的建筑。他说这里开放后，会是青年人谈情说爱的好去处。沿着溪水继续逆行，溪床中茅草满地，不时有巨石突立。再往前走，溪床渐渐变宽，只见一片刺槐、平柳等高大的乔木林，远远望去不见尽头。景区的同志告诉我，沿溪谷一直走进去，就能到猴愁峪，里边崎岖陡险。

因出发时间较晚，我们转而向溪岩左侧的山头攀去。只要越过几个山头就能到达东边的雁群沟，从那里便可返回景区驻地。

到处杂草灌木丛生，上山没路。景区的同志找到一条山水冲出的浅沟，我们抓着两旁的树枝，几次喘吁停留之后，终于在接近山头的地方找到了一条小路，带路的人称之为牛道。他说这是附近农民放养的牛走出的路。我问何以见之？他说这里有牛粪。不信，前面一定会有牛。大家便循着牛道向着东边的山头绕去。时而钻行于荆棘之中，时而要迈过路上一堆堆牛粪，不一会就见两条黄牛迎面而来。好像山道真是牛踩出来的。牛见到我们不害怕，也不躲闪。于是双方僵持下来。吆喝半天，牛也不让路。君子不与牛置气，我们只好躲让到树后。让牛先走，两头牛悠闲自得地走了过去。沿着牛道，我们找到了山脊处的森林防火隔离带。来到峰头最高处，才知这里是五峰叠翠群峰东侧的山头。远远望去，山峦起伏、沟壑纵横、遥遥无际，一派郁郁葱葱的山林景象。俯瞰三叉交会处的景区办公楼和桃花源索道站，历历在目。停车场上整齐停放的车辆，如同玩具一般大小。大家放声下去，只见停车场的人向南张望，似乎看到了峰头高处的我们，我们却听不到他们的应答声。同行的人来了兴致，纷纷当起了设计师。有的说在这山头上建个亭子，也有的说在这里围一石栏。只要有了点景的亭台，就会引得人们纷纷登山。他们也会走进桃花源的大山深处，感受城里没有的森林浴，享受一下这里的超级氧吧。

从峰头下山，我们沿着护林山路，几经盘桓，经过遍地是橡子的胡树

林、挺立高大的华山松林，走进了雁群沟。这条沟比我们刚刚走过的溪谷宽敞多了。沟旁有一条自然石块铺成的路，沟中水流不大，不时有三五棵高大的平柳树，遮起一片绿荫；时而有巨石突现沟中，呈现出形状各异的山石景观。走在平坦的石板路子，顿生惬意之感。心想这里要有一处山林茅舍多好，我们可以坐下，欣赏着山林、石路、流水，品一口泉水沏出的清茶，那是何等的享受！畅想之中，不觉走出了雁群沟，回到了车来人往的游览公路。

回想桃花源大山深处，那流水潺潺，细流滚落的立崖；长满茅草，散布着巨石的溪谷；挺拔直立，望不见尽头的山林；循着山道，不知走了多少来回却悠然自得的黄牛，一派幽谷旷野、宁静平和的自然景象，真的令人陶醉。

不时回味起那高山丛林中草木散着清香的新鲜空气，真的还想再走一回。

（发表于 2001 年 12 月 9 日《泰安日报》）

探源求真

何处方为十八盘

十八盘是泰山的著名景观，登过泰山的人几乎都知道。从泰山中路沿盘道登泰山必经十八盘。

问起十八盘，泰安人会告诉你：紧十八，慢十八，不紧不慢还十八。这是说泰山十八盘道路陡峭，行走艰难。

1981年，胡耀邦同志沿盘道经过十八盘登上南天门，印象深刻。他把泰山十八盘写进了《在庆祝中国共产党成立六十周年大会上的讲话》中："毫无疑问，在伟大征途上，我们一定能够征服'十八盘'，登上'南天门'，到达'玉皇顶'，然后再向新的高峰前进。"以泰山景观作比喻，号召全党、全军、全国人民努力奋斗，去争取社会主义革命和建设的更大胜利。

随后发行的《讲话》单行本中，还附有泰山管理局提供的泰山三个十八盘的示意图。于是，泰山十八盘以对松亭北侧的开山为界分成三个：开山至龙门坊为慢十八盘；龙门坊至升仙坊为不紧不慢十八盘；升仙坊至南天门为紧十八盘。近几年出版的有关泰山的书和文章中多采此说。有的甚至精确到每个十八盘有多少米、多少盘、多少个台阶等等。

其实，历史上的泰山十八盘应是指泰山中路登山盘道上的一段路，并非三个。浏览一下元、明、清时期的泰山文献资料就清楚了。

刻于元中统五年（1264）的天门铭摩崖中写道："谁为凿，起天意；匪斤斧，乃祝诅；一窍开，达底处；十八盘，盘千步。"这应是我们目前看到的有关泰山十八盘最早的文字。其后，明代查志隆编写的《岱史·登览志》中，也多处提到十八盘。如："更上为小龙峪、大龙峪，以至十八

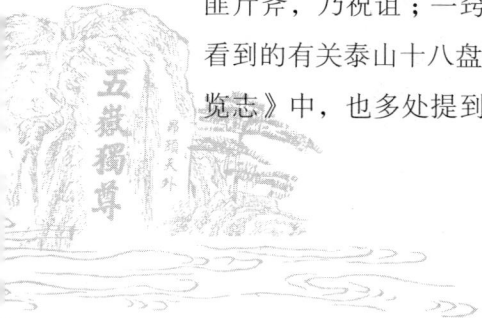

盘，磴齿齿倚空，绝峡夹之"（王衡《重九后二日登泰山记》）；"度石壁峪为十八盘，应劭所谓：'两从者扶掖，前人相牵。后人见前人履底，前人见后人顶，如画重累者'"（王世贞《游泰山记》）；"又经石壁峪，至十八盘。两峰对插，峭峭如壁"（李裕《登泰山记》）；清代聂剑光在《泰山道里记》中讲得更明确："北为西壁峪（即石壁峪），两山竦削壁立。东曰飞龙岩，西曰翔凤岭，中为十八盘，有升仙坊""攀跻直上，天门忽辟，其相距一里余""十八盘尽处为南天门"。

从上述文字中可以看出元、明、清时的泰山十八盘在龙门坊以北。具体讲应从盘道出现分叉处开始。《泰山道里记》载："（龙门坊）北曰鸡冠峰，片石悬立于上，翔凤岭南岩也。转东为新盘口。有渡天桥、明万历间参政吕坤建。今登岱者，上从东而下从西，无相践踩。"文中的新盘口也即泰山管委 1996 年重新修复的大龙峪通往碧霞祠西神门前的盘路岔口。文中讲岔道口北侧的鸡冠峰为"翔凤岭南岩也"。从这个岔口以北至南天门的盘道应是元、明、清时所说的泰山十八盘。这段盘道经多次维修、重修，至今仍有台阶九百余级。符合《天门铭》中"一窍开，达底处；十八盘，盘千步"的说法。文中的"底处"系指飞龙岩、翔凤岭南侧底处。另外：《泰山道里记》中提到："中为十八盘、有升仙坊。"是说十八盘上有升仙坊，而不是指十八盘从升仙坊开始。因此，历史上的泰山十八盘比今天我们所说的"紧十八盘"更长一些。

现在流传的泰山三个十八盘的说法，笔者没有见过清之前的文字出处。分析起来，应为后来人把关于十八盘的民谣附会到开山至南天门的盘道上，划段形成的。此说不妥有二：

其一，三个十八盘的划分没有按民谣的内容顺序排列。民谣为紧十八、慢十八、不紧不慢还十八；而三个十八盘是慢十八、不紧不慢十八、紧十八。事实上，民谣中的三个十八只是极言十八盘的艰险难攀，而非实指三个十八盘。

其二，元代《天门铭》中就有了"十八盘"的说法，但过了近五百年后，至清代乾隆年间，"近改新盘于桥（指通往梦仙龛的圣水桥）西高阜之上，

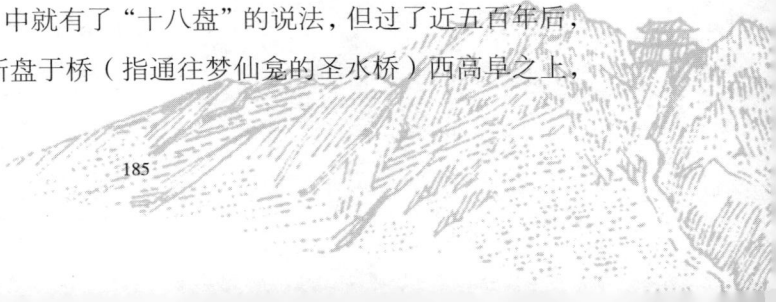

或谓'云门'"（《泰山道里记》），才有了云门，即现在对松山以北的开山这个地方。十八盘不会从五百年后才出现的盘道新点上划分。因此，三个十八盘的说法是近现代人从民谣中附会而来，流传虽广，却不是历史文献中所说的泰山盘道景观——十八盘。

元明清时期，把南天门前最后一段陡峭几近直立的盘路称之为十八盘，是具体盘道与人文景观相结合的产物。从一天门开始的登山盘道，就被称为天阶，泰山通过天阶把人引向天上仙界，这是一种封建传统文化对景观的渗透。南天门之前的最后一段陡峭盘道是对攀登者意志和精神的考验，让人深深体会到"磨胸掩石扪天之难"！坚持到底，登上十八盘，始觉天门大开，胸襟为之一振，令人陶醉。

登上南天门后的喜悦之感，让人感到攀登十八盘的艰苦是值得的。对十八盘留下深刻印象，对这段经历也十分怀念。达到了造景者以险制奇的效果。

而附会民谣，将中天门至南天门之间几乎一半的盘道都划入泰山十八盘，其中包括大部分平缓和且不十分陡险的盘道。三个十八盘让人感到盘道漫长拖拉，少意境、缺变化，令泰山盘道景观变得平庸无奇。笔者认为后来出现的三个十八盘的说法，远不如最初只有一个十八盘的提法更具景观效果。

我们应当大力宣传泰山南天门前的那个十八盘！

（发表于 2002 年 8 月 18 日《泰安日报》）

岱庙"秦既作畤""汉亦起宫"质疑

岱庙，亦称泰庙，位于今泰安市城区的东北部，是泰山上下今存最大的古建筑群，它与北京故宫、曲阜孔庙并称为我国古代三大宫殿式建筑。1972 年公布为山东省文物重点保护单位。新中国成立以来，许多珍贵文物保存陈列在岱庙中。这里是人们鉴赏中国古代文化艺术的重要场所之一。近几年来，随着我国旅游事业的迅速发展和泰山的对外开放，出版了许多介绍泰山历史和名胜古迹的书刊文章，但值得注意的是在岱庙的导游说明中，以及部分有关泰山的书刊文章中都把"秦既作畤""汉亦起宫"引作岱庙创建历史久远的根据。把岱庙最初建立的时代上溯到秦汉。我认为，这是值得商榷的。

"秦既作畤""汉亦起宫"两句，出自北宋杨亿撰写的《大宋天贶殿碑铭》，其中有："（宋真宗）讨论前载，追求遗范。辉景下烛，秦既作畤。珍瑞云获，汉亦起宫。其后，因轨迹而增崇，建名称而不朽者，非可以悉数也。""乃诏鲁郡，申饬攸司，爰就灵区，茂建清宇。""法《大状》而取象，曾不日以克成。"此碑现在仍立在岱庙院内，明清两代所著的有关泰山的书籍中也收有此碑文。

"畤"，系古时祭天地五帝的固定场所，早在春秋之初，秦国就有了祭天地五帝的"畤"了。但那时秦国所作之畤，均在当时秦国所统治的雍（今黄河上游陕甘一带）。当然不会是岱庙创建的开始。只有秦统一中国后，秦始皇和秦二世胡亥才先后到过泰山。秦始皇"即帝位三年（前 219），东巡郡县，祠驺峄山，颂秦功业。于是征从齐、鲁之儒生博士七十人，至乎

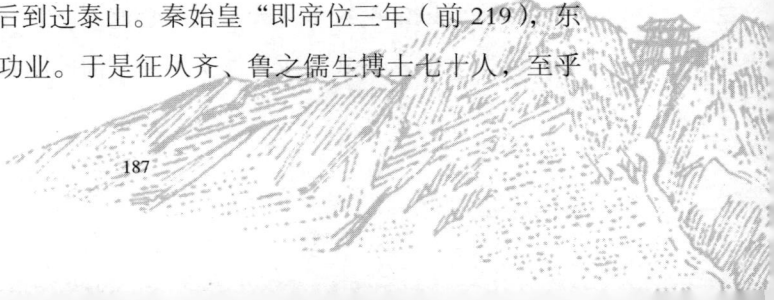

泰山下。诸儒生或议曰：'古者封禅为蒲车，恶伤山之土石草木；扫地而祭，席用菹秸，言其易遵也。'始皇闻此议各乖异，难施用，由此绌儒生。而遂除车道，上自泰山阳至巅，立石颂秦始皇帝德，名其得封也。从阴道下，禅于梁父。其礼颇采太祝之祀雍上帝所用，而封藏皆秘之，世不得而记也"（《史记·封禅书》）。显然，秦始皇登泰山之巅立石纪功，从阴道下而禅于梁父，虽礼"采太祝之祀雍上帝所用"，但未在山巅作畤，更何况泰山脚下呢！同样"二世元年（前209），东巡碣石并海南，历泰山，至会稽，皆礼祠之，而刻勒始皇所立石旁，以章始皇之功德"（《史记·封禅书》）。胡亥仅循秦始皇旧迹，也没有在泰山作畤之为。当然，也会有人注意到《史记·封禅书》中秦始皇登封泰山刻石纪功后一段记载："遂东游海上，行礼祠名山大川及八神，求仙人羡门之属。""八神：一曰天主，祠天齐。天齐渊水，居临淄西郊难山者；二曰地主，祠泰山梁父，盖天好阴，祠之必于高山之下，小山之上，命曰'畤'；地贵阳，祭之必于泽中园丘云。"这里，"二曰地主，祠泰山梁父"如果也算"秦既作畤"的话，虽比雍上之畤近，但梁父山距泰山尚有几十里之遥。显然，当时的梁父山祭祀天地的处所也不能算作岱庙创建的开始。那么，如何理解杨亿撰写的碑文中的"秦既作畤"呢？其实，这里只是说在秦时（乃至先秦）已经有了祭天地五帝的固定处所，而不是确指泰山下已有秦所作"畤"，更不是说畤就是秦时的岱庙。

"汉亦起宫"同样也非岱庙的前身。汉代皇帝来泰山封禅，并修建祭祀宫所，始自汉武帝刘彻。《史记·封禅书》中说得明白：《周官》曰：冬日至，祀天于南郊，迎长日之至；夏日至，祭地祇。皆用乐舞，而神乃可得而礼也。天子祭名山大川，五岳视三公，四渎视诸侯。诸侯祭其疆内名山大川……天子曰明堂、辟雍，诸侯曰泮宫。"初，天子（汉武帝）封泰山，泰山东北趾古时有名堂处，处险不敞。上欲治名堂奉高旁，未晓其制度。济南人公王带上黄帝时明堂图……于是，上令奉高作明堂汶上，如带图。及五年修封，则祠太一、五帝于明堂上坐，令高皇帝祠坐对之。祠后土于下房，以二十太牢。天子从昆仑道入，始拜明堂如郊礼。"无疑，"汉亦起宫"当始于汉武帝所修汶上明堂。而此明堂，直至东汉，历代皇帝仍

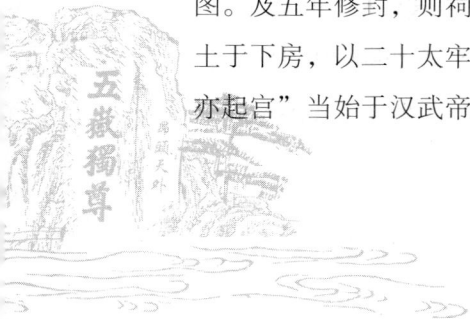

"修奉常祀"：章帝刘炟（76—88）元和而二二年二月，"宗祀五帝于孝武所作汶上明堂，光武帝（刘秀）配，如洛阳明堂"；安帝刘祜（107—125）延光二年东巡"至泰山，柴祭及祠汶上明堂，如元和年故事"；而"顺帝（刘保126—144）即位，修奉常祀"无改（《后汉书·祭祀中》）。汉代泰山修建祭祀宫所，除汶上明堂外未见其他记载。可以说，汉武帝所建汶上明堂宫，是两汉皇帝到泰山祭祀天地五帝的唯一宫所。因此，"汉亦起宫"当指汉武帝所建汶上明堂而言。现在泰安城东七、八里处，汉奉高故县地望之西北，世传汉明堂泉沟溪之东侧，临水有一高大基址，尚有许多汉代陶片可寻，此即汉明堂宫的遗址。显然，"汉亦起宫"也不是岱庙创建的前身。那么，我们又如何理解杨亿碑文中的"汉亦起宫"呢？实际上，杨亿是说宋真宗由秦的作畤而联想到汉代在泰山附近也曾兴建了祭祀太一、后土及五帝的明堂宫，而不是指岱庙在汉时已经修建了宫室殿宇。

以上仅是从秦畤、汉明堂宫的地理位置来说明秦畤汉宫与岱庙不是前后承袭关系，前者不是后者创建时代的称谓。现在，我们再把秦所作之畤、汉所建明堂宫与修建岱庙的崇神职能相比较，就更清楚看出两者并非一回事，绝非一脉相承。关于畤，上述中已经明确：古时祭天地五帝的固定处所；汉作汶上明堂宫："祠太一、五帝于明堂上坐，令高皇帝祠对坐之。祠后土于下房……"而岱庙呢？他又称泰庙，宋元明清各代重修碑中也称东岳庙。其崇神职能只是祭祀泰山神（或称东岳神、东岳大帝）的地方。岱庙内的祭祀活动只是自古以来封建帝王祭天地活动中附带的"怀柔百神""祭天下名山大川"中的一部分，两者不可相提并论。再具体讲，从有信史可查的封建帝王自秦始皇开始的封禅活动来看，秦畤汉宫（明堂）与岱庙的崇神职能的不同就更清楚了。封禅，《史记·封禅书》张守节正义："此泰山上筑土为坛以祭天，报天之功，故曰封。此泰山下小山上除地，报地之功，故曰禅。"封禅与秦畤、汉明堂的祭祀活动的内容、对象和规格是相同的。而岱庙，"遂偕五岳，咸升帝号，自是宫庙加修，荐献加厚，四方万里，士民奔凑，奠享祈报者，盖日益而岁新也"（《岱览·岱庙》）。它是封建国家愚弄黎民百姓向泰山神祈福的场所（也包括帝王大臣）。诚然，祭天地和祭泰山神都是封建统治者借神权巩固政权的一种政治骗局，性质是一样的。但我们作为介绍历史文物，却不应将其混为一谈。应当弄清它们的时代和不同特点，给予恰如其分的介绍和评论。

了解上述历史情况后，再读杨亿碑文中文字："（宋真宗）讨论前载，追求遗范。辉景下烛，秦既作畤。珍瑞云获，汉亦起宫。其后，因轨迹而增崇，建名称而不朽者，非可以悉数也。""乃诏鲁郡，申饬攸司，爰就灵区茂建清宇。""法《大状》而取象，曾不日以克成"。就可以清楚地理解这是描述宋真宗回顾历史上，从秦开始作畤，祭祀天地五帝的活动规模逐渐"增崇"，而且"建名称而不朽者非可以悉数"，从而决定要大修东岳庙（岱庙），兴建天贶殿的。

（发表于《山东师范大学学报》1985年第二期，此文发表后不久，就被《全国高等院校文科学报摘要》全文收录）

岱庙创建溯源

  岱庙是中国古代封建帝王供奉泰山神灵、举行祭祀大典的地方。因泰山古称"岱山""岱宗"而得名。又因为泰山是我国五岳名山之中的东岳，故岱庙也称"东岳庙""泰岳庙"，而俗世百姓则常常叫它"泰庙"。

  岱庙位于泰山南麓，今泰安市老城区的东北部。其庙南向，坐落于从泰安古城南门开始直通泰山极顶的封建帝王封禅祭祀的古御道上。其址位于泰安古城的北部，岱庙北墙与古城北城墙平行相邻。出岱庙北门（又称厚载门）转东，至岱庙东墙北去，即泰安古城的北门。岱庙（不含其前面的门户建筑遥参亭）南北长 400 米，东西宽 237 米，面积为 9.6 万多平方米，约合 160 亩，是泰山上下现存最大的古建筑群。

  今存岱庙是按照唐宋以来祠祀建筑中的最高标准进行建造的。整座庙宇采用了以三条纵轴线为主，两条横轴线为辅，均衡对称地向纵横两方面扩展的组群布局形式。

  岱庙四周高筑墙堞。《泰山志》载："庙城周三里，高三丈。有奇门凡八。"其南向辟门五个：正中为正阳门，左右有两个掖门，东掖门之东有仰高门，西掖门之西有见大门。东向辟门一个叫东华门，也称青阳门。西向辟门一个叫西华门，也称素景门。北门即厚载门，又叫鲁瞻门。门上都有城楼。四隅也都建有角楼，各随八卦的方位命名、分别称作巽楼、艮楼、乾楼、坤楼。从岱庙的门户建筑遥参亭起，正阳门、配天门、仁安门、天贶殿、正寝宫、厚载门依次坐落在南北中轴线上。岱庙主体建筑天贶殿矗立于正中偏后的高大基址上，面阔 9 间进深 5 间。高 23.30 米。东西长为

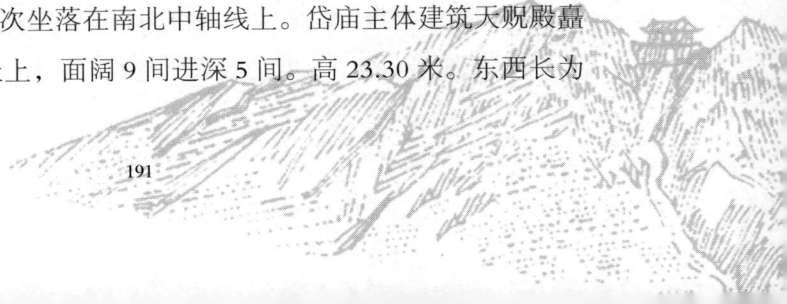

43.67 米。其形制采用了我国古代宫廷建筑营造法式中的一种最高形式：九脊重檐庑殿顶，上覆黄琉璃瓦。金碧辉煌，宏伟庄严。它和北京故宫的太和殿同为我国现存形制宏大的殿堂式建筑。早在北宋时期，岱庙已经"凡为殿、寝、堂、阁、门、厅、库、馆、楼、观、廊、庑，合八百一十有三楹（间）"，"岿然如清都紫极，望之者知其为神灵所宅"（《宣和重修岱岳庙记》，今存岱庙院内）。庙内多柏树、国槐、银杏等树龄长寿的古树。尤以柏树为最。红墙瓦掩映于苍翠树林之中，景色十分秀丽壮观。

岱庙自新中国成立以来，一直受到党和人民政府的重视和保护。1988年1月国务院公布岱庙为全国重点文物保护单位。

关于岱庙创建的时代，迄今尚未发现确切的史料记载。较为流行的说法主要有两种：一说岱庙创建于秦汉，此说引矗立于岱庙院里的《大宋天贶殿碑铭》刻记的"秦既作畤""汉亦起宫"为据；一说岱庙建立于唐宋。认为是自唐玄宗封泰山神为"天齐王"时才开始立庙，而宋真宗加封泰山神为"天齐仁圣帝"后，方使庙堂崇丽，"如清都紫极"。持这种说法的人多以清代人金棨所撰《泰山志》中引《旧州志》"庙创始于唐，恢拓于宋，重修于金元明"为理由。两种说法都有令人难以置信之处。前一种说法，即以"秦既作畤""汉亦起宫"为据的岱庙"秦汉创建说"。笔者曾撰文提出了疑问（见《山东师范大学报》1985年第二期中拙文《岱庙"秦既作畤""汉亦起宫"质疑》）。我认为，首先从有秦一代（指自春秋之际秦襄公被周平王分封为诸侯立国，一直到秦始皇统一六国建立的秦王朝）秦在历代虽有立"畤"之为，可是秦所作畤都在黄河上游的陕甘一带，从没有在泰山"作畤"的史实，可以断定秦在泰山从无"作畤"之举。汉虽在泰山下有"起宫"之为。这在史书上有明确记载："上（指汉武帝）令奉高作明堂汶上，如带图（指济南人公玉带所上黄帝时明堂宫图）"（《史记·封禅书》）。但是，这里的"汉亦起宫"系指两汉之间只有汉武帝在泰山下所作的汶上明堂宫。今天泰安市城区东去七八里处，汉代所置奉高故县地望的西边，世传汉明堂泉沟溪的东侧，临水有一高大基址。其上尚有许多汉代陶片可寻，这就是汉代明堂宫的遗址。显然，"汉亦起宫"也不

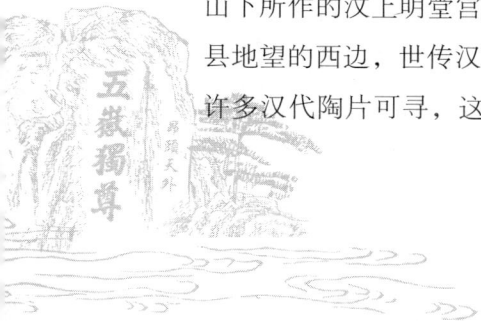

是岱庙创建的前身。同时，秦之時，汉之明堂宫与岱庙的崇神职能相比较，也可以看出它们前后之间并无因袭关系。秦之時，系祭天地五帝的固定处所。汉作汶上明堂："祠太一、五帝于明堂上坐，令高皇帝（指汉高祖刘邦）祠对坐之。祠后土于下房。"（《史记·封禅书》）它们都是祭祀天地五帝的地方。而岱庙则仅仅是祭祀泰山神的地方。可以讲，岱庙的崇神职能只是古时"畤""明堂宫"祭祀天地五帝活动时附带的"怀柔百神""祭天下名山大川"中的一小部分。前后两者不可相提并论，绝非一脉相承。何况"秦既作畤"，"汉亦起宫"更是从所引碑铭中分别摘录出来的。细读《大宋天贶殿碑铭》原句："（宋真宗）讨论前载，追求遗范：辉景下烛，秦既作畤；珍瑞云获，汉亦起宫。其后因轨迹而增崇，建名称而不朽者非可以悉数也。"文字之中，可以看出并无用此说明岱庙创建于秦汉的意思。最近有位同志经过多方考证，指出天贶殿并非岱庙主体建筑大殿的原来称谓，而是宋真宗当时在泰山别处所建殿宇的名称。只是到了民国初年，后人张冠李戴悬挂上去的。如果此说成立，那么根据《大宋天贶殿碑铭》刻记文字提出的岱庙"秦汉创建"说，就没有任何意义了。后一种说法，即岱庙"唐创宋拓"说，也欠准确。宋代"恢拓"岱庙是有案可稽的。宋真宗封泰山神为"仁圣天齐王"后，"复思严饰庙貌，彰灼威灵。责大匠之职，议惟新之制"，"逾年而成"，"栋宇加宏丽之状，象设贲端庄之容"。到了大中祥符四年（1011），宋真宗又"特尊列岳咸加帝号，由是奉升泰山之神曰天齐仁圣帝。乃命案驰道之东，偏直宸居之巽位，辟地经始别建五岳帝宫，以申崇尚之礼焉"。于是"有诏改作，俾受金模，协心董役，丰资尼徒，技殚功倍，雷动星敷，大厦咸新，群黎改观"（《大宋东岳天齐仁圣帝碑》，此碑今存岱庙院中）。以至北宋宣和年间岱庙殿宇已达"八百一十有三楹"。但是要讲岱庙始创于唐，则有些笼统而且不十分妥当。因早在北魏时期的郦道元所著《水经注》中已经提到了泰山有庙："《从征记》曰：太山有下中上三庙。"东汉人应劭所著的《风俗通义》一书中也指出："岱宗庙在博县（汉所置县，县治在今泰城东南的旧县村）西北三十里，山虞长守之。"《隋书·礼仪》中记载："（隋文帝）开皇十五年（595）春，行幸兖州，遂次岱岳。

为坛，如南郊。又墙外为柴坛，饰神庙，展宫悬于庭……"由此可见，泰山有祠庙的提法当在唐朝之前已经出现了。

那么，岱庙到底创建于哪个时代，又是如何承袭和发展的呢？

笔者对岱庙的创建时代，虽不同意以"秦既作畤""汉亦起宫"为据的始于秦汉说。但并不否定秦汉时已经有了祀岱岳之所，甚至还可能将时代再向前推。虽然许多史书中在唐之前的记述中多处提到"泰山庙""岱宗庙""神庙"等，但笔者也不赞成完全否定清代《泰山志》中所引《旧州志》"庙创始于唐"之说。这里有个关键的问题：历史上什么样的处所可以称作"庙"？庙的概念认识不同，自然判断就会不一样。以及中国封建社会演进中祠祀泰山神灵方式的变化造成奉祀场所建造形式的变化问题。关于"庙"的含义，《辞海》释义中有一说：旧时奉祀祖宗神佛或前代贤哲的地方。因此《史记·封禅书》中，舜"岁二月，东巡狩，至于岱宗。岱宗，泰山也。柴，望秩于山川"。"天子祭天下名山大川，五岳视三公"。这种古代凡在泰山上下的柴望之处、祭东岳如三公之礼的地方，都可以看作岱庙的早期处所和形式。不过这时古代帝王多以祀祭天地五帝为主要内容，而祠祀泰山仅是祀祭活动中的一项附带内容，同时这种祠祀泰山神灵的祭典活动又常常派遣官员去举行："及秦并天下。令祠官所常奉天地名山大川鬼神可得而序也。"（《史记·封禅书》），"历代岳祠之祀，皆以太守、牧宰主之。汉泰山太守应劭云：余承乏东岳，恭素六载，数聘祈祠。"（《岱览·岱庙》）无疑，东汉末年的泰山太守"数聘祈祠"之所，应当是汉代的泰山庙了。也正是因为祈祠泰山神灵的活动，仅为遣官或地方官员充任，在正史上就难以详载，其祠之所的名称更是难见。笔者从所查阅的资料中看到，目前能读到的提及泰山庙较早的详细文字，恐怕只能是前文提到的《水经注》转引的《从征记》的记载：太山有下中上三庙，并较详尽地叙述了泰山下庙的情景："门阁三重，楼谢四所。三层坛一所，高三丈，广八丈。"这里，应当引起我们注意的是"三层坛一所，高三丈，广八丈"的记载。毫无疑问，"三层坛"则是那个时代举行祭祀泰山神灵的主要场所——祭坛。这种祭坛突出的祠祀形式，也就反映了早期祠祀泰山神灵的

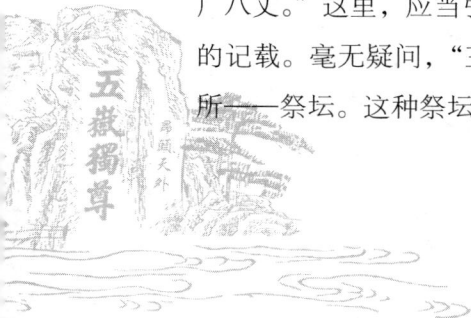

方式：高筑坛墠（墠：围绕祭坛四周的矮土墙），陈立神位（远古时代不设）以祈祠，这种祈祠方式，联系前文中已经引述的隋文帝开皇十五年在泰山的活动，就十分清楚了："（隋文帝）行幸兖州，遂次岱岳。为坛，如南郊。又墠外为柴坛，饰神庙，展宫悬于庭。为埋坎二，于南门外。又陈乐设位于青帝坛，如南郊。帝服衮冕，乘金辂，备法驾而行。礼毕，遂诣青帝坛而祭焉。"这种祠祀泰山神灵的方式可以讲一直沿袭到唐开元之际："开元礼云：祭前一日，岳令清扫内外。又云：祭日岳令帅其属入诣坛东阶、升设岳神座于坛上。"（《岱览·岱庙》）因此、唐开元（确切讲唐开元十三年）以前，祠泰山的庙所，只一个高筑祭坛。四周围以墠的地方，虽有几处屋宇也储祭祀之物。如《从征记》记载："库中有汉时故乐器及神车木偶，皆靡密巧丽。又有石勒（应为石虎）建武十三年（347）永贵候张余上金马一匹、高二尺余，形制甚精。"这种神祠之所又多是祈祠之前，临时设祭崇饰的："祭日岳令帅其属入诣坛东阶，升设岳神座于坛上"，"饰神庙，展宫悬于庭"。更重要的一点，是在唐开元之前的祈祠泰山神灵的活动"但祭不立尸为"（《史记集解·如淳语》），尸者，神像也。因此这个时期以前的所谓"泰山庙""岱宗庙"突出的是高大的祭坛，是举行祭祀泰山神灵的行礼之处。

到了唐开元十三年（725）唐玄宗李隆基"诏封泰山神为天齐王，礼秩加三公等，所管崇饰祠庙。"（《册府元龟》）于是就出现了"乾封后世易公尸而象设，即不得不易坛墠而庙宇矣"（《史记集解·如淳语》）。从此，泰山神灵才有了明确品级封号，殿宇之中立有象设的庙宇。封建统治者的祈祠泰山之仪的中心，才由临时、单纯的露坛之祭而逐渐演变为经常供奉神像于内宇殿堂之中的庙宇祭祀，而这时的祠祀之所才变为神宅之宇。这就是封建统治者祭祀泰山神灵的方式变化而形成的祠祀场所的变化。从岱庙是指泰山神宅之所这个变化角度讲，岱庙创始于唐代，是有道理的。

综上所述，笔者认为岱庙创建时代的确定，不能笼统而言，应当明确三点：

其一，如果把祈祠泰山神灵的坛墠之所，统称为泰山庙、岱宗庙的话，

岱庙始建时代不晚于秦王朝："及秦并天下，令祠官所常奉天地名山大川鬼神可得而序也。""于是自殽以东，名山五，大川祠二。曰太室。太室，嵩高也。恒山，泰山，会稽、湘山。水曰济、曰淮。春以脯酒为岁祠，因泮冻，秋涸冻，冬寒祷祠。其牲用牛犊各一，牢具珪币各异。"（《史记·封禅书》）甚至还可能再向前推。

其二，如果以修置祠所以作神宅，恭制神灵像设以立于殿宇之中作为泰山庙的标志，那么这种神宅之宇的泰山庙，应当是创构于唐："唐开元十三年诏封泰山神为天齐王，礼秩加三公一等，令所管崇饰祠庙。"这里的"祠庙"是供奉泰山神——天齐王的神祇，应是名副其实的"泰山庙"，即岱庙。这段文字中的"祠庙"应是泰山庙见诸正史中的最早记载。

我们把唐玄宗封泰山神为天齐王而"崇饰"的"祠庙"当作岱庙创建时代的根据，还有两个佐证：一，《隋书》记载：（文帝）开皇十四年（594）将祠泰山，令使者致石象神祠之所，这里未称"神祠之所"为泰山祠庙。另外，前所引"开元礼云：祭前一日岳令清扫内外。又云：祭日岳令帅其属入诣坛东陛，升设岳神座于坛上，是奉祠有专官也"。这里记述的正是以坛方式祭祀泰山神的地方，但文字中无一处有"祠庙"的字样。而主持者称作"岳令"而不称其为"庙令"。二，相反，自开元十三年，唐玄宗"令所管崇饰祠庙"后，"后周太祖广顺二年（952）五月亲征兖州，遣翰林学士窦仪祭东岳庙"，北宋"太祖建隆元年（960）六月平泽潞，遣官祭泰山庙"（《册府元龟》）。《文献通考》又记载："宋开宝五年（972）诏以本县令兼庙令，尉兼庙丞，未掌祀事。"在唐朝以后的后周、北宋记述皂帝行踪中才出现了"东岳庙""泰山庙"。北宋甚至改"岳令"为"庙令"，并由县令、县尉分别兼任庙令、庙丞之职。可以推断，自唐开元之后，正史中才把泰山神的像设供奉之所，称之为泰山祠庙的。因此，真正成为神宅之宇的泰山庙，一个明其位、立其象于殿宇之中的泰山神祠庙，应当是"始创于唐"。

其三，今日岱庙是北宋大中祥符年间易地另构之庙宇，不能称之为"唐创宋拓"之庙。这在史料中有两个细节值得注意：宋真宗效法唐玄宗给泰山神加号的做法，先是于大中祥符元年（1008）加封泰山神为"仁圣天齐

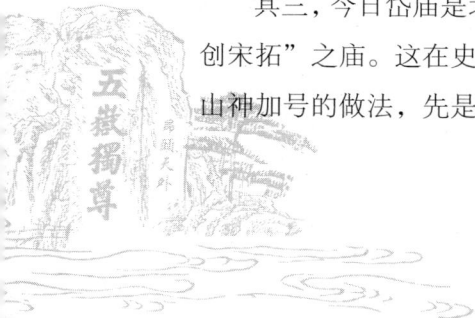

王"，随之"严饰庙貌，彰灼威灵。责大匠之职，议惟新之制"，"逾年而成"，"栋宇加宏丽之状，象设赉端庄之容"。这时，宋真宗是在原唐代庙宇上进行了维修扩建。这个岱庙可称为"唐创宋拓"之庙。但大中祥符四年加封泰山神为"天齐仁圣帝"之后，却又易地新建了一座泰山神庙。这在前文中已经引述的《大宋封东岳天齐仁帝碑》中讲述得很清楚："乃命案驰道之东，偏直宸居之異位，辟地经始别建五岳帝宫，以申崇尚之礼焉。"这个问题，明代人汪子卿已经注意到了："唐庙在岳之南麓，岱岳、升元二观前，当为汉趾。宋改今地，其后废兴修葺。"（《泰山志》）因此，就今存岱庙这座古建筑群来讲，其创建时代应当定为北宋大中祥符年间，距今已有 900 余年的历史了。

（发表在 1989 年《泰山研究论丛》第一期，本文略有改动）

也说中国三大殿

　　在岱庙参观时，常听导游小姐给游人介绍岱庙天贶殿和北京故宫的太和殿、曲阜孔庙的大成殿并称为中国三大殿。甚至有些文字材料中也采用此说。笔者认为，尽管太和殿、天贶殿、大成殿都称之为殿，但其形制、规格却有很大差别。

　　众所周知，封建社会中等级森严，不同身份的人在各个方面的待遇都有不同的规定。如衣着、色彩、出行的仪仗，包括住所的建筑形式。

　　中国古建筑发展到明清之际，尽管形式多样，但归纳起来，不外乎有五种基本形式：硬山、悬山、歇山、庑殿、攒尖。不同身份的人要按照规定建造自己的处所。这其中，庑殿建筑是中国古建筑中的最高形制。这种建筑形式常用于宫殿、坛庙一类的皇家建筑之中，是其中轴线上主要建筑最常用的形式。

　　在封建社会，庑殿建筑实际上是皇权、神权等国家最高统治权力的象征，是皇家建筑中独有的一种建筑形式。除皇家建筑之外，其他祠庙、官府、衙属等处绝对不允许采用庑殿建筑形式。

　　本文前面所提的中国三大殿的现存建筑均系明、清之际的建筑，自然要遵守上述的建筑规制。

　　北京故宫太和殿是皇帝活动的主要场所，也就是人们熟知的"金銮殿"，是故宫建筑群中轴线上最主要的建筑。自然是采用中国古建筑中的最高形制——重檐庑殿顶。

　　泰山岱庙中的天贶殿是该建筑群中轴线上的中心建筑。因自宋以降，

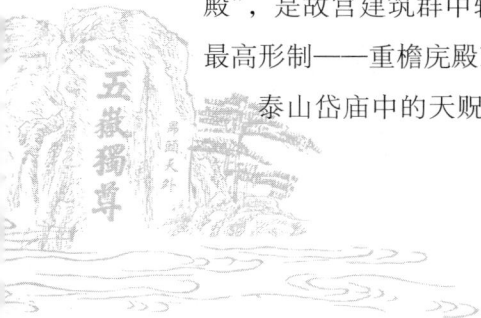

泰山神就被封为"天齐仁圣帝",享有与封建皇帝同等的帝号,也理所当然地享用皇家建筑的最高形制。因此也采用了重檐庑殿顶的建筑形制。

故宫太和殿和岱庙天贶殿两者虽同属重檐庑殿顶建筑。但仔细比较一下,还是有所区别的。故宫太和殿采用的是重檐庑殿周围廊式,面阔九间,进深五间,遵循帝王之居的九五之制。但东西向各加一廊间,达十一间之多。这就成为封建社会形制最高、规格最大、间数最多的宫殿建筑。

岱庙天贶殿则采用重檐庑殿前后廊式,面阔九间,进深五间,也符合帝王"九五之制"的要求,但东西无廊间,显示了二者的差别。另外,太和殿高35.5米,面宽63米;而天贶殿高23.3米,面宽43.6米。二者之间建筑体量的大小差别也很明显。

至于曲阜孔庙大成殿,首先它从建筑形制上不能与故宫太和殿和岱庙天贶殿相比。因其奉祀的孔子只是被封建皇帝封的"文宣王",是王侯一类的品级。所以,孔庙只能按照王侯的礼遇标准建造。其中轴线上的主体建筑——大成殿只能采用歇山建筑的形制——重檐歇山顶。这是大成殿与太和殿、天贶殿在建筑形制上的根本区别。另外,孔庙大成殿采用重檐歇山周围廊式,面阔七间。外加两廊间,这是王侯一级使用的歇山式建筑规格中最多的开间。虽然有两廊间,但它的开间只能称作七,而不能说成九。这是封建社会等级森严的规定,不可逾越。若论相近之处,只是大成殿与岱庙天贶殿在体量上相差无几。

但形制上的不可相比是大成殿与太和殿、天贶殿之间的最大差别。

因此,孔庙大成殿,无论从建筑的形制上,还是从开间规制上,都不能同故宫太和殿、岱庙天贶殿划为一类并称。另外,我国现存古建筑中除明清皇家御用的大型殿宇外,像岱庙天贶殿这样采用重檐庑殿顶的殿宇十分少见。而现存类似孔庙大成殿重檐歇山顶的建筑全国上下还有许多。

有趣的是中国三大殿之说,只在泰安、曲阜流传,北京故宫有关资料中从未提及。在曲阜的有关宣传材料中的中国三大殿是指北京故宫太和殿、承德避暑山庄的行宫主殿和大成殿,并没有岱庙天贶殿。可见中国三大殿之说只是泰安、曲阜旅游宣传促销中的一种手法,细究起来,这种说法是不科学的。因为，中国现存重檐庑殿顶的建筑比岱庙天贶殿雄伟的不止三个，而现存重檐歇山顶的建筑如孔庙大成殿的又何止几十个。笔者认为中国三大殿之说既不科学，更不严谨，不宜宣传。

倘若我们的导游小姐多向游人介绍一下岱庙天贶殿与故宫太和殿之间建筑上的相同与差别，既可以丰富人们的中国古建筑知识，也会给他们留下更深的印象，比笼统地介绍所谓的中国三大殿更有意义。

关于中国三大殿之说不科学的提法，我在 20 世纪 90 年代就发表过这种看法，没有引起重视。后来，有些作者开始回避"中国三大殿"的说法，但易之为"中国三大宫殿式古建筑群"的提法。其实，这是一种换汤不换药的手法。仍然是不科学的，就其古建筑规模，在中国比岱庙、孔庙大的何止三个，恐怕三十个也有。利用三个、八个、十个等进行简单类比，或许能提高自己的身价，但不能准确地讲明自身的价值。这或许是一种通俗的宣传手段。但随着时代的进步，人们知识的丰富，大家会提出许多质疑，令宣传者难以自圆其说，造成尴尬场面。

我认为宣传一个事物的价值，愈科学愈好。

这也是我写这段文字的初衷。

（发表于 2002 年 10 月 13 日《泰安日报》）

泰山对所在地域行政区划的影响

泰山位于山东省中部,盘桓于泰安市泰山区、郊区和济南市历城县(今历城区)、长清县(今长清区)四区县(今四区)之间,总面积 426 平方公里,其主峰玉皇顶在泰安市泰山区境内,海拔 1545 米。泰山为我国华北平原上突出的一座高山,北有黄河东去,南有汶水西流,是中国境内人类早期生活栖息、繁衍生殖的地域。泰山东部的新泰市发现了 5 万年前的一颗少女牙齿的化石;泰山之南的泰安市郊区大汶口镇是人类发展到原始社会后期、父系氏族公社时代典型的文化遗存——大汶口文化的命名地;泰山之北的章丘县(今济南市章丘区)龙山镇又是承袭大汶口文化的山东龙山文化的最早发现地。这就告诉人们黄河下游的泰山一带是中华民族古文明的发祥地之一。进入奴隶社会,特别是进入封建社会以后,泰山被历代君王视作中国的名山之一,封为五岳之首的东岳,成为历代统治阶级借神权巩固政权的一处特定场所,甚至虚构为一尊神灵。因此,随着封建社会的不停演进和封建统治阶级对泰山的不断尊崇神化,也使泰山对所在地域(主要指泰山主峰以南地区。下同)的行政区划产生了较大的影响。现将个人在这方面的粗浅认识试述如下:

一、历代统治阶级对泰山尊崇神化的不断提高

历代统治阶级对泰山的重视和尊崇神化大致可划为两个阶段。

1. 泰山自古以来,就被统治者视为名山之一,但在唐玄宗以前主要当作登封告祭之所。

据《史记·封禅书》记载:"自古受命帝王,曷尝不封禅?盖有无其应

而用事者矣，未有睹符瑞见而不臻乎泰山也。"舜"岁二月，东巡狩，至于岱宗。岱宗，泰山也。柴，望秩于山川"。"泰山，一曰岱宗，东岳也。""禹遵之""周官曰，……天子祭天下名山大川。五岳视三公，四渎视诸侯。"秦始皇嬴政（前259—前210）"自泰山阳至巅，立石颂秦始皇帝德，明其得封也"。秦"二世（胡亥，前230—前207）元年，东巡碣石，并海南，历泰山，至会稽，皆礼祠之，而刻勒始皇所立石书旁，以章始皇之功德"，"自殽以东，名山五"，"曰太室。太室，嵩山也。恒山，泰山，会稽，湘山"。汉初，高祖刘邦（前256—前195）曾言："吾甚重祠而敬祭。今上帝之祭及山川诸神当祠者，各以其时礼祠之如旧。"汉武帝刘彻（前156—前87）"乃令人上石立之泰山巅"，并"令奉高作明堂汶上"。《后汉书·祭祀中》记载：至东汉"顺帝（刘保，126—144）即位，修奉常祀"无改。《资治通鉴》卷二百一记载：乾封元年（666）"正月，戊辰朔，上（唐高宗李治，628—683）祀昊天上帝于泰山南。己巳登泰山，封玉牒，……庚午降禅于社首，祭皇地祇"。以上帝王都只是"在泰山上筑坛以祭天，报天之功"，在"泰山下小山上除地，报地之功"（《史记·封禅书》张守节正义之句）兼"望山川，徧（遍）群神"（《史记·封禅书》）。

2. 自唐玄宗李隆基（685—762）开始，泰山除仍有以上封禅用所之外，正式加封泰山神。以后逐渐由王而帝，不断尊崇，到清代达至尊地位。

唐玄宗开元十三年（725）"封泰山神为天齐王，礼秩加三公一等"（《资治通鉴》卷二百一十二）。宋真宗赵恒（965—1022）大中祥符元年（1008）"封禅毕，加号泰山为仁圣王天齐"。至大中祥符五年（1012）加号"上东岳曰天齐仁圣帝"，并为泰山神封了一个皇后："诏又加上五岳帝后号：东曰淑明。"（《宋史·礼志》）金世宗完颜雍（1123—1189）大定四年（1164）诏以"立春祭东岳于泰安州""其封爵并仍唐宋之旧"（《金史·礼志》）。元世祖忽必烈（1215—1294）"至元二十八年（1291）春二月，加上东岳为天齐大生仁圣帝"（《元史·祭祀五》）。明太祖朱元璋（1368—1398）则以"神之所以灵，人莫能测，其职受命于上天后土，为人君者何敢预焉！惧，不敢加号。特以东岳之神名其名"（《岱览·岱庙》）。故去唐宋元之封

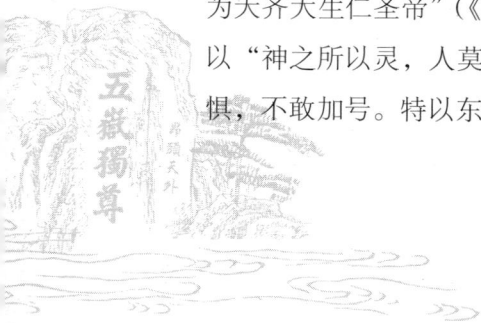

号，称之"东岳泰山之神"。清代"列圣相承重熙累洽，百神怀柔而报功崇。祀典特隆焉"，康熙、乾隆之际"皇帝跪""皇帝行三叩头礼""皇帝行二跪六叩头礼"，在岱庙中大礼参拜泰山神偶像（《泰安县志·盛典》）。

从以上历代统治者对泰山不断尊崇神化的两个阶段，可以看出远古至唐初泰山主要为封禅场所，虽也祭山川神灵，"望山川，徧群神"，并不专一突出奉祀某神，但自唐玄宗封泰山神为天齐王以来，宋真宗又加号天齐仁圣帝，元世祖加号天齐大圣仁圣帝，明太祖更以"予起寒微、详之再三"，终不敢以人间天子给神灵上封号。清代皇帝则对泰山神偶像大礼参拜，使泰山由封禅场所、告祭山川神灵处而逐渐演变成为祭祀代表上天的专指神灵——泰山神。继而以封建爵位晋升：由神而王，由王而帝，并且修庙、建殿、立像，终于"为寰岳之统宗，万国是瞻。巍巍乎，德何可尚；操群灵之总摄，九州待命。荡荡乎，功孰与京"（《清岱庙石坊楹联句》）。成为天下神灵之首，达到至灵至尊的地步。而且自宋代之后，帝王来泰山不再行封禅之事，只是进行祭祀泰山神的活动。

二、泰山所在地域之行政区划的沿革

泰山所在地域行政区划的沿革（这里主要指县级行政区划的变迁），我们仅从秦统一中国，全面推行郡县制以来谈起。秦时泰山所在地域"属齐郡"（《泰安县志·沿革表》），汉初高祖刘邦"置泰山郡"（《汉书·地理制》），在今泰安市泰山区和郊区范围内，秦、汉初都沿承春秋以来鲁、齐两国就有的博、嬴二县。到汉武帝时"嬴、博二县共界"，"封禅割置此县以供祀泰山，故曰奉高"。《泰安县志·沿革表》中在此段文字后，加以解释，"旧志于汉时为奉高、嬴、博三县地。而省志则以嬴当莱芜。盖汉时县小。嬴既分割于奉高，则嬴地之在今邑境内者皆属奉高矣。"因此，汉武帝时，今泰安市泰山区、郊区范围内（下文中简称两区）是为博（故城在今郊区旧县村）、奉高（故城在今郊区故县村）二县。三国至隋统一中国前，朝代更替纷乱。其间，北齐曾为"博、岱山地"（《重修泰安县志》卷一，1929年修）。其中"岱山县由梁父县改名，其奉高、拒平、蛇丘一时皆省"，北齐置岱山县，依徂徕山。"隋开皇三年（583）废，为奉高县"。

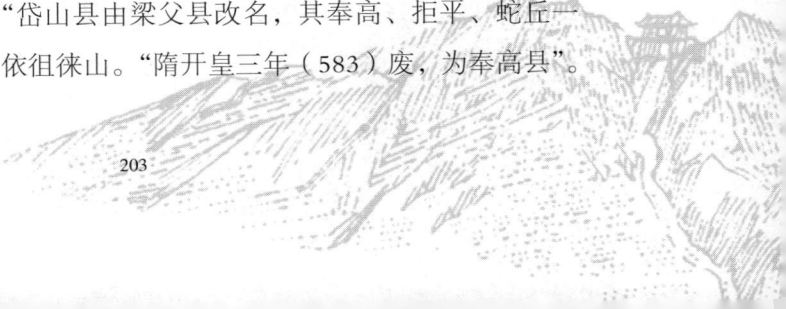

开皇六年（586）又"改曰岱山"。"大业初废，入博城"（《泰安县志·沿革表》）。这就是说至隋大业年间，奉高（岱山）、博城二县合并。在今两区范围内只设有一县——博城。唐"乾封元年（666）更名乾封""总章元年（668）又曰博城""神龙元年（705）复曰乾封"（《新唐书·地理志》）。宋朝"开宝五年（972）（将县治所）移置岱岳镇"（《宋史·地理志》）。"大中祥符元年（1008）改名奉符，又筑新城于东南三里（即今泰安城南关外），旧城废"。金"大定二年（1162）改（泰安）军为州，属山东西路，治奉符。城还岱岳镇，复开宝之旧"（《泰山志·城邑》）。至此，泰山所在地域行政区的州县治所定于岱岳镇（今泰安城），沿袭至今无改。清代泰安州升为泰安府，下"设附郭县疆围如旧，赐名泰安县"（《泰安县志·沿革表》），从此几乎无大改动，基本上已形成了现在泰安市与两区（即1982年前之泰安县）的行政区划的隶属关系。

三、泰山对所在地域行政区划的影响

我们将上述泰山被历代统治阶级不断尊崇神化的行为与主峰以南地域自秦汉至清行政区划的沿革相对照，就可以看出泰山对所在地域行政区划产生了较大的影响。这种影响有两点比较明显，其一，由于统治阶级对泰山的不断尊崇神化，围绕泰山封禅祭祀、吉祥祐安设县日益明确。汉初，沿袭春秋以来城邑，仍设置嬴、博二县。汉武帝时，"济北王以为天子且封禅，乃上书献泰山及其旁邑，天子以他县偿之"（《史记·封禅书》）。于是"汉武割置此县，以供祀泰山，故曰奉高"。以供祀泰山设县定名，西汉是第一个朝代。北齐以岱山易梁父县名，奉高等省入。隋时"奉高县，开皇六年改曰岱山"。北齐、隋都曾以泰山之别称"岱山"再易泰山附近县名。隋并岱山县入博城县，至唐高宗李治乾封元年（666）"正月戊辰朔，有事于泰山，壬辰御朝观坛受贺，大赦改元为乾封"（《册府元龟·帝王部》），且以新更年号易博城县名："乾封元年，（博城）更名乾封。"中间虽有总章年间改复博城旧名，但至神龙元年又复称乾封，沿用至宋初。因此，唐朝也以封禅泰山事易其所在地域县名。宋真宗澶渊之盟后，在泰山搞所谓降天书的闹剧，于1008年到泰山行封禅之事，改元大中祥符，诏

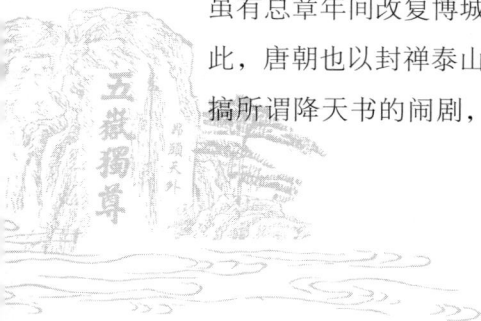

加泰山神"为天齐仁圣帝",改"乾封县为奉符县"(《宋史·礼志》)。宋用奉符为县名,取在泰山得"天书"之吉祥意。至明代,"洪武初,隶属于州治,奉符县省入",是为泰安州,取泰山祐安之意,也是用泰山吉祥设县(州)得名。清代"雍正十三年(1735)(泰安州)升为府,设附郭县疆围如故,赐名泰安"。"县仍府名,通志之取安益求安之意"(《泰安县志·沿革表》)。清以府、县迭用泰安之名,仍是取泰山祐安吉祥之意,从此一直沿用至今。其二,泰山所在地域行政治所也随统治阶级对泰山尊崇神化的提高日趋迁近泰山,最后与岱岳镇合,固定在泰山脚下。汉初,今泰安两区一带沿袭旧制,有嬴、博二县,以博治所离泰山较近,治所在今泰安市郊区旧县村,距岱岳镇(今泰安城)12.5公里。汉武帝分割嬴、博二县设置奉高县,治所在今泰安市郊区故县村,距岱岳镇10公里。隋时,岱山、博城二县合一,治所仍在郊区旧县村。宋"开宝五年(972)(将治所)移置岱岳镇"(《宋史·地理志》)。大中祥符元年又筑县治所新城于城东南1.5公里处(即今泰城南关外)。金再迁奉符县治还岱岳镇,县治所第二次迁至泰山脚下的岱岳镇,从此无改。从宋代一度,而从金代起长期使县治所固定在岱岳镇,则使泰山所在地域行政治所(主要指县治所)同供祀泰山神的岱岳镇统一起来。正如《泰山志》所云:"旧有岱岳镇使、都虞侯,又有岳令、庙令,及(县)移治就岳,始以邑令兼摄焉。"供祀泰山神的官吏由所在地域行政长官兼任,二者统一治理,也就使泰山对所在地域行政区划的影响达到顶峰。

综上所述,泰山对所在地域行政区划的影响(包括设县、县名和治所位置)是因统治阶级对泰山的日趋尊崇神化而明显。当对泰山神推崇至尊后,因泰山设县,其治所与岱岳镇合,并且从此长定于泰山脚下,使岱岳镇成为泰山所在地域政治、经济、文化的中心。泰山所在地域2000余年行政区划(主要是县治)的沿革,有力地证明了由于历代统治者对泰山的尊崇神化,而使其对所在地域行政区划产生了很大的影响。进而言之,泰山对现在的行政区划仍产生着不可忽视的影响。这种影响当然不再是政府和人民群众对泰山的封建迷信所致,而是由于历代帝王封禅,对泰山的尊

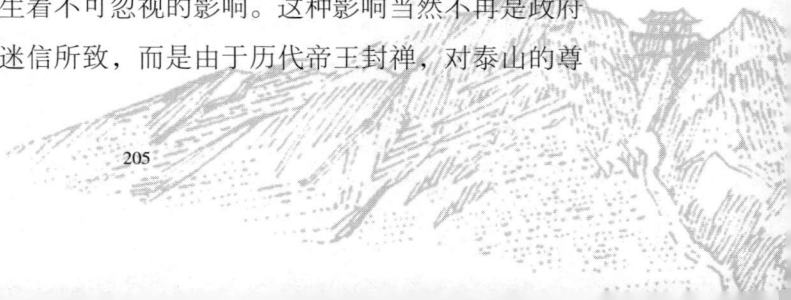

崇神化，给后人留下了大量遗迹；历代文人墨客慕名登临，写下了无数吟咏诗篇，泰山现存墨迹石刻就有 1100 余处；道家佛徒纷至，塑神立像，建寺造庙，引来了多种宗教信仰，现在尚存寺庙宫观古建筑群 10 余处，使泰山堪称"一部中国文化史的长卷"。以中国的一座历史文化名山驰名中外，兼之山势突兀挺拔，自然景色秀丽，使泰山成为一处人文、自然景观并茂的旅游胜地。随着我国旅游事业的发展，1978 年泰山正式对外开放，1982 年国务院批准泰山为第一批国家级风景名胜区之一。同年，奉安县升为省辖县级市，由泰安地区行署代管。但这种行政体制仍不适应旅游事业和地方政治、经济进一步发展的需要。1985 年国务院又决定撤销泰安地区行署，建立省辖地级市——泰安市，将原泰安市划为泰安市泰山区和郊区。泰安市人民政府制定了泰安市城市建设方向："把泰安建成一个风景优美、经济繁荣、文化发达、交通方便、清洁文明、独具特色的旅游城市。"（摘自《关于泰安市一九八五年国民经济、社会发展计划和建市后工作任务的报告》）很显然，这其中不乏泰山对泰安市升格（省辖县级市升为地级市）和泰安市人民政府制定城市发展方向的影响，而且这种影响也不能与过去历代封建王朝对泰山不断尊崇神化的历史截然分开。笔者认为：大自然造就了泰山，人类社会历史的演进又改造和丰富了泰山，使其成为中国社会发展中的有机组成部分。同时，泰山也影响着人们对自然和社会的改造，这两者之间相辅相成的关系，可以在泰山对所在地域行政区划的影响中得到证明。

（本文第三部分以本题目发表在《地名知识》1986 年第 6 期）

泰山申报世界遗产的过程及体会

一、泰山列入世界自然文化遗产名录的经过

1. 1985 年中国加入世界遗产公约后，泰山是中国第一批批准的唯一世界自然遗产

1972 年 11 月 16 日，联合国教科文组织在巴黎通过了《保护世界文化和自然遗产公约》。从此，开始有了"世界遗产"的概念。

《保护世界文化和自然遗产公约》明确规定：本公约缔约国均承认，保证第 1 条和第 2 条中提及的、本国领土内的文化和自然遗产的确定、保护、保存、展出和遗传后代，主要是有关国家的责任。该国将为此目的竭尽全力"承认这类遗产是世界遗产的一部分，因此，整个国际社会有责任合作予以保护"。

1985 年，经全国人大批准，中国加入了《世界文化和自然遗产公约》，向世界做出了庄严承诺。

中国全国教科文组织委员会成立并开始组织中国的申遗工作，于是该组织分别责成文化部、建设部提报申请世界文化遗产和自然遗产名单。

泰山当时已经是 1982 年国务院公布的第一批国家级风景名胜区。其间，由建设部推荐北京大学为泰山风景名胜区制定的总体规划已基本完成（1986 年 4 月至 1987 年 5 月），这次修订泰山总体规划由北京大学地理学系谢凝高教授领衔。制定泰山总体规划之前，北京大学组织了该校十三个院系的骨干教师对泰山资源价值进行调查与研究。然后由建设部风景管理处在泰安组织了全国的学者、专家对北大泰山资源考察研究成果进行了评

估。全国著名学者专家，如清华大学教授朱畅中、国家文物局专家罗哲文等与会，专家对泰山资源调查研究的报告评价极高。在此基础上形成的泰山总体规划，资源评价、保护、管理、利用的规划，都比较科学准确。

于是，建设部就把泰山列入了首批世界自然遗产的推荐名单，当然，还有几个，好像是河北蓟县（今蓟州区）典型地质剖面、四川大熊猫栖息地等。但第一次批准的世界自然遗产，中国只有泰山。

2. 泰山成为中国首例世界双遗产

我们接到申报材料的任务后，就马上派人赶赴北京，在北大参与制定泰山总体规划的老师配合下，根据中国全国教科文组织委员会的要求，形成文字和图片、影像材料，并请高水平的专业外语人员译成英语文本。

当时，参与材料整理的人员并没有严格对照自然遗产标准去写，而是把能体现泰山价值的资料尽量写进申遗文字中去。没想到正是这翔实的材料使泰山成为世界双遗产。

在联合国教科文组织审查中国提报的遗产会议上，世界遗产委员会的专家认为泰山不仅可以列入世界自然遗产，更应该列入世界文化遗产。

因为当时中国只是提报申请将泰山列入世界自然遗产名录，所以，泰山首先被公布为中国的第一批仅有的一例世界自然遗产。但随后不久，世界遗产委员会根据泰山所具有的历史文化价值，又将其列入世界文化遗产名录。使泰山成为中国的第一个世界文化和自然双遗产。

此后，有些新闻报道中讲，泰山是世界第一例世界文化和自然双遗产。至于是否，当时负责来考察泰山的联合国教科文组织专家卢卡斯的几段话很令我们欢欣鼓舞：

"从泰山的材料中看到了中国人民的审美观，它启发我们更新对世界遗产的认识。"

"泰山兼有自然的、历史的、文化的价值，这就是个好特点。这意味着中国贡献了一种特殊的、独一无二的遗产。"

"泰山把自然和文化独特地结合在一起，并在人与自然的概念上开阔了眼界。这是中国对人类遗产的巨大贡献。"

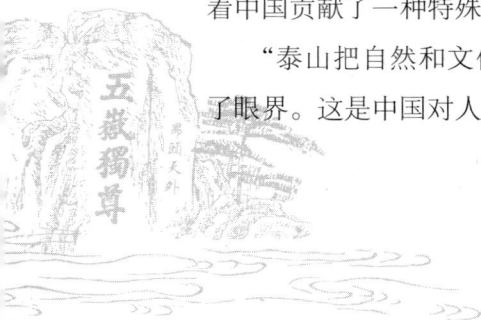

应当说，自泰山开始，联合国教科文组织世界遗产委员会开始有了双重遗产项目的设置。

3. 泰山是以符合世界文化遗产的六条标准和自然遗产四条标准的第三条（自然景观）而被列入世界文化与自然双遗产名录的。

笔者因工作关系，1997年9月1日至4日，陪同联合国教科文组织世界遗产中心计划专家景峰先生和国际自然保护联盟专家莱斯·莫洛伊（新西兰人）先生，对泰山的遗产保护工作进行了实地性周期监测。这种实地性周期监测，原则上十年进行一次。

景峰先生在去联合国教科文组织世界遗产中心工作之前，曾在中国全国教科文组织委员会秘书处工作。泰山申遗时，他是全国教科文组织秘书三处的项目官员。曾参与泰山申遗的部分工作，那时，他多次到泰山来，我们经常接触，比较熟悉。

世界遗产中心的专家对泰山实地考察后，对泰山的遗产保护工作表示满意。在监测意见反馈会上，景峰先生高兴地说，世界文化遗产有六项标准，自然遗产有四项标准，符合其中一条就可以列入世界遗产名录。泰山是以符合文化遗产的六条标准和自然遗产的第三条标准（自然景观）被列为世界文化与自然遗产的。目前，列入世界文化遗产的418处（指1997年之前）中，只有三处全部符合世界文化遗产的六项标准。这就是中国的泰山、敦煌和意大利的威尼斯。

二、泰山申遗的体会

现在回忆一下泰山申遗的整个过程，我认为有四点体会可以总结：

1. 对申报主体首先要进行多学科、高水平的资源考察与研究，并组织专业资深学者对资源考察研究进行评估，这样才能够全面掌握体现其价值所在的资料。

泰山申遗成功，我认为主要得益于当时北京大学对泰山资源综合考察与研究，以及高起点的总体规划的编制。北京大学泰山总体规划编制组对泰山世界双遗产申遗成功，功不可没。

2. 对申遗材料的文本、图片、影像资料的编制必须坚持高水准制作。

在当时（20 世纪 80 年代），我们所提供的英语文本和图片、摄像资料，都非常精美、翔实、准确。在那次联合国教科文组织世界遗产委员会研究会后，联合国教科文组织世界遗产委员会专家评价，我们的申报材料达到国际一流水准。

3. 对来实际考察的联合国教科文组织专家，要把申遗主体最能体现其价值的部分尽可能展示出来，实际考察专家的意见非常重要。卢卡斯在时任分管泰山工作的曲进贤副市长陪同下走遍了泰山上下申报书中涉及的所有景区景点，使其对泰山感受深刻。前面叙述中引用的卢卡斯的几段话就充分说明了这一点。

4. 对照世界遗产标准，有针对性地认真撰写申遗文本。

这是我们泰山申遗中的不足之处。我们没有严格对照标准要求来做，致使泰山有些符合世界自然遗产的典型东西，未能列入世界遗产名录。如泰山杂岩、寒武纪地层剖面、泰山三叶虫化石等等。

因为时间关系，不能全面阐述泰山世界双遗产的价值体现。

在这里，借用 1987 年北京大学编制的《泰山总体规划》一段文字概括一下泰山的人文与自然价值：

泰山无论从时间的历程或空间的结构（形象）以及精神文明结晶而论，都包含着极为丰富的内容。因而，泰山逐渐成了中华民族历史文化的缩影，成为伟大中华民族的精神文化之山。这是因为泰山具备特有的含义，即自然山体之宏大，景观形象之雄伟，赋存精神之崇高，山水文化之灿烂，名山历史之悠久。泰山无论在帝王面前，或是平民百姓心目中，都是至高无上的。"稳如泰山""重如泰山""有眼不识泰山"成为人人皆知的成语。凡我中华儿女，无不敬仰泰山精神。世界上很难有第二座名山，像泰山那样，几千年来深入到整个民族的亿万人的心坎之中，并名扬世界。

（此文为 2012 年 7 月，应泰山学院王雷亭副院长邀请，在泰山学院与韩国庆尚大学共同举办的申报世界遗产研讨会上的发言）

泰山唐代双束碑与武则天

　　泰山唐代双束碑于 1982 年 12 月重新移立于岱庙东碑廊中。这是唐代在泰山上所立碑中唯一遗存至今者（泰山大观峰上的唐玄宗《纪泰山铭》摩崖刻石不属碑类）。此碑原立在泰山脚下的岱岳观内（已圮，遗址在王母池以西），1959 年移立于虎山水库西畔，并建鸳鸯亭保护。"文革"中，文物工作者将双束碑埋藏于地下，才幸免于毁。碑文主要记唐高宗李治、皇后武则天以下六帝一后（高宗、中宗、睿宗、玄宗、代宗、德宗和武则天皇后）在泰山上行斋醮造像之事。他们每派员行一次祷神之祭，就在这通碑上刻记一处，前后共刻记 20 则，时间延续 137 年之久（显庆六年至贞元十四年）。另外，尚有唐宋两代的一部分插空题刻。于是，此碑成为一通四面分层题记的文字集碑，是唐代帝后在泰山斋醮造像活动的大事记。

　　此碑型制奇特，碑身由两块同样尺寸的条石并立组成。每块条石高 2.38 米、宽 0.50 米、厚 0.22 米。双石上下共嵌入同一碑首和碑座之间。碑首作唐代殿阁九脊歇山顶状，屋檐平直，勾头滴水隐约可见，类同河南博物馆所藏隋代开皇二年石刻殿阁状。只是脊顶鸱尾无存，但碑首顶部呈平面，两端部都有方孔榫眼一个，可以断定碑首上部还有脊顶鸱尾组合件，后被破坏。碑座为长方体，上沿四边作内弧线抹沿。碑身部分，除下部少有剥蚀，字迹残缺外，大部分条文尚完好可读。明清以来，有关泰山的著录中都称此碑为"双束碑"或"鸳鸯碑"。

　　唐双束碑竖立和题记的主要内容都与武则天有关，是一通对研究唐史特别是武则天历史有一定价值的实物资料碑。

碑文刻记唐代帝后20则斋醮造像之事。其中最早一则是："显庆六年（661）二月廿二日。敕使东岳先生郭行真，弟子陈兰茂、杜知古、马知止，奉为皇帝皇后七日行道，并造素像一躯，二真人夹侍。"由此可知，此碑最初系道士郭行真等为唐高宗李治、皇后武则天所立。武则天（624—705），名曌，并州文水（今山西文水县）人。14岁时，被太宗李世民召为宫中才人。太宗死，削发为尼。30岁时，又被高宗李治召为昭仪。永徽六年（655），被册立为皇后，从此渐摄朝政。显庆五年（660）时，已是"百司奏事，上或使皇后决之。后性明敏，涉猎文史，处事皆称旨。由是始委以政事，权与人主侔矣"（《资治通鉴》卷二百）。而立碑者东岳先生郭行真，是一深得武则天赏识，可以"出入禁中，尝为（武则天）厌胜之术"的道士（《资治通鉴》卷二百一）。因此，双束碑最初立于武则天权摄朝政、威齐高宗之时，当系按照武则天旨意派员所为。

斋醮造像：道教设坛祭神，为神仙塑像的活动。"斋醮"即供斋醮神，以此求福禳灾。李唐王朝宗道教始祖老子李耳为其祖先，崇道礼神，时有所为。

该碑所记唐代帝后在泰山所行20则斋醮造像之事中，就有8则与武则天有关。除上述初立碑之时的一则外，其他7则均系武则天称帝以后所为。7则纪事刻文内容如下（文中凡武周新字，均以本字外加括号表示）：

大周（天）（授）二（年）岁次辛卯二（月）癸卯朔十（日）壬子。金台观主中岳先生马元贞，将弟子杨景（初）、郭希元、内品官杨君尚、欧阳智琮，奉（圣）神皇帝敕，缘大周革命，令元贞往五岳四渎投龙作功德。元贞于此东岳行道章醮投龙，作功德一十二（日）夜。又奉敕敬造石元始（天）尊像一铺，并二真人夹侍，永此岱岳观中供养。祇承官宣德郎行兖州都督府仓曹参军事李叔度。

大周万岁通（天）贰（年）岁次丁酉。东明观三洞道士孙文㒥奉（天）册金轮（圣）神皇帝肆（月）伍（日）敕，将侍者姚钦元诣此岳观祈请行道。事毕，敬造石（天）□□壹躯，并贰真人夹侍。庶兹景福，永集（圣）躬。聊纪其（年），用传不朽。专检校博城县主簿关彦博录事张则上护军

212

□□□。

大周（圣）历元（年）岁次戊戌腊（月）癸巳朔贰（日）甲午，大宏道观主桓道彦、弟子晁自揣奉敕于此东岳设金箓宝斋河图大醮。漆（日）行道，两度投龙。遂感庆云三见。□斋醮物。奉为（天）册金轮（圣）神皇帝造等身老君像壹躯，并贰真人夹侍。兖州团练使都虞侯银青光禄大夫试卫尉卿上柱国高晃、兖州团练使押牙忠武将军守左武卫大将军赵俊、专当官博城县尉李嘉应。

久视二（年）太岁辛丑（正）（月）乙卯朔二（日）丙辰，神都青元观主麻慈力亲承（圣）旨，内赍龙璧、御词、缯帛及香等物，诣此观中斋醮。功毕，伏愿我皇万福，宝业恒隆。敬勒昌龄，冀同砺而无朽。侍者道士麻宏青。

长安元（年）岁次辛丑十二（月）己亥朔廿三（日）辛酉，道士金台观主赵敬同、侍者道士刘守真、王怀亮等奉十一（月）七（日）敕，于此泰山岱岳观灵坛修金箓宝斋三（日）三夜。又于观侧灵场之所设五岳一百廿槃醮礼，金龙玉璧，并投山讫。又用镇彩纹缯敬造东方玉宝皇上（天）尊一铺，并二真（人）、仙童玉女等夹侍，□□□□供养。其（日）祥风暂息，瑞雪便停，香烟氤氲，（星）（月）明朗，神灵降祉吉祥。事毕，故刻石纪时，勒石题（日）。都检校官承议郎兖州□都督府户曹参军王杲、专当官宣义郎行博城县丞公孙杲、专当斋并检校众官博城县主簿登仕郎董仁智。

大周长安四（年）岁次甲辰九（月）甲申朔八（日）辛卯。敕使内供奉襄州神武县云表观主玄都大洞叁（三）景弟子中岳先生周玄度，并将弟子二（人）、金州西城县玄宫观道士梁悟玄奉三（月）二十九（日）敕。令自于名山大川投龙璧，修无上高玄金玄玉清九转金房度命斋。三（日）三夜，行道，陈设醮礼。用能（天）（地）清和，风云静默，神灵效祉。表（圣）寿之无穷者也。专当官朝散郎行参军敦煌张浚并书。专当官文林郎守博城县主簿韩仁忠、专当官宣德郎行□□□刘玄机。

大周长安四（年）岁次甲辰十一（月）癸未朔十五（日）丁酉。大宏道观威仪师邢虚应、法师阮孝波、承议郎行宫□丞刘怀慈、邵□□等奉敕

213

于东岳岱岳观中建金箓大斋，卅九（日），行道设醮，奏章投龙荐璧。以本命镇彩物奉为皇帝敬造石玉宝皇上（天）尊一铺十事，并壁画（天）尊一铺廿二事。敬写《本际经》一部、《度（人）经》十卷。以兹功德奉福（圣）躬。其（月）四（日）已前行道之时，忽见（日）彩扬光加以抱戴，俄顷之际云色稍殊。遂有紫霞间起，黄云顿兴，遍覆坛场，并成舆盖。睹斯嘉瑞，敢不书之。斋醮既终，勒文于石。专当官宣德郎行兖州都督府参军事王处广、专当官岳令刘元机、专当官文林郎守博城县主簿韩仁忠、岱岳观主伦虚白。

从以上 7 则斋醮造像的记事刻文中，不难看出武则天自天授元年（690）易唐为周，自称"圣神皇帝"后，曾多次派员遣使至泰山祷神祈福。她在称帝后的第二年（691）就"缘大周革命"，派道士马元贞在泰山"敬造石元始天尊一铺，并二真人夹侍，永此岱岳观中供养"。

武则天称帝期间，几乎每更换一个年号就进行一次祷神之祭，15 年中共行过 7 次，甚至"建金箓大斋，四十九日行道"。武则天满心希望太上老君、元始天尊众神仙能保其"万福宝业恒隆""景福永集圣躬"，甚至能"圣寿之无穷者也"！然而历史无情，公元 705 年，大臣张柬之、崔玄暐等发动宫廷政变，逼武则天传位予儿子李显（唐中宗），复国号唐。同年十一月，武则天死。不久（景龙二年），唐中宗李显继续派员到泰山斋醮造像。如碑云："大唐景龙二年岁在戊申二月甲子朔十二日乙亥。大龙兴观□□□□□奉敕往东岳陈章醮荐龙壁。以期廿七日辛卯于岱岳观并□□□□□设金箓。行道九日九夜。烧香燃灯□□，并设五岳名山河图等。醮□三座□□功德事毕，奉用本命纹绘及余镇彩敬造镇国□□□铺。□□皇猷永固，与灵岳而恒安，国祚长隆……"自显庆六年至景龙二年，经历了武周易唐、唐室复辟的过程，此双束碑是历史的见证。

另一方面，双束碑较系统地反映了武则天改字及其推行使用新字的情况。武周时代的刻文中共留下了 12 个武则天造字（不包括重文）。这些字的字形如下：

　　造字不仅在斋醮刻文中使用，唐双束碑上同一时期的插空题刻中也使用。如久视二年，陪同敕使麻慈力观主祭岳的博城县令马友麂留在双束碑上的诗刻："我皇盛文物，道化（天）（地）先。鞭挞走鬼神，玉帛礼山川。忽下玄洲使，来游紫洞前。青羊得处所，白鹤怪时（年）。虔恳飞龙记，昭彰化鸟篇。岩风半山水，垆气揔云烟。光抱升中（日），霞明五色（天）。山横翠微外，室住绿潭边。缇幕灰（初）应，焚林火欲燃。（年）光著草树，春色换山泉。伊水来何日，嵩年去几千。山疑小（天）下，（人）是会神仙。叶令乘凫入，浮邱驾鹤旋。麻姑几（年）岁，三见海成田。"诗刻中"天、地、年、日、初、人"都书武则天的造字，这可以证明武则天的造字在当时是广为推行使用的。双束碑刻文中武则天造字的使用时间基本同施安昌同志《从院藏拓本探讨武则天造字》一文（载本刊 1983 年第 4 期）中所总结的《武后改字及石刻文字分期表》相吻合，只是证圣元年（695）改写的"国"字，在双束碑圣历元年（698）的记事刻文中未采用，仍书"国"字，可见刻碑时亦有疏误。圣历元年腊月的一则刻文中也未开始使用这一年正月武则天第二次改写的"（月）"字，仍用第一次改写的"（月）"字。此可视为不规则情况，即分期表中戊期 B 式。但中宗李显复国后，于神龙元年三月敕使在泰山斋醮记事的双束碑刻文中则已经完全恢复本字，而不再使用武则天的造字。造字前后推行时间不过 15 年左右。双束碑虽然自初唐至解放初期一直矗立在泰山下岱岳观旧址上，却没有引起宋元以来金石学家的重视，只是在明清两代有关泰山的著录中始有记载。其原因如《岱览》一书作者、清代人唐仲冕在记述此碑时所言："此碑在山下，以小而双束，故不仆。书非名笔，故摹拓者少而独完至今。"唐仲冕还对此碑的刻记形式发出感慨："叹唐时六帝一后修斋建醮，凡二十计，共此二碑。亦异乎近代之每岁一碑，以劳人而灾石者矣！"

（发表在《故宫博物院院刊》1986 年第 3 期）

泰山文化的主题诉求：国泰民安

泰山以其优越的地理位置、巍峨的地形地貌，较早地融入了中华民族历史的发展之中。由于泰山与中国的社会演进密不可分，从而影响了中华民族先民的思想。随着历史的不断演进，泰山作为一种形象和精神、深深融入中华民族传统文化的各个领域。使其成为民族文化中不可或缺的一个标识物。泰山上下所承载的自然景观和人文景观形成了独具特色的泰山文化。

如果给泰山文化下个定义，笔者认为可以这样表述：人类利用泰山环境及实物所进行的一切能对社会产生影响的行为活动、感受认知及其古迹遗存等，均可称之为泰山文化。

泰山文化是中华民族传统文化中的一枝奇葩。

一、泰山文化对中国社会的影响

泰山在中国，可以说自古至今，家喻户晓。一座山能与一个民族的发展有着几千年，甚至上万年的密切联系。在中国，乃至全世界也只有泰山。中国其他万千之山则都不能及，泰山与中华民族的发展史密不可分，足以说明泰山对中国社会影响的深远。

泰山文化对中国社会的这种影响可以从以下四方面印证。

1. 泰山在中国史籍中的记载。

翻阅一下中国二十四史及《清史稿》。我们可以清楚地看到，几乎每个朝代的政治、经济、文化诸方面都可找到与泰山的关联。史籍有载：远古的"七十二君封泰山"，秦至清之间十三个封建皇帝"亲至泰山"封禅

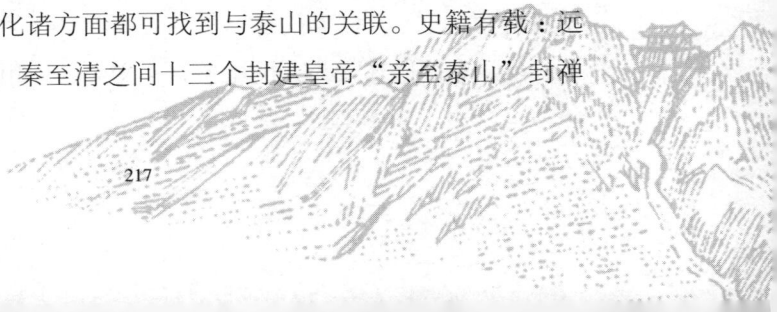

祭祀。其间，历代帝王都不忘遣官致祭泰山。泰山上下发生的一切自然现象和社会现象都被载入史册。达官的登临，文人的吟咏，百姓的朝拜，可见于历代的文章诗篇。泰山深深根植于中国社会的演进之中。

2. 泰山在汉以前文人心目中的地位

春秋时期，鲁国季孙氏"旅（祭）于泰山"，为孔子所讥笑，指责季孙氏以诸侯臣而祭泰山是一种"僭越"无礼的行为。而孟子则大声疾呼孔子登泰山的感受："孔子登东山而小鲁，登泰山而小天下。"

管子以"海不辞水，故能成其大；（泰）山不辞土石，故能成其高"，比喻物人一理，有容乃大。李斯将"泰山不让土壤，故能成其大；河海不择细流，故能就其深"之语写进了《谏秦王逐客令书》。以此恳请秦王广纳贤士，以强秦国，图霸天下。

太史公司马谈因不能随汉武帝封禅泰山而抱憾终生（史载：太史谈且死，以不及与泰山封禅为恨）。于是有了一段在文人学士中传颂的历史典故，称为"茂陵之叹"。其子司马迁在《史记》中以"人固有一死，或重于泰山，或轻于鸿毛"的比喻，成为中国千古流传的名句。

在这里特别提到汉以前思想家与政治家眼中的泰山。正是因为从春秋战国至秦汉时期，杰出的思想家、政治家对泰山的崇敬和宣扬，奠定了泰山在中国传统文化理念中的地位。

3. 汉语成语中的泰山

在我们熟知的成语中，有许多与泰山有关的内容。譬如："国泰民安""稳如泰山""天地交泰""人心齐，泰山移"，还有"一叶障目，不见泰山""有眼不识泰山"等等，这足以说明泰山作为一种特定意义的象征物深入到中国人的语言生活之中，家喻户晓，广为使用。

4. 毛泽东主席心目中的泰山

当中国历史发展到了新中国创立和建设时期。新中国的领袖赋予泰山更神圣的象征性，激励人们的斗志，强调事业的责任，形象地宣传自己的观点。

毛泽东同志在《为人民服务》一文中，引用司马迁的一句话"人固有

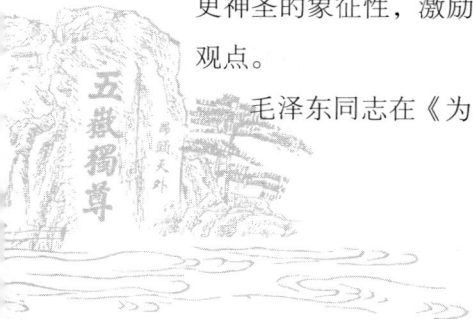

一死，或重于泰山，或轻于鸿毛"，指出张思德同志为革命献身比泰山还重。

凡此种种，形成了泰山丰富的历史文化积淀，同时也是泰山文化对中国社会的影响所致。

北京大学著名教授季羡林先生说过这样一句话："一个中国人见到泰山而不爱这个国家的，恐怕很少。"这正是泰山文化的魅力所在。

历史使然，泰山成为中华民族的一种精神意识的载体，一个不可替代的象征，一个中华民族传统理念的标识物。

二、泰山称谓的由来

泰山，又名岱山、岱宗、岱岳、东岳、泰岳。

泰山，最初被称为大山、太山。"大"在甲骨文与金文中已出现。可读作"太"。古时，"大"包含有"太""泰"之意，作"太""泰"之意时，也写作"大"。

江沅《说文释例》："古只作'大'，不作'太'，也不作'泰'。《易》之'大极'，《春秋》之'大子'、'大上'，《尚书》之'大誓'、'大王王季'，《史》《汉》之'大上皇'、'大后'。后人皆读作'太'。或径改本书，作'太'及'泰'。"

《周易》中的八卦（乾、坤、震、巽、坎、离、艮、兑），两卦相重成为六十四卦。泰为六十四卦之一：乾下坤上。也就是说乾卦在上，坤卦在下，相重形成的新卦，即为泰卦。《易·泰》："天地交，泰。"《易·说卦》："履而泰，然后安。"

于是，我们的这座山名由"大山"而"太山"，进而明确为"泰山"。这也是远古人类在泰山上的祭天地神灵的行为变成了其后人们的一种原始哲学理念的表现。

岱、岱山、岱宗，分别是泰山的别称，均见于战国典籍之中。《尚书·禹贡》："海、岱惟青州。"《周礼·职方》："河东曰兖州，其山镇曰岱山。"《尚书·舜典》："岁二月，东巡狩，至于岱宗。""岱"，古时"大"除读"太"音外，也读"代（dai）"音。岱，含有大的意思。《说文》（即《说文解字》）："岱，大山也。从山，代音。"《风俗通义》："泰山一曰岱宗。岱始也，宗长也。

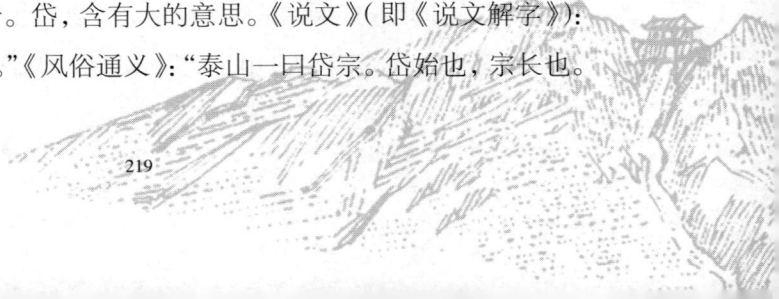

万物之始，阴阳交代，故为五岳长。"因此，"岱"就成了泰山的代称，故泰山也称"岱""岱山""岱宗"。

东岳、岱岳、泰岳，也是泰山之代称。东岳，按《诗》注云："岳言山之尊也。东方主天地生气，以方位别五岳，是为天之东柱。"这里所讲东岳，即指泰山。

古时候，先有四岳之谓，后有五岳之称。

《尚书·舜典》："岁二月，东巡狩，至于岱宗""五月南巡狩，至于南岳""八月西巡狩，至于西岳""十有一月，朔巡狩，至于北岳""五年一巡狩"。这段文字中，提到四岳（东西南北），而只有东岳是确指泰山："东巡狩，至于岱宗。"《岱史》编著者在按语中指出："凡岳皆以方位言，惟泰山不言方位而言岱，不言岳而言宗，固谓夫出震配乾，万物始代。"可见，尧舜时已有四岳之说，而且那时的东岳即确指泰山。

后人考证，五岳制度为汉武帝所创立。汉宣帝时颁诏明确：以河南嵩山为中岳，山东泰山为东岳，陕西华山为西岳，安徽天柱山为南岳，河北曲阳的恒山为北岳。后改湖南衡山为南岳。隋成定制。明代始以山西浑源县的恒山为北岳。但无论是最初的四岳，还是出现多变的五岳，泰山则一直被尊为东岳。这说明泰山为古人所认识后，一直为我们的先人所重视。正因"岳言山之尊"，泰山自有东岳之称后，也就被常常称作岱岳、泰岳。

从泰山的名称中，我们可以清楚地看到自远古以来，泰山一直为人类社会所青睐，为中华民族所寄重。

三、从柴望到巡狩到封禅再到祭祀，看泰山在中国古代社会政权统治中的作用

1. 关于柴望

《尚书·舜典》："至于岱宗。柴。望秩于山川。"

据文中所言，柴望是远古时我们的祖先在泰山上祭祀神祇的行为。这种行为包括两个内容：柴，燔柴祭天；望，遥祭山川群神。此时，我们的先人在泰山上燔柴祭天，是借高以增高，以期能与"天"通。

成语"天地交泰""升中于天"，就是古人们指泰山高，与上天最近而

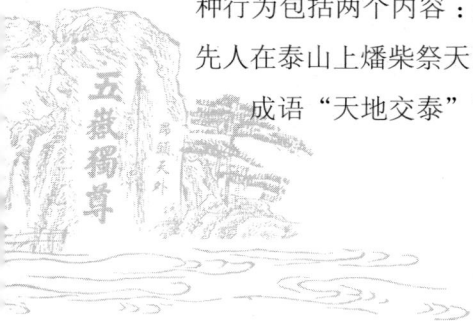

语。这种成语形成源自远古人们在泰山上的燔柴祭天行为。泰山被神化后的第一个封号是唐玄宗李隆基所封"天齐王"。这个"齐"字,正是肚脐之借谓,喻指泰山有上天肚脐之高。泰山的这个封号自然是"天地交泰",登临绝顶,可以"升中于天"之意。明代天街上曾有升中坊。其基址就在今天街坊处。

玉皇顶正殿之上所悬"柴望遗风"的匾额,也是讲这段故事。柴望是远古先民们借泰山之高,祈求天地诸神佑安之仪。

2. 关于巡狩

《尚书·舜典》:"岁二月,东巡狩,至于岱宗。柴。望秩于山川。遂。觐见东侯。"

巡狩,是远古君主巡行四方的制度。除"至于岱宗"外,"五月南巡狩,至于南岳","八月西巡狩,至于西岳","十有一月,朔巡狩,至于北岳"。远古君主巡狩之中既祭祀神灵("柴。望秩于山川"),又安抚百姓的行为("觐见东侯")。巡行中首行柴望之礼,再安抚百姓。巡狩是早期柴望之仪的继承与发展。而每一次巡狩,必先始于岱宗。舜"五年一巡狩",成为后来封建帝王封禅时间间隔的定制。

3. 关于封禅

唐人张守节在《史记·封禅书》的开篇正义中说:"此泰山上筑土为坛以祭天,报天之功,故曰封。此泰山下小山上除地、报地之功,故曰禅。"《五经通义》中强调:"易姓之王,致太平,必封泰山,禅梁父。何?命以为王,使理群生。告太平于天,报群神之功。"

封禅为帝王亲至泰山,报天地之功的旷代大典。必须具备两个基本条件:①易姓之王(改朝换代);②太平(国逢盛世)。《史记·封禅书》记载,秦以前有七十二君封秦山,但所记不过十二。而有正史记载则是自秦始皇始,到宋真宗止。先后为秦始皇、秦二世、汉武帝、汉光武帝、汉章帝、汉安帝、唐高宗(偕武则天)、唐玄宗、宋真宗,共九个皇帝。泰山封禅是中国封建社会特有的一种文化现象,也是泰山被神化、被尊崇到极致的象征。

4. 关于祭祀

宋真宗以后，诸朝帝王不再举行封禅大典。只是在泰山上举行一定规模的祭祀礼仪，而且多是遣官代祭，皇帝不亲至。所以后来，只有清康熙、乾隆两个皇帝来过。尽管如此，国家遇到大事，都不忘致祭泰山。

我们分析一下古代泰山崇神行为的演变。

柴望：在泰山上以高增高，使与"神"通；巡狩：祭祀神灵，安抚四方；封禅：演绎"君权神授"，以神道设教。达到正名分、示强大之目的；祭祀：借神道教化百姓，安国驭民。所有这些行为，都是使黎民百姓产生对神灵的敬畏，使政权产生威严，使百姓"臣服"。从而使统治者能够顺利驭民行政。

因此，自远古至清代的泰山崇祀神灵的行为，成了统治者手中的一张王牌，一直传承着。其中，帝王亲至的封禅大典，使泰山成为封建社会演绎"君权神授"旷代大典的神圣之地。这种封建社会特有的一种文化现象，铸就了泰山为国家社稷寄重之地的理念。泰山稳重高大的形体，成为国家政权稳固的象征。在中国人的心目中无比崇高神圣。

四、泰山何以五岳独尊

说起泰山，人们都会联想到"五岳独尊"四个字。泰山何以五岳独尊？问题的回答可以是多角度的。但归纳起来，笔者认为，其原因不外乎以下三点。

1. 泰山得天独厚的地理位置

泰山位于中国华北平原的东侧，山东省的中部，是中国东部最早能看到日出的高山之一。甚至于在北至燕山，南至长江，西至河南省西部（华山、卧牛山以东），东到大海的广大地域之中，只有泰山最高。

2. 泰山巍峨挺拔的地形地貌

泰山挺立于鲁中南一带中低山地之中。周围相邻的山地区域中最高山峰都比泰山低达 400 米以上（沂山海拔 1023 米，蒙山海拔 1032 米）。其他众多低山、丘陵海拔都在 400 ~ 800 米之间。形成了山东丘陵群山之中，唯独泰山最高的群峰拱岱的地理形势。而广阔的华北平原海拔仅百余米，

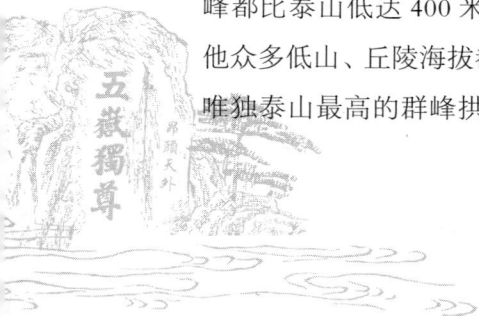

形成两者之间 1400 米上下的相对高差。而泰山主峰南向，由于地壳运动形成三个东西走向的断裂（云步桥、中天门、泰前）。使其呈陡峭上升的山势，更显其巍峨挺拔。人们从南面平原仰视泰山，倍觉气势磅礴，雄伟无比。在五岳之中，泰山海拔高度位居第三，但其与环境的相对高差却最大。

3. 泰山较早地被融入了古人对自然与社会认知之中

泰山东南发现距今四五十万年前的沂源猿人化石。新泰乌珠台发现距今五万年前的"智人牙"化石。而在泰山之阳的大汶口首先发现并命名的大汶口文化，就是距今 6000 ~ 5000 年之间，黄河下游流域的中华先民，由母系氏族向父系氏族过渡时代的典型遗存。而泰山之北发现的龙山文化，正是大汶口文化的延续与发展。以后乃至夏商周，泰山南北的先民们都在中华民族的不断演进中处于主导地位。

史学家蒙文通先生在《古史甄微》中说："中国古代文化创始于泰族，导源于东方。炎、黄二族后起，自应多承袭之。"取代夏的商朝就生活在黄河下游一带。相传商王相土就曾建东都于泰山脚下。而周朝的两大诸侯国齐国鲁国就分疆于泰山。春秋"百家争鸣"中的重要人物，许多都生活在泰山周围。如孔子、墨子、管子等等。因此，由远古的大山崇拜、太阳崇拜，泰山逐渐成了部落首长，古代君王的柴望、巡狩之地。而泰山这种远古崇神现象又被来后的思想家纳入了他们对自然、社会的认知理念当中。泰山的方位、高度被神化，作为一种思想文化形象树立起来。较早地使其成为中国古代文化演进中的一个组成部分，为古人所崇敬。《周易》八卦中，当乾在上，坤在下相重，形成新一卦时，即为泰。此卦，"象曰：天地交，泰"。而《易·说卦》："履而泰，然后安。"显然，泰山所处的地理位置，地形地貌和前人在泰山上的崇神行为影响了古人的思想意识。按照古人的哲学思想，泰山在五行中属"木"，在五常中为"仁"，在四时中为"春"，在周易八卦之中处于"震"位，在二十八星宿中属苍龙。木为东方，仁是天地大德，春是万物更生之时，震和苍龙是帝王出生的腾飞之地。所以泰山就成为吉祥之山，神灵之宅、紫气之源、万物更生之所在。其化生万物，昭示帝王名分的作用非中国他山所能代替，因此泰山才有"五岳独尊"之称。说到底，泰山五岳独尊也是中国历史形成的一种特殊文化现象。

正阳门前的岱庙坊上有两副对联，南向为清康熙年间山东布政使施天裔所撰："峻极于天，赞化体元生万物；帝出乎震，赫声濯灵镇四方。"北向为山东巡抚赵祥星所撰："为众岳之宗统，万国具瞻，巍巍乎德何可尚；操群灵之总摄，九州待命，荡荡乎功孰与京。"正是泰山"五岳独尊"最形象的写照。

五、泰山历史文化轴线——三重空间的千年营造

宋以后，具体讲来是宋真宗封禅泰山以后，封建帝王不再封禅泰山，以后的皇帝只是遣官致祭。而自宋始，宗教信仰的主体发生了变化。崇神、祭天地神灵不再是上层社会的专利。随着宗教信仰日渐民间化、世俗化，社会中下层人士成了宗教信仰的主体。宋真宗在泰山玉女池发现的一尊石刻女像，成了崇神主体变化后泰山上最具感召力的神灵。《文献通考》载："上（宋真宗）于玉女池得石象颇摧折。诏皇城使刘承珪易以玉。既成，上与近臣临观。遣使奢石为龛，奉置旧所。令王钦若致祭，上为作记。因建昭真祠。"《岱览·岱阳中》中载："金（仍）为昭真祠。洪武时，重修弘治中更名'灵应'。嘉靖朝大内施万金拓建，额曰'碧霞灵佑宫'"，"祠正殿五楹。中祠天仙玉女碧霞元君。范铜为象"。清朝韩锡胙《元君记》中说："统古今天下神祇首东岳。而东岳祀事之盛首碧霞元君。元君者，泰山玉女。元君，其封号也。庙在泰山顶。自京师以南，河淮以北，男妇日千万人。"以至东岳庙、泰山行宫（元君庙）遍布中国，泰山石敢当立于千家万户的宅院之上。这也从一个侧面印证中国历史上崇神主体的变化。正是这种宗教信仰的世俗化、民间化，也影响了泰山山城建设的布局。

1. 三重空间的划分

中国的宗教，到宋明之际，儒释道三教逐渐合一。宋元时期，在保持儒学治国正统地位的前提下，兼容佛、道二教。《三教平心论》提出"以佛治心，以道治身，以儒治世"说，鼓吹三教合流。到了明代，儒释道合流。全真教更以"三教合一"为立教修行的指南："释道从来是一家，两般形

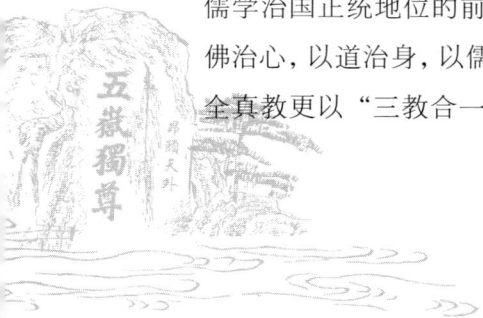

貌理无差"、"儒门释道道相同,三教从来一祖风"。

儒家崇信天神、地神的神灵之说。佛教有三世之说,主张苦修来世。道教则宣传天上有仙境,阴曹是地府。三教的日渐相容,形成了封建社会共同的一种文化理念:天上、人间、地府。宋元明清之际,在宗教信仰的民间化、社会化大背景下,泰山、泰安的地形及构筑物,被虚拟成自岱顶经盘道,过泰城而至西南蒿里山的"天、地、人间"的三重空间。

天上仙境:由岱宗坊至岱顶,盘道为"天阶"。上南天门后即为天上仙境,仙境也可以从升仙坊开始。人间闹市:泰安旧城区。阴曹地府:过奈河西至蒿里山。蒿里山,汉代已有"泰山治鬼"之说。唐宋帝王封禅泰山,多禅地祇于社首、蒿里。蒿里山曾建"七十五冥司"。

2. 历史文化轴线形成的经过

这条历史文化轴线可以追溯到隋唐。古时帝王登山路线,经历了由北(周成王)转东(汉武帝)而南。隋唐以后固定由南面山麓登山,这条登山路线遂成。而自宋迁县治于岱岳镇之后,从南面登山的路线与山下城市的营造相连接。泰山的崇神地位,山下的人间城郭,不远处的"治鬼"之蒿里。宋明之际的宗教信仰的社会化,三教合一所形成的封建文化理念左右了泰城的千年营造。山城之间形成了一条展现"天、地、人间"虚拟空间的历史轴线。也从一个侧面证明了泰安是当时万千黎民百姓朝山进香的神州。

时至今日,这条历史文化轴线的痕迹,在泰安城市突飞猛进的发展中依然依稀可见,这应当视为泰安古城独具一格的城市营造特点。泰安也因此区别于中国其他的万千古城。

六、泰山文化的主题诉求——国泰民安

泰山现有文化遗存和历史典籍中的记载,所表现出对中国社会发展的影响,其最核心部分是封建政权文化——帝王文化的特色,即在泰山上演绎"君权神授",神道设教。由此生发出泰山为国家社稷寄重之地的理念,成为国家昌盛,兴旺发达的吉祥标志。泰山安则四海皆安,国泰民安,这个成语告诉我们:国家社会像泰山一样稳定,人民就能安居乐业。

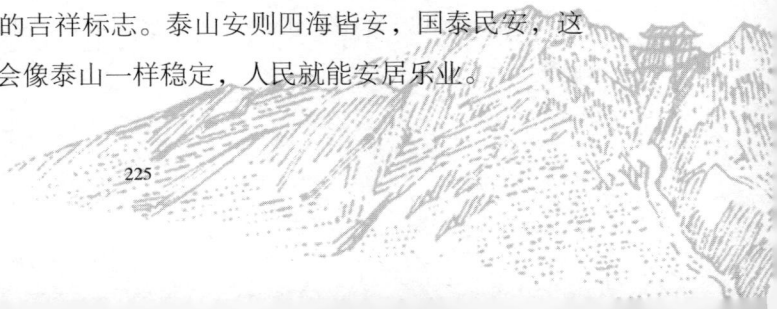

　　泰山以其结体稳固，巍峨挺拔，给人以刚毅正直的阳刚之气，符合中国人传统的"壮美"形象，成为中华民族的象征。历代文人高度讴歌了泰山的这种形象："泰山岩岩，鲁邦所瞻"《诗经》；"子曰，登泰山而小天下"《孟子》；"泰山一何高，迢迢造天庭"（陆机《泰山吟》）；"会当凌绝顶，一览众山小"（杜甫《望岳》）；"天门一长啸，万里清风来"；"凭崖望八极，目尽长空闲"（李白《山吟》六首）；"眼底乾坤小，胸中块垒多。峰顶最高处，拔剑纵狂歌"（岱顶题刻诗句）；"高而可登，雄而可亲。松石为骨，清泉为心。呼吸宇宙，吐纳风云。海天之怀，华夏之魂"（杨辛《泰山颂》）。

　　我们现在回忆一下泰山与中华民族发展史的关系。从远古至中国奴隶社会形成（具体到先秦），由远古人类在泰山对山石、太阳的崇拜而产生柴望之礼，到部落酋长（包括奴隶社会的君主）对泰山的巡行祭拜（即巡狩）。我们的祖先就借泰山这个天作的高台，向天地诸神乞生存。而自秦始皇至宋真宗的封禅大典，则成为这个时期在泰山最主要、最神圣的活动。而泰山神则逐渐由"王"而"帝"，得到封建帝王的顶礼膜拜。泰山成为国家社稷寄重之地，是正名分、示太平，显示国家安定兴盛之所。泰山神也成为上天的化身。这时，人们在泰山的主要活动是祈国泰。自北宋（宋真宗之后）以降，帝王不再封禅，虽礼泰山神，多以大臣代祭。而黎民百姓朝山进香成为泰山活动的主流，宗教信仰日趋社会化。明清之际，每年来泰山祭祀碧霞元君者达数十万众，这时的泰山成为民求安之所。

　　再看历代文人写泰山的文章诗篇，多是颂扬泰山的神圣、高大、稳重，字里行间里都流露出希冀泰山佑安之意。

　　因此，从远古的乞生存，秦宋之间的祈国安，再到元明清之际的求民安，包括历代文人墨客对泰山的神往与歌颂，字里行间中表达出泰山佑安之情。贯穿中华民族发展史的泰山是国泰民安的象征，是祈天下风调雨顺之所。泰山这座自然之山融入了中华民族意识之中。成为中华民族不可或缺的精神文化之山，成为民族精神的象征，成为中华民族传统理念的一个标识物。因此，泰山文化的主题诉求用最恰当的四个字来概括就是：国泰民安。

泰山文化包罗万象，但我们应当把握泰山文化的主题诉求，使优秀的民族文化遗产的精华为时代的进步所用。泰安市委、市政府提出的"投资泰安，稳如泰山"，正是利用中国人心目中的泰山形象宣示投资环境，吸引外商投资泰安。这是对泰山文化的一个巧妙利用。"登泰山，保平安"是千余年来，黎民百姓朝山进香的最大心愿。泰安市把它选作泰山旅游的广告用语，自然对国内外游客有很大的感召力。2006 年初，中央电视台黄金时间播出"纳天地灵气，登东岳泰山"的广告，同样向人们宣示：泰山的人文和自然景观对所有登临者都会起到精神的鼓舞和心灵的陶冶作用。有志者，一定要登泰山。这都是巧妙运用泰山文化的主题诉求，传承民族文化遗产，从而促进社会的进步和经济的繁荣。

我们要保护好泰山，利用好泰山，就要把握好泰山文化的主脉，掌握好泰山文化的主题诉求，达到古为今用的目的。

（发表于 2015 年 12 月 15 日《泰安日报》，文字有删改）

谈谈张迁碑反映的汉末社会历史

故宫博物院精选院藏珍品一百件，编辑成一书，取名为《国宝》。曾为国家元首馈赠友邦的珍贵文物之一。书中选法书八件，就有现在珍藏在泰山岱庙内的汉张迁碑的拓片。

张迁碑额称："汉故谷城长荡阴令张君表颂。"碑高 2.95 米，宽 1.07 米，厚 0.20 米。碑首呈半圆状，两侧面及顶，高浮雕蟠龙相戏，雕琢精细，栩栩如生。碑正面隶书十五行，每行四十二字，计五百六十七字。碑阴刻立碑者，张迁的故吏韦萌四十二人的姓名及捐资数，计三百二十三字。全碑共九百零二字。此碑沉厚庄重，字体遒劲方正，通体雕饰繁杂。为今存汉碑中不可多得的精品。

碑于明代为人掘地发现后，移于东平州学（今山东东平县），当时碑文尚完好可读。到正德年间、仅残缺五个字。至清代乾隆年间第八行"东里润色"四个字有磨损。光绪年间曾毁于火，许多文字被重新洗刻，其风韵大减。《国宝》一书中所收张迁碑拓片为"东里润色"四字完好前所捶拓。新中国成立后，东平县人民政府在政府院内建亭保护。1965 年移至岱庙汉柏院炳灵门下。1982 年冬移立到岱庙东碑廊内，被列为国家一级文物。现在此碑文字中磨损者六十五，不可认读者三十六。

张迁碑自明代被发现后，就为历代金石、书法界所推重，不乏溢美之词："词旨淳古，隶法朴茂""字体方整中多变化，朴厚中见媚劲"。《辞海》《辞源》中都收有词条。但人们多注重此碑汉隶的书法、文辞的笔法及其雕刻艺术，对其所能反映的汉末社会历史却重视不足。

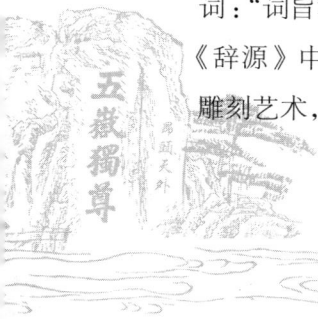

　　此碑虽然仅为一名不见经传的县长升迁表颂，但细读一下，却能增进我们对汉末社会历史的了解。

　　碑文正面刻记：

　　汉故谷城长荡（汤）阴令张君表颂

　　君讳迁，字公方。陈留已吾人也。君之先出自有周，周宣王中兴，有张仲，以孝友为行，披览《诗·雅》，焕知其祖。高帝龙兴，有张良，善用筹策在帷幕之内，决胜负千里之外，析珪于留。文景之间有张释之，建忠弼之谟。帝游上林，问禽狩所有，苑令不对。更问啬夫，啬夫事对。于是进啬夫为令，令退为啬夫。释之议为不可：苑令有公卿之才，啬夫喋喋小吏，非社稷之重。上从言。孝武时有张骞，广通风俗，开定畿寓（宇）；南苞八蛮，西羁六戎，北震五狄，东勤九夷，荒远既殡，各贡所有。张是（氏）辅汉，世载其德。爰既且（应为暨）于君，盖其缠链（缠联），缵戎鸿绪。牧守相系；不殒高问，孝弟于家，中（忠）謇于朝。治京氏易，聪丽权略，藝（艺）于从政。少为郡吏，隐练职守，常在股肱；数为从事，声无细闻；征拜郎中，除谷城长。蠶（蚕）月之务，不闭四门；腊正之祭，体囚归贺；八月算民，不烦于乡。随就虚落，存恤高年；路无拾遗，犁种宿野。黄巾初起，烧平城市，斯县独全。子贱孔蔑，其道区别。《尚书》五教，君崇其宽；《诗》云恺悌，君隆其恩；东里润色，君垂其仁；邵伯分陕，君懿于棠；晋阳佩玮，西门带弦，君之体素，能双其勋。流化八基（期），迁荡阴令，吏民颉颃，随送如云。周公东征，西人怨思；奚斯赞鲁，考夫颂殷，前喆（哲）遗芳，有功不书，后无述焉。于是刊石竖表，铭勒万载。三代以来，虽远犹近。《诗》云旧国，其命唯新。于穆我君，既敦既纯。雪白之性，孝友之仁。纪行来（求）本，兰生有芬。克岐有兆，绥御有勋。利器不觌，鱼不出渊。国之良干，垂爱在民。蔽芾棠树，温温恭人。乾道不缪，唯淑是亲。既多受祉，永享南山。千禄无疆，子子孙孙。

　　惟中平三年，岁在摄提，二月震节，纪日上旬。阳气厥析，感恩旧君。故吏韦萌等，金然同声，赁师孙兴，刊石立表，以示后昆。共享天祚，亿载万年。

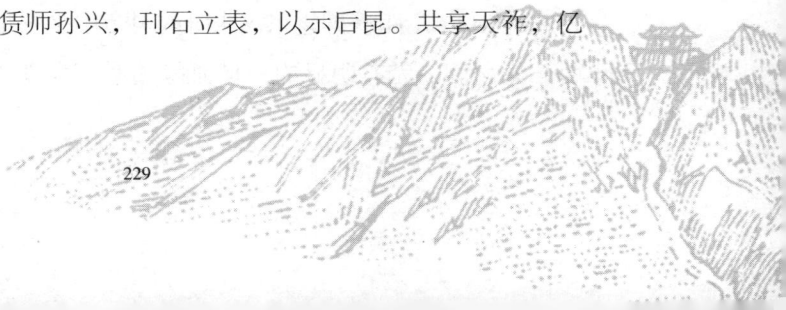

碑阴刻记：捐资者姓名钱数一览（略）。

东汉以降，封建统治阶级内部逐渐形成三大集团：外戚、宦官和官僚集团。官僚集团以"衣冠望族"即士族为核心。三个集团互相利用和倾轧，东汉政权日衰。到汉灵帝刘宏（159—189）继位。于一六八年，官僚杀外戚窦武，但不久又兴第二次党锢：杀李膺等名士万余人。党人五服内亲属及门生故吏凡有官职者全部免官禁锢。于是，士族官僚集团遭到惨重打击。宦官集团的势力达到最高峰："封侯贵宠，父兄子弟布列州郡。"朝内外官职多被其把持。而"所在贪残，为人蠹害"（《后汉书》卷七十八），致使刘汉政权日趋腐败，农民暴动四起。中平元年（184），巨鹿（今河北平乡县）人张角发难，领导轰轰烈烈的黄巾农民大起义。宦官集团惧怕农民义军，张让等甚至"多与张角交通"暗中投降，愿作内应（《后汉书》卷七十八）。汉灵帝无计，只好"大赦天下党人"，依靠士族官僚。因此，士族官僚集团的势力迅速复兴，成为镇压黄巾农民起义的刽子手。如史载灵帝怒诘宦官张让等语："汝曹常言党人欲为不轨，皆令禁锢，或有伏诛。今党人更为国用，汝曹反与张角通，为可斩未？"（《后汉书》卷七十八）张迁碑就立于这种特定的历史环境之中，碑文一定程度上反映了汉末当时的社会历史。

碑立于中平三年（186），正是灵帝"大赦天下党人"，重新起用官僚集团，镇压黄巾农民起义后。碑文中在颂扬张迁功绩，不足四百文字中，却有一半文字是追述其祖先功德的，甚至上溯到一千年前的西周宣王时期。从"以孝友为行"的张仲、"善用筹策"的张良、"建忠弼之谟"的张释之，到"广通风俗，开定畿宇"的张骞，无不意一一大加褒奖。此碑仅为一区区小县之长的升迁而立，却如此大溯其姓氏祖宗，意在扬其姓，褒其族。从而证明张迁乃名门望族之后，值得注意的是碑文中所列张迁祖先，除西周宣王时代的张仲之外，张良、张释之、张骞均为西汉前期的名臣。《史记》《汉书》中皆有传记，以其中最晚的张骞为限、其卒于武帝元狩年间（前122—前117），距修碑之东汉末时的灵帝中平三年（186）已有三百年之遥。而三张之间，无有明显的宗世血缘关系。张良"析珪于留"（今河南开封

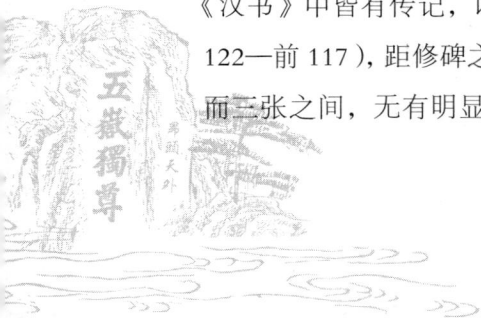

230

市东南），卒后，其子"不疑嗣侯、孝文帝三年（《史记》为五年）坐不敬，国除"《汉书卷》四十）。张释之为"南阳堵阳人"（今河南方城），"以赀为骑郎，事文帝十年不得调，亡所知名"，而后得文帝器重先后为公车令、中郎将直至廷尉，（《汉书》卷五十）：文帝在位二十三年，释之事文帝十余年，其事文帝之始也在文帝继位前期。可以断定张释之与张良子张不疑为同时期人，如系张良宗系相传，传中一定会提及，何况两人不是一地人氏呢。同样，张释之"事景帝岁余，为淮南相。……久之……卒"（《汉书》卷五十），当死于景帝后期（张释之生卒年代无确切记载）。"张骞，汉中人也（今山西城固）建元中为郎"（《汉书》卷六十一），是武帝早期官吏。释之死，与张骞生的时间应当相近。如张骞为释之后人，传中也应提及，同样二人籍贯也相去甚远。由此可以讲，碑文中所提西汉三张只是同为西汉前期的张姓名臣，而无宗世血统关系，所列功绩又都在史书中有载。同时，碑文在记述张骞之后，仅以"张氏铺汉，世载其德，爰暨于君"一语带过。虽然"盖其缵链（缠联），缵戎鸿绪。牧守相系，不殒高问"。但三百年之间，未具体书一人。这个现象告诉人们，张迁以上几代祖人，并未出现辅汉名流，充其量也不过是一些中下层的官僚地主而已。因此，这种远详近略，牵强附会地抓住被"表颂"者的姓氏做文章，甚至上溯几千年（如张仲），并且大书史籍上明确记载而且世人皆知的西汉前期张姓名臣的功绩，无非就是借此标榜张迁出身于高门大姓。这就很形象地反映了东汉末期，特别是"大赦天下党人"，士族官僚势力重新得志后十分重视官吏出身门第的社会风气。

汉末重视官吏门第出身，这种社会风气也反映在碑文中对其张姓祖先功德事例的选取上。碑文在追述张迁祖人功德中，只较详细地叙述了一件事，就是张释之坚决反对文帝将上林苑熟悉职守的啬夫与不称职的苑令易职的故事，而引出这段故事就是为了突出张释之的那句话："苑令有公卿之才，喋喋小吏非社稷之重！"并终于使"上从言"。浏览《汉书》中的张释之传中记载："十余问"、苑令"左右视，尽不能对"。公卿之才何能？而啬夫"从旁代尉（即苑令）对上所问禽兽薄甚悉。欲以观其能口对响应亡穷者"。又何不能为社稷重臣？就是因为啬夫为"喋喋小吏"，出身卑贱。同时碑文中也一再宣扬张氏的姓族繁衍。"张氏辅汉，世载其德。爰既且于君，盖其繿链（缠联），缵戎鸿绪，牧守相系，不殒高问"、"于穆我君；既敦既纯。雪白之性，孝友之仁。纪行来（求）本，兰生有芬。克岐有兆，绥御有勋"。汉末这种录用官吏重门第、轻才干的社会风气，正是后来魏晋南北朝封建统治结构畸形发展的早期思想反映。汉灭，代之而兴的魏（三国）晋南北朝政权，都是士家大族控制的政权。官位品级的高低均按望族的上下，门阀势力的大小来分配。形成了"上品无寒门，下品无势族"的封建统治结构。这一点，从立碑者的身份中也可反映出来。捐资立碑者四十二人，都是张迁的故吏从事。而其中除两三个他姓外，均为韦、范两姓。稍事注意也不难看出韦、范两姓中各自的一些辈分关系。这也反映了当时的一个社会状况：大姓族庇护下的门生故吏也有一些小姓族，门生、故吏也常常是聚族择主而为。区区一小县之长，仅因出身大姓，稍稍升迁就有几十名故吏为其树碑"表颂"，那大县之令、一郡之守、三公之尊，其门生故吏之多就可想而知了。于是就形成了大大小小的集团，即大小豪强地主集团。这些大小豪强地主集团就是魏晋南北朝时期士族豪强垄断封建政权的早期社会基础。

　　对于东汉后期的这种社会风气产生的影响，范文澜同志在《中国通史》中有过分析"东汉后期，士人逐渐从外戚为代表的上层豪强集团里分化出来，变成官僚集团。在外戚、宦官两势力之外，自成一种势力。它的政治代表是士人出身的三公和大名士。它的政治倾向一般是接近外戚集团、反对宦官集团。它的进一步发展，就成为魏、晋、南北朝的士族"。张迁碑的树立，碑文的撰写一定程度上反映了这种历史现象的形成和发展。

　　另外，此碑也从反面反映了黄巾农民起义势如破竹的浩荡声势，说明了士族官僚地主是镇压黄巾起义的刽子手。碑文中记述的张迁功绩的主要一条，即"黄巾初起，烧平城市。斯县（指谷城，今山东东平）独全"。好一个"黄巾初起，烧平城市"！只此八个字，就把汉末农民苦于刘汉政权腐败，生计无着，奋起抗争的大规模暴动的形势反映得十分生动形象，

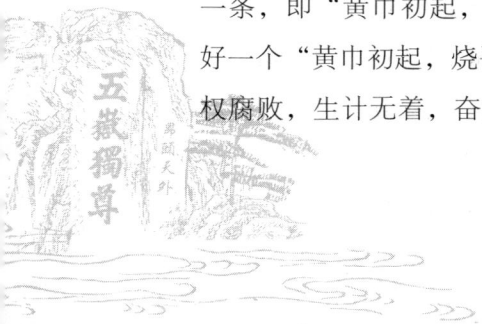

正是对当时黄巾军"燔烧官府，劫略聚邑。州郡失据，长吏多逃亡"（《后汉书卷六十一》）的斗争形势的高度概括，而"谷城独全"。张迁正是因此升迁为荡（汤）阴令的。宦官"暗中投降""今党人更为国用"。社稷倾倒之际，士族官僚集团成了镇压起义的刽子手。结合汉末社会历史的发展，我们清楚地看到镇压黄巾起义的刽子手多是士族为核心的豪强官僚地主。黄巾起义失败后，随之而兴的不再是刘汉政权，却是群雄割据的分裂局面。这正是以士族为核心的官僚地主集团在镇压黄巾起义中不断扩大自己的势力而分别拥兵自重造成的。

综上所述，笔者认为，在我们欣赏张迁碑流畅遒劲的汉隶书法之时，结合碑文联想一下汉末社会历史以及后来的魏晋南北朝时期士族门阀势力的兴衰，也是很有价值的。

（发表于《泰安师专学报》1988年第三期）

一部研究泰山宗教发展史的力作
——刘慧《泰山宗教研究》序

泰山是我国的名山，为五岳之一的东岳。古人以东方为始、为长、主生，故泰山有"五岳之长""五岳独宗"的美誉。

泰山地处黄河下游，是中华民族的发祥地之一。众多的考古发现，有力地证明了从人类之初的远古时代，泰山一带已经是人类频繁活动的重要地域，而且先进于同一时期其他地域的文化。泰山南北养育了一支组成中华民族的重要原始部落群体。随后取代夏朝的商就生活在黄河下游一带。相传商的始祖契曾居于泰山之南的滕县（今滕州市）一带，相土曾建东都于泰山脚下。有周以来的两个诸侯大国齐国、鲁国就分疆于泰山。

远古人类艰难地生活在恶劣的自然环境中，对一些自然现象，如风、雨、雷、电及洪水等的发生不能理解。为生存乞灵于某一物体，这就形成了各种各样的原始崇拜；为生存还要乞灵于上天，也就产生了远古人类心目中的"神灵"。生活在黄河下游的先民们自然就选中了华北平原上世代栖息生活的地域中可与"天"相通的高山——泰山，作为祈求、答谢天地神灵的场所。于是，泰山上就有了自远古开始的巡狩望秩活动，遂有"古者封泰山禅梁父者七十二家"之说。

当历史进入阶级社会之后，封禅活动又染上了"君权神授"的色彩。取得政权的统治集团都要借助神权来巩固政权。于是"惟泰山为天子亲至"的封禅活动，成为中国封建社会历史上各个朝代最高统治者争相成行的旷代大典，形成了中国封建社会的一种特殊的文化现象。

由于封建统治者把封禅活动同道教融合，因此，自汉以来，沿登山封

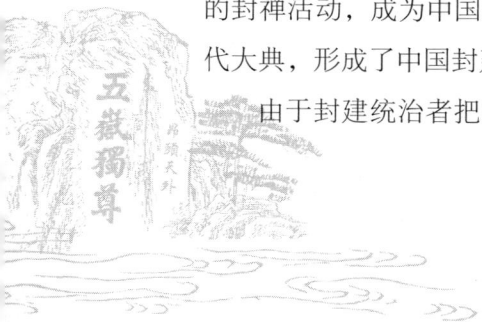

禅主线（今泰山东路）两侧，道教庙观林立于途；而在佛教传入中国不久的魏晋时期，泰山上就有了佛门寺院。

由于泰山的独特神韵，千百年来，中国历代的文人学士都以能登临泰山为志、为荣。今天的泰山上下保留了自秦泰山刻石以来的历代刻石1300余处。这些刻石内容十分广泛，包含了封建帝王登封，文人墨客唱颂，宗教寺庙繁衍，黎民百姓祈福……泰山以其深邃、丰富的人文内涵，特殊的文化现象和性质，成为中国传统文化的缩影。

伴随着我国社会科学事业的发展，泰山文化的研究引起了不少专家、学者的关注，初步形成了一个研究泰山文化内涵的学术群体，开始了多学科、多角度的选题研究。目前已涉及泰山封禅史、封建帝王与泰山、历史名人与泰山、泰山古建筑、泰山美学、泰山刻石艺术，以及泰山地质、泰山植被、气象、泰山古树名木等诸方面，并出版了一批研究论著。刘慧同志的《泰山宗教研究》是从泰山宗教的起源、发展角度来研究泰山的。

我和刘慧同志是同事，记得早在1987年，他就谈起过要写点有关泰山宗教方面的东西。1988年他到北京大学哲学系进修期间，得到了我国哲学界著名美学家杨辛教授的指导，并有目的地搜集、研究了大量有关泰山宗教的史料。对选题的确定和完成，真可谓获益甚丰。回馆工作之后，仅用不足一年的时间，就拿出了书稿，并由文物出版社出版。这是一部经过四年的深思熟虑后，几乎是一气呵成的著述。

我们是同道，常在一起切磋学问。他写的书，我自然有先读之便。一年之中，几乎是他写完一章，我就先读一章。书稿全部完成后，我又重新通读。对于宗教问题，我没有什么研究，具体到泰山宗教方面的知识，也只是从泰山上下的寺庙宫观开始了解的。读过刘慧同志的《泰山宗教研究》一书之后，学到许多新鲜的东西。此书值得一读，特别是对于有志于了解和研究泰山历史文化的人们。刘慧同志计划《泰山宗教研究》出版后，把搜集到的有关泰山宗教的史料结集出版，作为这个选题完成后的一个副产品，以免有志于研究泰山宗教同仁的重复之劳。同时，也是对刘慧同志《泰山宗教研究》一书的观点阐述分析的一个印证。这一做法，是值得称道的。

换言之,《泰山宗教研究》及其史料汇编的出版，都应当是刘慧同志对泰山历史文化的研究，尤其是对泰山宗教史研究的重要贡献。

《泰山宗教研究》作为泰山文化研究书库中的一部力作，一定会受到有关专家、学者以及从事泰山文化研究的同志们的厚爱和赞誉。

1992 年 6 月于岱庙遥参亭

（刘慧《泰山宗教研究》由文物出版社出版）

一书在手 读懂泰山

——读张用衡《泰山石刻全解》

近日，喜读张用衡先生新出版的《泰山石刻全解》两卷本巨著，感受颇深，收获良多。

众所周知，泰山是中国一座古老的大山。

泰山以其优越的地理位置、巍峨的地形地貌，较早地融入了中华民族历史的发展之中。一座山能与一个民族的发展有着几千年，甚至上万年的密切联系，在中国乃至全世界，也只有泰山。由于泰山与中国的社会演进密不可分，因此泰山影响了中华民族先民的思想。随着历史的不断演进，泰山作为一种形象和精神融入中华民族传统文化的各个领域，使其成为民族文化中不可或缺的一个标识物，泰山上下所承载的自然景观和人文景观形成了独具特色的泰山文化。

泰山文化是中华民族传统文化中的一枝奇葩。

这种独具特色的泰山文化，主要表现在人类利用泰山环境及实物所进行的能对社会产生影响的行为活动、感受认知及其古迹遗存等方面。

泰山历史文化的积淀主要体现在构筑物（古建筑和盘道）和遍布泰山上下的上千处石刻中，以及散布于中国各类史籍的文章诗篇中。而泰山上下数以千计的石刻中所包含的历史文化信息尤其丰富。

泰山石刻是祖祖辈辈中国人在泰山上下与天地、自然、神灵交流的记录，是后来人追寻前人心灵轨迹的必由之径。

我国明代有一位叫王思任的文学家在他的《登泰山记》中写过这样一段话：

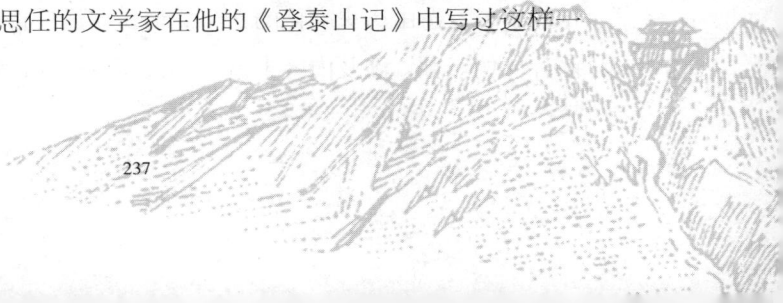

"生中国或不见泰山，见泰山或不能游，游矣或不能尽，尽矣或不能两日之内毫无所蔽，无人而独领。"意思是说：有的人生在中国，而见不到泰山；有的人见到泰山，而不能游；有的人虽游而不能登顶；有的人虽能登顶，而不能以两日内达到遍游。这些人做不到的事，偏偏只有我做到了。

在这里，他是告诉人们应当像他那样游泰山：以两天之时，从容遍游。

他抒发自己对泰山的印象："（泰山）维天东柱，障大海，镇中原，钟圣贤，兴云物，润兆民，府神鬼，变化无方。奇不在一泉、一石间也。此不可以游赏而可以观。善观者，观其气而已矣。"

这告诉我们，泰山展示的是一种景象、气势、胸怀，给人的是一种精神的震撼。而这种精神的震撼，需要人们在攀爬登山的艰辛努力中，在登绝顶极目壮丽山河中，在登临途中的刻石阅读中去获取、去感知。

泰山石刻是人们研究泰山对中国社会发展所产生影响的重要史料。一句话，要了解泰山文化、要研究泰山文化，就必须去研读泰山石刻，去掌握泰山石刻的丰富内容，从中挖掘出所蕴含的历史文化价值。

关于泰山石刻的著录，在历代有关泰山的史籍中都有收录，足见其重要性。

20世纪80年代改革开放以来，出版发行了多部有关泰山石刻的著述，如《泰山历代石刻选注》《泰山石刻大全》《泰山石刻》等等。这些编著的出版对人们了解泰山石刻、研究泰山文化提供了丰富的实物原貌和文字内容，在对泰山文化的研究中发挥了重要作用。

张用衡先生在泰山管理部门工作30余年，主要从事文物培训和泰山文化宣传工作，编写出版过10余部有关泰山的书籍。泰山上下的景点、石刻、掌故，他都烂熟于心。

张用衡先生对已经出版的泰山石刻著述的内容、编撰体例十分了解。他的《泰山石刻全解》则另辟蹊径，以一个泰山石刻讲解员的视角去诠释这些承载着泰山历史文化的文字。语言尽量口语化，浅显易懂，引人入胜。而且体例新颖，涉及内容丰富，令人耳目一新，值得一读。

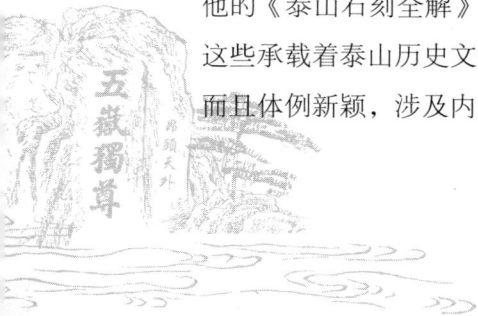

首先，张用衡先生在《泰山石刻全解》体例中，没有遵循以往石刻著述中，或以年代为序，或以内容为组，或以碑碣刻石分类的习惯做法，而是采取以景区为章，以景点为节，按游览顺序逐一介绍的体例。让游览者在游览中访读石刻，顺其自然。即便游览者在登泰山之后获读此书，也可以追忆登临中景点刻石的情景。

其次，如《泰山石刻全解·序》中所提："据专家 21 世纪初统计，泰山存历代石刻 1587 处，其朝代分布情况为：秦代 1 处、汉代 3 处（包括无字碑）、晋代 1 处、北朝 4 处、隋代 1 处、唐代 37 处、宋代 118 处、金代 22 处、元代 36 处、明清至当代则更多了。在本书中我们能够看到其中的几乎全部。"这就足以说明，此书是迄今为止收录泰山石刻最全者。

其三，《泰山石刻全解》所录石刻尽量呈现刻石原貌，对已磨损不清的石刻，尽量借助史籍，还原刻石内容原貌。如双龙池内的《曹公渠记碑》（见《泰山石刻全解》第 1 页），"立于清光绪七年（1881），上面的字被人为地磨掉了，已不可读，碑文根据史籍补齐"。还石刻的历史原貌，给研究者提供较完整的石刻信息。

另外，部分石刻配以彩色照片或拓片，让读者对石刻的面貌有清晰印象，也可以借照片追忆刻石所在景点的情景。

书中大量彩照和拓片的出现，打破了石刻著录书籍通篇只是黑字白纸的僵硬模式，增加了读者对刻石印象的直观性，同时，给阅读者以愉悦的心情。

其四，《泰山石刻全解》对每一个词条，首先介绍所在位置，录以石刻全文，加以句读，并注释介绍作者，或说明刻石出现的背景原因，利于读者全面了解刻石的历史背景。

其五，作者对一大部分刻石，主要是古代碑文和诗词，增加了刻石大意说，即释文。这为缺乏古文和古诗词知识的读者及时了解石刻内容提供了便利。

其六，书中许多词条后面附有读碑赘语，这应是此书的一大看点，这也是我读此书印象最深、收获最大的地方。

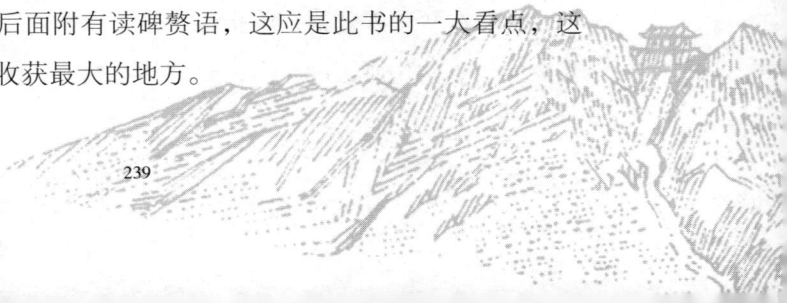

张用衡先生用大量笔墨作刻石内容大意说和读碑赘语，帮你读懂刻石。其中，读碑赘语是作者对刻石的理解与分析，有提纲挈领之意、画龙点睛之妙。

下面仅举几例，以为佐证。

在读碑赘语中，从题刻所录古语的不完整性，添字生义，得出多种不同含义的丰富猜想，给人印象深刻。

位于红门孔子登临处坊前的"登高必自"题词碑（见《泰山石刻全解》第 297 页）。

作者在"读碑赘语"中，首先指出"碑中四字语出《中庸》：'辟（譬）如行远必自迩，辟如登高必自卑'。碑中省略'卑'字，使这句话变得不完整，给后人留下了添字生意的文字游戏和更多的想象空间。"

接着，作者在读碑赘语中，先以"登高必自卑"讲述古文原意。随后又以"登高必自强""登高必自己""登高必自此"来讲述此碑内容含义的不同，令读者兴趣盎然。最后，还引用著名学者庞朴的话点出对此碑的评价："（此碑）昭示游人应具有脚踏实地、循序渐进、埋头苦干、胸怀大志的精神。它可以算是泰山这本人文教科书的第一课，也是中华精神的主旋律。"

区区四字题刻，经作者点化，妙趣横生。

在读碑赘语中，作者从一个封建帝王对泰山神封号的态度与前后诸代帝王泰山崇神行为的比较，分析出古代社会帝王泰山崇神意识的演变。

位于岱庙天贶殿西侧的朱元璋《去东岳封号碑》（见《泰山石刻全解》第 139 页）。

碑文中写道："因神有历代之封号。予起寒微，详之再三，畏不敢效。盖神与穹同始，灵镇一方，其来不知岁月几何。神之所以灵，人莫能测。其职受命于上天后土。为人君者何敢预焉！惧不敢加号，特以'东岳泰山之神'名其名。"

作者在"读碑赘语"中指出"朱元璋的这一做法，是有着社会发展所带来的历史文化原因的。泰山封禅从秦始皇、汉武帝延续到唐代，其中是

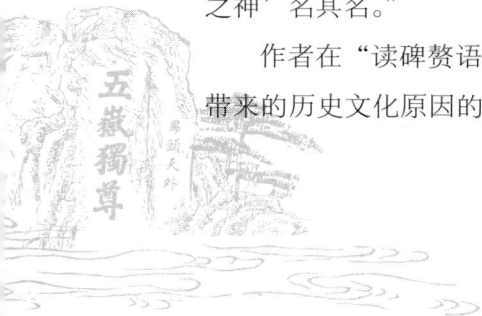

有着很大变化的。秦始皇、汉武帝的封禅秘而不宣，他们匍匐在神的面前，乞求神的保佑，诚惶诚恐，完全失去了自我。唐代皇帝却借此来显示政绩，剖白胸怀，真正使人感到了与神的对话。也就是说，泰山封禅已由秦汉的'神本位'转化到了'政本位'。""到了宋代，宋真宗则通过封禅向天下宣示和平，并且做了一些造假的事情，搞得似乎并不神圣了。所以在朱元璋看来，唐宋皇帝是亵渎了泰山神灵，因此与其不断地给泰山神叠加封号，还不如还其本位。"进而分析到"朱元璋削掉了泰山神的封号，不再孜孜以求到泰山封禅祭天，应是社会发展的必然。虽然他仍然不断派人到泰山祭祀泰山神，但是从他开始，泰山便渐渐走向世俗，走向民间。及至发展到清代，皇帝眼中的泰山，更成了诗赋的题材，绘画的摹本，游乐的场所。他们为泰山的拔地通天、雄伟盖世而折服，为大自然造化的鬼斧神工而惊叹，泰山的形象成为他们抒怀与寄托情感的最佳对象。"

从一个皇帝对泰山神的行为而联想到秦汉唐宋至清几代皇帝泰山崇神行为的变化，由一点而串成一线，从纵向比较中发现社会行为、意识形态的演变，给读者更多的启发与引导。

在读碑赘语中，作者选出石刻古诗中的典型例句加以重点分析，突出一个伟大历史人物与泰山对中国社会历史演进的影响。

天街之上的孔子崖所刻清代汪稼门诗（见《泰山石刻全解》第516页）。其诗为：

> 高瞻远瞩重徘徊，小天下处孔子崖。
>
> 当日望吴谁侍立，同看白马一颜回。
>
> 物各有类类如此，见山类者叹观止。
>
> 孔子圣中之泰山，泰山岳中之孔子。
>
> 见其大者心泰然，人心中自有泰山。
>
> 求其所安皆自得，何须矜祷翠微天。

作者在"读碑赘语"中指出："诗中最为精辟的句子是'孔子圣中之泰山，泰山岳中之孔子'。的确如此，中国古代思想家中没有任何人能超越孔子，中国的所有名山，也没有一座能超越泰山。""在孔子时代，以孔孟为代表的思想家、政治家与泰山的关系已迥然不同于历代帝王诸侯，在他们眼中，泰山同'神'并没有多少关系，而是同社会与人生联系在一起。孔子就'不事鬼神'，'不语怪、力、乱、神'，他们以全新的目光审视泰山，审视天下，审视自身。'孔子登东山而小鲁，登泰山而小天下'的名言，就是他们决心'以天下为己任'，要站在泰山一样的高度来观察社会与人生的宣言。他们把泰山作为自己精神与生命的象征，像泰山一般坚韧不摧，对中国历史文化的发展产生了深刻的影响。"

诚如作者在这段赘语中所言，也如清代汪稼门这首诗中所道："见其大者心泰然，人心中自有泰山。"我们可以清楚地看到，在中国自古至今的社会发展中，有一个人和一座山，始终产生着重大影响，这就是孔子与泰山。这种读碑赘语何等精辟，读来令人备受启发。

在读碑赘语中，作者还对刻石的成因及时代尚无定论者，汇集研究者不同的论证观点，昭示读者，鼓励更多的研究者关注。

玉皇顶门前无字碑（见《泰山石刻全解》第588页）。

作者在"读碑赘语"中首先指出："对无字碑，三个人，两种说法，到底谁的正确呢？"

所谓"三个人，两种说法"，是指无字碑周围三通诗碑的内容所提及的明张铨、清乾隆的秦碑说，郭沫若的汉碑说。随后，作者用较长的篇幅，介绍了清代顾炎武依据《史记》推断为汉武帝所立说；清人孙何依据"广窄长短制度与琅玡刻石相符"的秦始皇所立说；又用东汉光武帝刘秀泰山封禅时的从臣马第伯的《封禅仪记》中"汉武在其北"，印证顾炎武的汉武所立说。最后，又概括了当代泰山研究专家姜丰荣先生从形制上分析，无字碑是石阙而不是碑碣。认为始皇封禅台与石阙就在玉皇庙山门以南的平台上，即现在无字碑的所在，从而断定无字碑是秦之石阙。真乃众说纷纭。

作者在介绍诸家观点之后，留下一句："无字碑之谜，究竟孰是孰非，仍然没有定论。"作者在这里详述无字碑成因的几家观点，意在让从事泰山文化研究的同仁和后来者继续这个选题的研究。

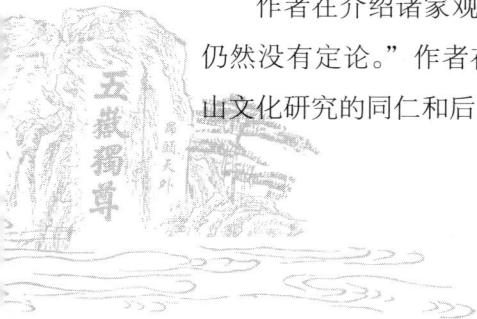

张用衡先生此书中的"读碑赘语"点赞之处甚多，这里不能——评说，处处点赞。

当然，我们了解泰山文化，读懂泰山，首先应当重视对石刻原始资料的审读。而张用衡先生在这本书中的"读碑赘语"，则一定会给我们诸多的启示与引导。

《泰山石刻全解》还有许多值得称道之处，这里不再——列举。

古人云：开卷有益。一本书的益处，只有读者通过自己阅读去体会。

当然，每一部著作、每一本书都有其不尽完美之处。《泰山石刻全解》的文字采用了导游词体，上面已经提到，读来亲切、浅显易懂。这当然是个优点，但是，过于直白、口语化，显得有些絮叨之嫌。人们常说，言已尽而意无穷，即便是导游词体，也不应当讲得过细、过详，文字与口语之间应有区别。导游词也应给导游员留有临场发挥的空间，有些话，点明即可，不必过于细腻陈述为宜。

另外，这部著作取名"全解"，有过大、过满之嫌。借用苏东坡的一句词："此事古难全。"何况一本书而解几十万字的石刻呢？如去掉一个"全"字，名为《泰山石刻新解》，会更好。

诚然，这只是我粗读一遍后的个人之见。

但瑕不掩瑜，这是一部值得称道的著作。对于一个愿意了解泰山文化的人，对于一个有志于研究泰山者，书案上有一部《泰山石刻全解》，十分有益。

（发表于 2015 年 11 月 6 日《泰安日报》，张用衡著《泰山石刻全解》由山东友谊出版社出版）

自然环境对泰山木构架古建筑的影响
及其保护措施

1987 年联合国教科文组织世界遗产委员会将泰山列入世界自然与文化遗产目录，使泰山成为第一个世界自然与文化双遗产的单位。泰山的自然与文化价值引起了全世界人民的关注，也使泰山的管理部门加强了对遗产的保护管理工作。下面仅就泰山列入世界文化遗产部分中占较大比例的泰山木构架古代建筑的形成和遗存概况及采取的保护措施试作分析说明。

一、泰山古代木构架建筑的形成、发展及其遗存状况

泰山是中国古老的一座大山。位于中国华北大平原的东侧、雄峙于山东省中部，总面积 426 平方公里。主峰玉皇顶在中国山东省泰安市的城区北部。泰山南缘为北纬 36° 10'，北缘为北纬 36° 42'。西襟黄河，东临黄海。

泰山主峰玉皇顶海拔 1545 米，其周围相邻的山地区域中最高山峰都比玉皇峰顶低 300 米至 400 米。广阔千里的华北平原海拔仅百余米，与泰山形成了 1300 米以上的相对高差。从平原仰望泰山，气势磅礴、雄伟无比。

中国东部，万里沃土之上，唯其最高。泰山由下及顶，高度逐步增加，形成泰山山势累叠，群峰簇拥，主峰高耸之状。整个泰山山脉盘卧、绵亘于 100 余公里之间。其基础宽大而形体浑厚，给人以 "稳" "重" 之感。

1300 多米的相对高差，盘亘于 426 平方公里的面积之上的巨大形体，使泰山成为中国东部的一根擎天巨柱，一座巍峨挺拔的高山。

泰山又是中华民族发展史中的一座文化之山。

泰山地处黄河下游，是中华民族先民们繁衍生息的发源地之一。中华民族在其形成和发展进程中又不时地将自己的生存、繁衍、进步和文明刻

记在这座大山之上。

在泰山东南的沂源县发现了距今四五十万年的猿人化石；

在泰山东部附近的新泰市发现了距今 5 万年的"智人牙"化石；

1959 年，在泰山之南的大汶口镇首先发现并发掘的"大汶口文化遗址"，正是距今 6000 至 4000 年之间，反映原始社会新石器时代的中国先民们生活的典型遗址之一。

远古人类生活在恶劣的自然环境之中。对于一些自然现象如风、雨、雷、电及洪水等的发生不能理解。为生存乞灵于某一种物体，为生存还要乞求于上天，于是产生了远古人类心目中的"神灵"。于是，由山岳崇拜，遂又产生了燔柴祭天的活动。

生活在黄河下游的中华民族的先民们，自然而然地选中了华北大平原上他们栖息生活的地域中可与"天"相通的高山——泰山，作为祈求、答谢天地神灵的场所。于是泰山上下就有了传说自远古起的封禅活动。封禅，"此泰山上筑土为坛以祭天，报天之功，故曰封；此泰山下小山上除地，报地之功，故曰禅"（《史记·封禅书》）。

当历史进入"家天下"的阶级社会之后，这种封禅活动又染上非常浓厚的"君权神授"的色彩。取得统治地位的集团就要借神权来巩固政权。因此，"惟泰山为天子亲至"的封禅活动，成为中国封建社会历史上各代最高统治者争相成行的旷代大典，成为中国封建社会特有的一种文化现象。他们借以粉饰太平，稳固政权，显示自己"君权神授"、至高无上的地位。从秦始皇统一中国后，在公元前219年封禅泰山起，先后有过十二个帝王来泰山进行封禅祭祀活动。因此泰山成为中国古代国家社稷的象征，于是有了"泰山安、四海皆安"的说法，后来就形成了中国家喻户晓的一句成语："国泰民安"。

随着封建帝王的不断封禅祭祀，宗教活动也随之繁衍发展，官方的崇祀殿宇和佛教、道教的庙宇宫观散布于泰山上下。鼎盛时，多达 100 余处。泰山上下的古建筑，从气势恢宏的宫殿到朴素的地方民居无不尽有。这些古代建筑可以反映中国古代北方建筑的风格特点。在经历了二千余年的风雨沧桑之后，现在泰山上下保存的古建筑仍有近 20 处。这些古建筑大多数保留了中国古代建筑的传统抬梁式做法：先用立柱和横梁组成构架，以数层重叠的梁架，逐层缩小，逐级加高，直至最上的一层梁上立脊柱，放檩条，形成建筑的主体框架，然后上覆以瓦，周围砌上墙，前后开出门窗。整座建筑是以木框架为中心，墙壁只起维护保暖隔断作用。泰山上现存的这类木架古建筑，典型的有宋代的灵岩寺千佛殿，元代的岱庙仁安门，明代的碧霞祠大殿和两配殿及山门，清代的岱庙天贶殿。其他古代建筑大多都保留清代建筑的制作特点和风格。这些古代建筑，多为当时的封建王朝的官吏监造。工艺水平和建筑特点都能反映当时中国建筑的水平。其中的岱庙宋天贶殿，其制作形式反映了中国封建王朝宫廷建筑的最高规格形式——帝王宫殿的最高标准重檐庑殿顶，它同中国北京故宫的太和殿、山东曲阜孔庙的大成殿都是中国著名的古建筑群。这些建筑都已成为泰山列入世界文化遗产的重要的组成部分。保护好这些中国木构架古代建筑已成为泰山管理工作者的重要任务之一。

要很好地保护这些木构架古建筑，需要了解清楚它们能保存下来的原因和目前存在的隐患。对症下药，采取较妥当的措施，尽可能地减少损害，来延缓这些古建筑的寿命，为子孙后代留下宝贵的遗产。

二、中国古代"天人合一"的思想与"相地选址"的观念对保存泰山木构架古建筑的影响

上面介绍泰山古建筑形成的原因时指出：泰山古建筑的出现是伴随封建帝王封禅祭祀活动而开始的。从历史资料看，是从公元前 219 年秦始皇封泰山开始，帝王登封泰山的路线先由泰山的阴面（秦始皇从泰山北面登山），再改为侧面（汉武帝从泰山东面登山），最后固定在阳面（从唐玄宗开始，以后的帝王都从泰山南坡登山）。从唐代开始历代都对泰山南坡进行登山路线的开凿、修筑和建设。而泰山的南坡呈现接近东西向的断层。泰山上升，汶河（泰山南面的一条东西流向的大河）下沉，造成山势陡峻，峰崖如削。人们从南麓登泰山、步步抬高，如登天梯，气势十分雄壮。泰山南坡出现三条正盘上升的断层：云步桥断层、中天门断层和泰前断层。

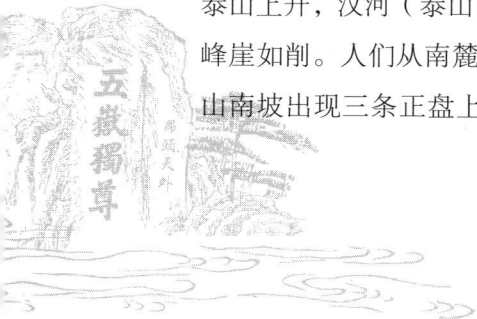

形成了泰山陡峭高峻的三大台阶式的地貌形势，造成了由低到高十分鲜明的层次和居高临下的高旷气势。这种山势的形成与古代人们在泰山顶之上可以与"天"（上天神灵）相通的思想行为相吻合。这就反映了中国古代社会"登山如上天""天人合一"的传统思想意识，"天人合一"可以理解为人与自然应当和谐共处的意识。

泰山及其附近为典型的季风气候，受蒙古气团和太平洋气团的交替影响，形成了冬春干燥多风，夏季火热有雨，秋季晴阴少雨的气候特点。泰山所属的山东泰安市平均气温为12℃，泰山高于0℃的天气在280天以上。因此，泰山之南为阳面，泰山地区多西北风，南面既可背风又向阳，十分利于人们生活和居住。因此，1600年之后人们在泰山上下的活动就主要集中在泰山的阳面，而修筑的道路与建筑也都集中在泰山的南面。今天保留和保存较好的中国古代木构架建筑均在泰山南面。这种结合地理与气候环境，努力选择适于人们居住、活动的地点进行建筑的历史遗迹、遗物，充分反映了中国古代人"相地选址"的观念。泰山南坡古建保留下来的最多，正是中国古代人"天地合一"、努力使自己适应自然环境的意识的反映。中国古代人努力选择适于建筑保存的环境去营造，终于使得以木构架为主的建筑物可以较长时间地保存下来。中国古代人不仅在大的气候、地理环境尽可能地选择适于建筑的地点，针对小的气候、环境也采取了一些相对积极的措施，延缓了这些古建筑的寿命。如位于岱顶稍低处的碧霞祠，在明代之前，殿宇顶部全是陶瓦。但山顶上时有大风袭击，陶瓦常被击坏，造成顶毁漏雨，木构件腐朽损坏的现象。明代万历年，因"飙风刚劲，瓦多飘毁，祠不能久"，于是"谋新之"，改为冶铜、铁为瓦。现在岱顶碧霞祠的正殿之上全为明代铜瓦，东西两殿和山门俱为明代的铁瓦。一方面防止了狂风吹毁，也使雨水不能渗漏，室内木构件就不易腐朽。另外，泰山上下祠庙神宇，人们多在春、秋之季前来祭祀，这时的泰山气候较干燥，庙宇门户开启，也不至于造成建筑的木构件因潮湿而腐烂。而在其他季节，多数殿堂都减少开启时间，祭祀人较多的碧霞祠内仅开院中一香亭供人参拜，而大殿之门很少开启，从而减缓了室内木构件吸潮现象。这虽然不是

古人当时的自觉行为，但却起到了良好的保护古建筑的效果。从现存的近二十处古建筑及其有关文字史料分析，这些古建筑在其遭受破坏方面，很少因为风毁或雷击，而主要是战争和火灾。另外还有值得注意的是木构件的腐朽问题。这应当是现在管理这些古建筑的工作人员面临的重要任务之一。

三、泰山管理部门对保护泰山古建筑采取的措施

泰山是中国的一座神圣之山，中国人把泰山看作是中华民族精神的象征。因此，泰山的自然景观和文物古迹，从古至今都受到中国人的保护。现在，伴随着时代的进步和科学技术的发展，特别是人们对文物古迹保护管理意识的进一步提高，泰山管理部门对泰山木构架古建筑的保护管理进一步加强。结合泰山古建筑所在的地理位置和环境，认真分析泰山古建筑在保护管理中容易出现事故的原因。结合传统习惯，把握重点，采取较为有利的措施，防患于未然，杜绝人为事故的发生，减少自然灾害对古建筑的破坏，努力延缓古建筑材料的使用寿命。结合古建筑的维修，制定了修缮时不改变文物原状的原则；整旧如旧的原则；尊重当时的技术传统、法式、材料、工艺和时代特色的原则；能小修的不大修，能局部修就不落架大修的原则；风格统一的原则；尽量利用原有构件的原则。这些原则的实施，最大限度地保存了泰山古建筑的原有风貌和历史信息。经过十几年的努力取得了较为明显的成绩。

从泰山现存古建筑和有关的史料分析，容易造成泰山古建筑受损的主要部分是木构件。这不仅因为中国古建筑是以木构件立架，更重要的是木构件长期处于风吹、日晒、雨淋、雾凇及霉菌、虫害的侵蚀状态，易腐朽，也易火毁。因此，保护泰山古建筑，延缓泰山古建筑的寿命，其中心任务是防火和防木构件的腐朽。其次还有避雷击，防风灾等问题。

1. 关于泰山古建筑的防火措施

泰山古建筑的防火与城市防火相比有着更大的困难。因为建筑物分布在山体各处，不通公路，没有城市消防供水管网。现代化的城市消防队伍对其束手无策。针对泰山古建筑所处的特殊环境，在配置消防设施上要建

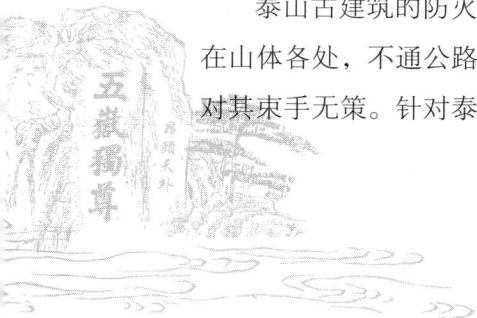

立有效的预防措施和独立的消防设施。

（1）严禁在古代建筑内使用明火和严格控制用电。

泰山古建筑的功能多是祭神拜佛。过去传统的祭祀方式，就是在殿宇内的神像前焚香以表达自己的崇神意愿。殿宇内的神职人员每天也要焚香诵经，以示虔诚。而过去殿宇的被毁多源于此。针对这种现象，在殿宇外设立专门的焚香、烧纸处（火池或宝藏库），还要与林木、草丛保持一定的防火间距，并有专人负责清理火种，殿宇内只许行礼而不再焚香。开放的殿宇一般不允许用电。如确需用电，要严格审批手续，采取防范措施，并按照《古建筑消防规范》和《工业与民用建筑电气安装规范》的规定组织施工，经消防部门验收合格后方可使用。

（2）开辟水源，设置灭火设施

位于盘道两侧及山上的古建筑群，应修建水井、地下消防水池，或地上景观消防水池。水池容量 100 ~ 200 立方米，蓄水量要保持在 80% 以上。并配备电、油两用消防水泵，以防关键时刻出现意外。殿宇工作人员，人人都要会操作，并坚持每月每人实际操作一次。

（3）根据古建的规模、重要性和使用情况等因素，各庙宇应配置相应数量、种类的灭火器，一旦发生火情，及时扑灭，以防出现小火酿成大灾。

2. 关于泰山古建筑的木构件防腐朽的措施

（1）首先我们针对泰山春秋气候干燥，注意营造更温和的气候环境。泰山古有林木且茂密，但自清代末年和民国时期，战乱纷争，泰山林木大量被采伐，到 1948 年时，泰山上下仅存 3000 亩残林。从此时起，泰山开始发动全社会造林。经过 50 年的努力，泰山形成了 18 万亩林木，森林覆盖率已达 80%。较好地改变了泰山春秋十分干燥的气候环境，使泰山古建筑的木构件处于一种易保存的环境中。

同时，在多雨潮湿的夏季尽量减少殿堂门窗的开启次数和时间，从而不使过分潮湿的空气侵蚀室内的木构件。而秋季则多开启门窗，使刚过夏季潮湿气候的木构件及时挥发多余的水分。对于龟裂、开缝的门窗构件，应及时灌桐油，刷油漆，确保潮气不进入木基层，延缓门窗的寿命。

（2）每年坚持春季对古建筑进行屋面修缮，使殿宇顶部不漏雨不渗水，不会造成顶部瓦面下木构件的受潮腐烂。每年秋季进行古建筑屋面清扫，清除散落在顶部的树种、草种。以防止第二年春天在屋顶上长树、长草，造成屋面破损，损坏木构件。

（3）将砌垒在正常厚度墙内的木柱，维修时在室内墙面上留出柱门，暴露一部分，从而使因墙体潮湿浸渗到木柱内的水分能及时挥发，不至造成木构件腐烂。对于包在较厚墙体内的木柱，无法在室内暴露出来，我们则采取在墙体上留出透气孔的办法，也能使木构件中的潮湿空气及时挥发，延长墙柱的寿命。

3. 在古建筑周围植树避雷和防风灾的措施

中国在庙中自古就有植树的习惯，合理植树可以起到保护古建筑的作用。如泰山脚下的岱庙中有三棵银杏树（又名白果树），均高30余米，比岱庙的主体建筑天贶殿高出近10米，不仅可以抗风灾，还能达到避雷的作用。我们十分重视古建筑中的高大古树的管理，一方面古树本身就是活的文物，也是古建筑避雷击的保护神。另外，在古建筑中多植树可以防止风灾对古建筑的破坏，1996年岱庙发生一场持续近两小时的大风，使树木倾斜100余株，但无一古建筑受损。

我们还在所有需要避雷设施的古建筑上及时地进行安装，并在每年雷雨季节来临之前，做好接地电阻的测试和避雷装置的检修维护工作，以确保其性能良好。

4. 在古建筑中部分更换木构件时，我们注意做好涂抹防虫剂、防腐剂和防火剂

（1）防止新的木材中带进虫害，一般涂刷醋酸铜杀菌剂或氯丹油剂。

（2）增加木材的防腐能力，可粉刷沥青或浸灌桐油。

（3）采用不燃烧或难燃烧的过氯乙烯树脂或酚醛树脂制成的防火涂料粉刷暴露木构件，对古建筑的防火起到了积极作用。

通过近十几年的努力，目前泰山古建筑的保护处于一个良好的状态之

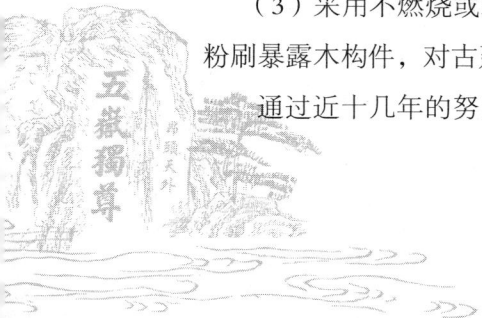

中。

以上，我们仅是根据中国传统的做法，结合现代科技知识做了一些尝试。在我们保护木构架古建筑的工作中还缺乏高科技的手段，欢迎各国专家给予指导。

1999 年 6 月 18 日

（该文是我参加联合国教科文组织等六个国际组织共同在巴黎举办的"濒危世界文化遗产保护会议"时向大会提交的文字稿。该英文稿由大会结集出版，这篇文章也在《人文与自然》杂志上全文发表）

履痕点点

开阔视野

　　泰山管委成立之初（1985 年）是个三位一体的机构。一个班子挂三个牌子：泰山风景名胜区管理委员会、泰安市文物局、泰山林场。我一上任，市里就公布了三个职务：泰山管委副主任、泰安市文物局副局长、泰山林场副场长。泰山管委在省里，有三个业务主管部门：省建委、省文化厅、省林业厅。几乎一个副主任分管一个口。

　　上任伊始，我分管景区规划管理，归省建委口管。1994 年，我参与了泰安市委、市政府组织的泰山登天景区保护建设工程的具体实施。

　　1995 年有幸参加了建设部组织的中国古城古建筑保护考察培训团。赴意大利国际古文化保护中心学习。

　　该团成员有 20 名全国第一批历史文化名城所在省市建委系统的规划处（局）长。另有两名古建筑较多的国家级风景区负责人，分别是承德外八庙管理处和泰山管委会的负责人。所有成员都有高级职称，多是高级工程师或高级建筑师。只有我是文博副研究员。其中，西安市规划局长韩骥是 20 世纪 60 年代初清华大学的毕业生。听同行者讲，他爱人张锦秋就是毛主席纪念堂的建筑设计师。

　　行前，考察培训团先在北京集中学习一周。请国内多位知名专家讲授世界建筑史、中国文物保护法、历史名城保护规划等等。

　　学习期间，我们跟随北京市规划局总工程师李准老师，登上故宫北面的景山之巅，实地观察北京古城（故宫）中轴线的南北延伸。他指着北面十几里外的高层楼群说，当时仅在地图上批规划，虽留出中轴线向北延伸

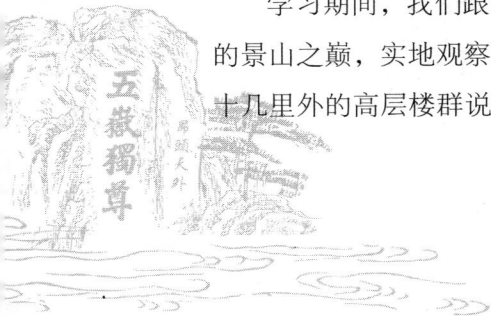

的空白带，但留窄了，现在远看像一堵墙。造成一大遗憾。今后城市规划必须加强立体规划的理念。总工程师用具体实例提高了大家的立体规划意识。

在意大利培训考察学习共 29 天。

其中两周时间在罗马，听国际古代文物修复中心的专家讲课和实地考察罗马古城保护。每日课余，我们常常穿行于罗马古城的大街小巷。登上过梵蒂冈圣彼得大教堂的圆顶，排队参观了梵蒂冈博物馆，欣赏了众多闻名遐迩的雕塑喷泉。考察了许多罗马古城遗址的保护现状及措施，在实地考察中，我也知道了怎样去观察和欣赏城市建筑的天际线。

我们访问了罗马市政厅古城保护机构，询问他们如何保护古城。

另外两周，考察意大利其他城市的古城保护。由北向南，每日一城。几乎环绕了整个意大利。如米兰、佛罗伦萨、威尼斯、庞贝古城等，到过比萨斜塔和《罗密欧与朱丽叶》故事中"朱丽叶"的庭院城堡，登上过佛罗伦萨的米开朗琪罗广场。见过庞贝古城清理出来被火山灰埋葬者的实景。开阔了眼界，增进了古城和古建筑的保护意识。

特别是罗马"保护古城、开发新区"的城市发展思路，让大家对我国城市建设中大规模进行旧城改造的做法有了反思。

这次赴意大利考察培训，对我之后的景区规划和文物管理工作产生了很大影响。

现代罗马的古城风韵

    到了罗马已是晚上，住进城郊的一家别墅式度假宾馆。第二天醒来，便出去一睹异邦风采，只见到处是现代化的欧洲几何形多层建筑，不禁兴致索然。

    乘车去罗马市区的路上，宽阔的高速公路由立交桥连接纵横。驶进市区前出现了一片绿荫。偶尔可见一些古代遗迹，有孤立的城堡，残存的古代水渠和断垣，正是这片绿野把罗马旧城和现代化的新区明显地划为两个部分。当汽车汇入车流，驶进拥挤中显露出繁华的罗马旧城时，映入眼帘的是一片充满着欧洲文艺复兴时代建筑风格的楼群。精美繁杂的门窗雕饰闪烁着当年建筑艺术家的横溢才华，以红、黄色为墙体基调的多层建筑古色古香。罗马旧城区洋溢着十足的欧洲古城风韵。只是因为时间的推移和时光的磨砺，不少的建筑显得灰暗，给人些许苍老、压抑的感觉。

    公元前 753 年前后，罗马城始建于台伯河岸。这里有七个山丘，故罗马又有七丘城之称。古罗马经历了自奴隶社会开始的王朝时代、共和时代和帝国时代，继而成为天主教会世俗势力强盛而建立的教皇独立国。直到 1870 年 9 月 20 日被意大利军人攻占，从此成为统一后的意大利首都。

    罗马建城以来一直是政治中心，是一个典型的宗教崇神国度。加上早期罗马建筑艺术的辉煌，从公元前的建筑遗迹到十五世纪开始的文艺复兴时代的建筑精品都较好地保留在这座城市里。

    古城遗址，神庙、教堂、精美的雕像融入这座依旧繁华的都市里，使其充满着一种迷人的魅力。漫步街头，处处可以欣赏到罗马古城的风韵。

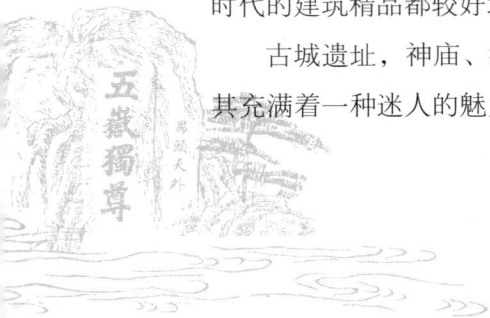

罗马市区中心，有一座被称为罗马摇篮的帕拉蒂诺山丘，保留着一大片相对集中的古建筑遗迹。这里曾是古罗马王朝时代、共和时代的政治中心。其后的罗马帝国历代的皇帝都把这里视为吉祥之地，在这里相继建筑王宫。现在借助考古挖掘，体现着古罗马不同时代的神殿和王宫废墟都显露出来。其中有公元前的爱神和罗马神的庙宇遗址，繁华的古罗马市集遗迹、闻名世界的斗兽场、公元317年建立的君士坦丁凯旋门等等。这些恢宏庞大的建筑遗址，巨大精美的大理石构件，可令人想象古罗马建筑艺术的高超，当时的鼎盛繁荣。

现在罗马市政府所在的坎比多利山丘，曾是罗马的神圣地，军事将领胜利归来接受荣耀之处。我登上1576年铺筑的大理石台阶，站在15世纪建成的威尼斯大厦前欣赏着文艺复兴时代艺术大师米开朗琪罗设计制作的奥莱利略大帝高大的骑马铜像，感受到了罗马建筑艺术的不断发展和日臻完美。

教堂和喷泉增添了古城的神秘和绚丽。不同时代、风格各异的教堂建筑坐落于罗马旧城的各个街区，栩栩如生的喷泉雕塑点缀着古城的艺术风采。

罗马旧城内有多处保存完好的城堡、城门、城墙。不管是在建筑物旁，还是交通道路之中，都予以保留。举目可见的城堡、城墙及城门，为罗马平添了一番古城风韵。

罗马人十分注意保存点点滴滴的古城遗迹。稍加留意，就会发现道路上、建筑物基础之下常常有被保留下来的古城遗址，旁边立一说明标识供人观赏。甚至一些楼层墙面上也保留着原有建筑的一段残墙，以示该建筑始建时代久远。

罗马的旧建筑是不允许拆掉改建的，重要的建筑物内外都不得改动。一般的旧建筑允许改建内部，但必须保留原有建筑的外形。从而使城市形成一种浑然一体的古城风格。

罗马的街道纵横贯通，显示了文艺复兴时期罗马交通的发达。但道路的宽度已不适应现代交通。对此，罗马没有拆除临街建筑拓宽道路，因为这样

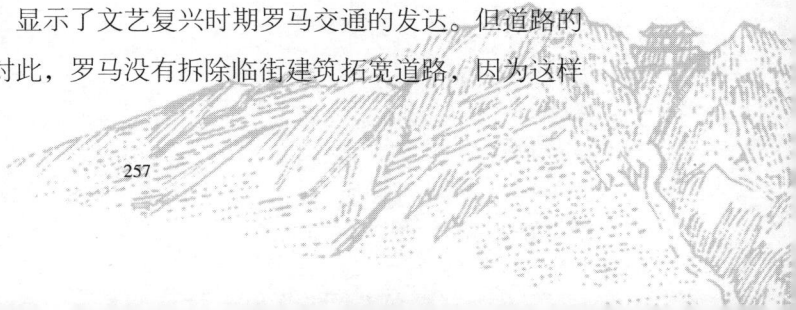

会破坏古城建筑风貌，只是采用单向行驶予以缓解。罗马人自觉遵守交通规划，按路标指示行驶。车行如流，秩序井然。我们乘坐的中巴来自威尼斯水城，司机不熟悉罗马交通，一次返回宾馆时走了一条新路。行至离宾馆约二十米的路口，却是逆行。来回绕了数圈仍旧找不到顺行路线。无奈，司机只好等在逆行路口，等到无车时，迅速倒了进去。

罗马城有着二千六百余年的历史，虽经几次破坏、多次重建，仍保存了众多的古建筑遗迹和文艺复兴时期继承原有建筑风格的楼群。罗马人营造了一种古城发展轨迹明显、格调和谐的城市建筑神韵。漫步其中、浏览市容，可读到古罗马社会的兴衰史，建筑雕塑艺术的发展史。

这座举世闻名的世界历史文化名城，给罗马人留下了一笔取之不尽的财富。据闻，罗马经济收入的 70% 来自发达的旅游业。

（发表于 1996 年 11 月 28 日《大众日报》）

雄姿依然斗兽场

中午 12 点从北京起飞，追着太阳西行。当地时间下午 7 时，降落在仰慕已久的意大利首都罗马城郊。因为有七个小时的时差，我度过了有生以来第一个最长的白天，连续接受太阳的光照达 19 个小时之多。

第二天正逢周末，我参加由联合国 ICCROM（国际古代文化保护修复培训中心）组织的培训班，自然不会开课。组织者便安排我们去参观罗马古迹，首先去的就是举世闻名的古罗马斗兽场。

对于古罗马斗兽场，我并不生疏。因为历史教科书上不仅讲到它，而且附有图片。当真的看到这座至今依然庞大矗立着的斗兽场，并登临其上，我的心情十分激动。我为这座始建于 72 年的世界建筑奇迹而叹服。今天的斗兽场虽然已不再完整，但其雄姿仍在。依然显现古罗马人精湛的建筑技艺。

古罗马斗兽场，也常常被称为古罗马竞技场，其历史真实的名称叫佛拉维欧圆形剧场。而古罗马人又呼其为高乐赛欧，即为高大的意思。整座建筑呈椭圆形，其长直径为 187 米，短直径为 155 米，周长 560 米。为砖石结构。周以立柱、拱门围绕，采用拱形建筑技术，分层过度承重。其外墙分四层，最下层有 80 个拱门。在椭圆形四个半径处开四座大拱门，由此登上台阶可通往三层看台的回廊，观众出入十分方便。三层看台可容纳五万人同场观看表演。斗兽场是露天的，但在雨天和烈日暴晒时，则用巨大的帆布遮住场顶，中间圆心处留一空洞采光。我粗略地计算了一下，这个巨大的帆布篷的面积至少要有 21000 多平方米。且不说如何遮挡，单就

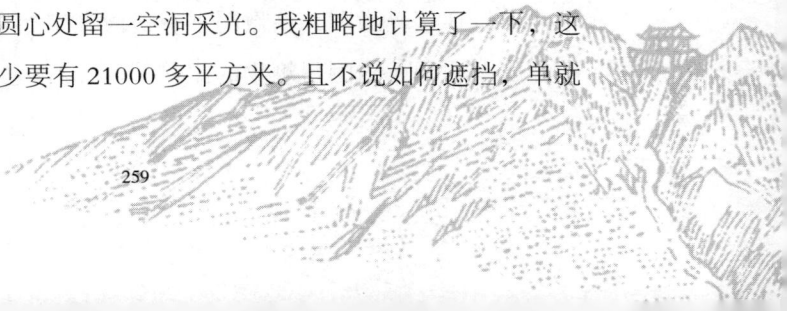

缝制这张巨大的篷布也非一件容易之事。由此，我们可以追想当时的古罗马人已经具有十分高深的数学水平和精湛的技术能力。

斗兽场于80年建成。史载：斗兽场开幕庆祝活动时持续表演了100天，共杀死九千头猛兽，自然与猛兽斯杀的奴隶斗士牺牲在表演场上的也远非千人。斗兽场开始只是奴隶、战俘与猛兽搏斗，后来兴起了职业性的角斗士。他们相互拼斗，伤亡不惜，加之猛兽的撕咬，形成一种十分残忍的恐怖气氛。而古罗马人却追求这种刺激。4世纪，君士坦丁大帝执政时，曾设法终止这种角斗表演而未成。6世纪初的一天，一位叫德莱玛科的隐士走进斗兽场，企图劝解角斗士终止搏斗，并恳求罗马人放弃这种惨不忍睹的娱乐项目。当时全场哗然，并将其用乱石活活打死。德莱玛科成为一名为维护人道而殉命者，但也从这一天起，罗马断然终止了这种残忍的角斗表演。

罗马人十分崇尚斗兽场，将其视作罗马城的标志。8世纪时，有位神父曾预言几时有高乐赛（指斗兽场），几时便有罗马。当高乐赛倒塌时，罗马也将灭亡。罗马人为了祈祷未来，将罗马称之为永恒之都。

我登上斗兽场的三层看台，俯视中间椭圆形的表演场地，只见一片残破景象。表演场地上的地板早已荡然无存，露出来的是一条条原来隐于地板之下、供表演前的角斗士、各种猛兽藏身的地下通道和房间的残垣破壁。目睹这一场景依然令人感到当年人兽相搏的残忍。

1084年日耳曼人洗劫罗马时，斗兽场被遗弃。斗兽场上的大理石成为后来人建造房屋的石材来源，破坏严重。直到14世纪时，教皇本笃14世下令禁止破坏，才保留下斗兽场的一大部分。今天我们看到的只有斗兽场二分之一的外围墙壁，场内多是两层看台、三层看台的局部残存遗迹。斗兽场经历了1900余年的社会变幻，风雨剥蚀，虽已残破，但其雄姿犹存，依然矗立在今日罗马城市的中心地带。罗马人很会做文物古迹的宣传，在不同文字版本的罗马画册上，都突出印有斗兽场的现状和复原图。另有一幅斗兽场现状鸟瞰图，鸟瞰图下有一段文字启发你观察欣赏："请注意观察它所占面积与周围建筑物的比例。"是的，它虽然早已不是完整的斗兽

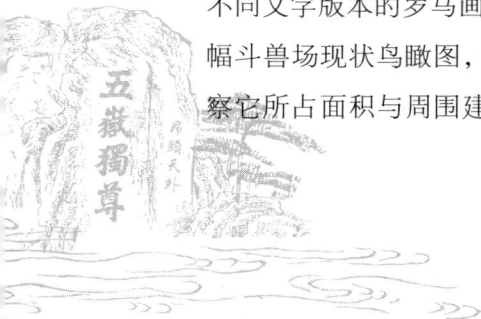

场，却依然是罗马城迄今最庞大雄伟的建筑。周围有许许多多的多层建筑，但纳入以斗兽场为中心的俯瞰视野圈内只能算作几间小屋而已。

我环绕斗兽场一圈，看到四周残存的大理石墙面上有着许许多多的洞。大小不一，也不规则。初以为是战争炮火所致，一问方知，原来斗兽场四周拱门石壁上都有十分精美的雕饰，被多次战争洗劫一空。徒留空洞而已。战争造成了无数遗憾。

不过，今天的罗马人对斗兽场的保护既是科学的也是十分严肃和严格的。这个现代化程度较高、几乎家家以汽车代步的城市，当发现斗兽场部分大理石面因汽车废气污染而开始变黑，市政当局马上制定了禁止机动车在斗兽场周围行驶的条文并付诸实施。每天数以万计的参观者只能步行或乘坐仿古马车代步。

人类社会对历史古迹的保护是随着社会科学进步和经济发展而愈加重视的。严格保护历史文物是社会文明程度和科学水平提高的体现和反映。罗马斗兽场是意大利的文化遗产，也是世界文化遗产。罗马斗兽场的严格保护措施显示了人类社会文明的进步。

（发表于 1996 年 10 月 13 日《泰安日报》）

罗马的城市喷泉印象

　　在罗马旧城区，除了丰富的古代建筑遗存外。给人留下较深印象的是文艺复兴时代的城市建筑和栩栩如生的大理石雕塑，而大理石雕塑中最引人注目的是其中的喷泉雕塑。

　　当古罗马人将台伯河上游的水通过砖砌的长长渠道引进这座城市时，解决了人们的生活用水。也正是这股长流不息的河水，被那些富有灵性的建筑艺术家们展示自己的才华所利用。他们把河水同大理石雕塑艺术融为一体，形成了罗马城市中处处有喷泉的特点。

　　以砖石结构为主，采用拱形技巧使楼房矗立的罗马建筑，显得粗犷浑厚，稳重大方。而以大理石雕塑为主的喷泉艺术，轻巧生动、细腻逼真。两者相得益彰，给这座古城带来使人清新振奋的灵气神韵。漫步在罗马城市的大街小巷，几乎每个庭院之内，各个高大建筑前面的广场之上，甚至道路的街心绿地之中，都可见到大理石制作的喷泉。因此，罗马素有"喷泉之都"的美誉。

　　罗马城中喷泉雕塑的题材多采用美丽的神话传说或典型的器物形状。喷泉雕塑艺术反映了罗马的历史文化特色。

　　最为集中的大理石喷泉之冠是位于罗马古城中心的维沃娜广场，这是建立在古罗马多米齐亚诺竞技场废墟上的一个长方形广场。广场中有三组大理石喷泉。南侧的一座圆弧多边形水池中有一群狰狞海兽的雕像，海兽硕大的口中不断吐着一股股泉水；北侧的一座圆形水池中，是四组美丽少女驾驭着奔驰的无缰骏马的雕塑。水池中央向上喷吐的水柱中分出四根细

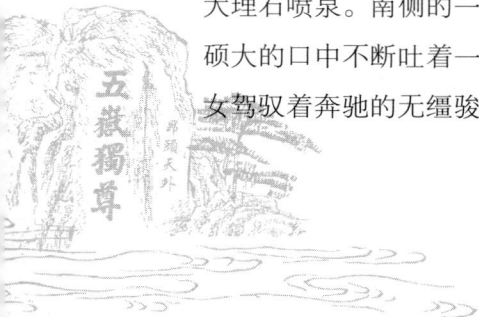

流洒落在四组雕像上，使沐浴在泉水中的少女、奔马愈显生动；居中一座喷泉的雕像是取材于伊索神话中的四河神（多瑙河、恒河、尼罗河和拉普拉塔河），这是17世纪著名雕塑艺术家贝尔尼尼的作品。男性化的四河神灵用雄壮的躯体簇拥着一座高高的古埃及方尖碑。四河神脚下峰峦突起的山石中不断涌出细流汇入池中，形成一个碧绿的圆形水面。

罗马城中最负盛名的一组喷泉是在一条小巷之中。

走进罗马旧城科尔索街右边的一条小巷，就可以见到一处名为特莱维的喷泉。喷泉依托在一座大厦的正面，巧置垒叠着一大堆自然岩石，清流漫溢的岩石中有两匹突出水中的奔马及驭手的白色大理石雕。溢出的清泉在岩石下形成一个长方形四角抹圆的水面。水色晶莹碧透，景色十分壮观。大厦正面的壁龛中有浮雕人物组像，记载着一个美丽的传说。这座喷泉有名正是借助这个传说。相传古罗马阿葛利帕的士兵返回罗马过程中在郊外找水，一位美丽的姑娘指给他们一处清澈的泉水，于是就有了贞女泉的故事。后来的罗马执政官修水道把贞女泉引进了罗马城。1773年，工程师沙尔维根据这个传说建造了这座喷泉。其后的贝尔尼尼派的雕塑家又丰富了这座喷泉的内容，背后大厦壁龛中的雕塑就是少女指泉和执政官引泉入城的画面。

罗马较大的静物喷泉是在西班牙广场中，位于圣三山教堂大石阶下的古船喷泉。凹于广场地面的一泓碧水中有艘长约十米的石雕古船，船形线条准确明快。船舱中高高支立着一个船形水池，泉水从水池的两端流入船舱。古船两舷的抛锚口中流出两股泉水，注入大水池中。人们脚踏船边石块即可翘首饮用。

漫步罗马街头，留神街心绿地之中，不时可见清流溢淌。在闹中取静的小园林中，平添了一缕神奇和清新。

我不懂得建筑技巧和雕塑艺术，但我却觉得罗马古城在不断地营造和发展中，似乎应了一句中国古人山水相宜的园林意境，罗马城处在凸凹不平的山地形势中，在厚重高大的大理石建筑大厦之前、庭院之内，在大理石铺成的广场之上，时有清泉涓涓细流，水柱喷出洒落；在数以百计的雕

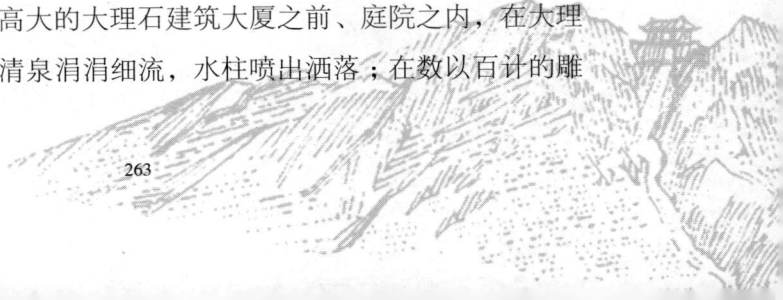

塑喷泉中，有细腻刻画的人物形象，惟妙惟肖的动物神态，形态逼真的静物造型，给这座古老的城市带来了不少灵性。厚重与精巧的对比，静与动的融合，是这座城市营造建筑艺术家才智的充分表现。罗马古老的大理石建筑年代久远，日显苍老、陈旧，却依然让现代人游览之后感到真切，我想，这正是四处举目可见，不断流淌的大理石雕塑喷泉增加了人们与这座古老城市的感情交流。

（发表于《风景名胜》杂志 1998 年第七期）

登上圣彼得大教堂的圆顶

在 ICCROM 组织的培训中大约有五分之二的时间是实地考察。我们曾到罗马市政厅的有关部门座谈；在负责古城保护的现场了解保护措施；参观欣赏保护完好的古遗址、古建筑；甚至登高远眺罗马城区的全景。通过这些活动，加深了我们的古城、古建筑保护意识。这期间，我们来到了位于罗马城区、成为意大利国中之国的梵蒂冈，并登上了举世闻名的圣彼得大教堂的圆顶。

梵蒂冈原是罗马城七座山丘中的一个山冈。现在是天主教教皇的居住地。这里有天主教最大的教堂——圣彼得教堂，罗马最大的教会广场——圣彼得广场。1929 年 2 月 21 日，梵蒂冈宣布成为独立的国家。为此，天主教会与意大利签订了拉特朗协约，也就出现了意大利首都罗马城中有国家的奇特现象。

梵蒂冈虽然称作一个国家，其国土只是一个不足 700 米见方的庭院（面积为 0.44 平方公里）。具体讲就是天主教皇管理的一座大教堂及其附属建筑，是世界上最小的国家之一。但梵蒂冈的圣彼得大教堂却是世界上著名的建筑，尤其是矗立于教堂之上的巨大拱形大圆顶更是举世罕见的建筑杰作。

梵蒂冈与天主教会联系在一起，已有 20 个世纪。但真正成为天主教皇的居住地，是从 1377 年开始的。从此以后，几乎每一个教皇都精心构筑这座山冈上的教堂建筑，显示其天主教庭的威严和体面。现在的圣彼得大教堂是 16 世纪初年，教皇朱立叶二世聘请著名的工程师伯拉孟特开始设计建造。前前后后用了 176 年的时间才全部完成。其间，经历了好几任

工程师包括拉斐尔、桑卡洛等著名的建筑艺术家。1546 年年届古稀的艺术大师米开朗琪罗负责设计教堂大殿上的圆顶。18 年后，在他逝世时，只完成了圆顶底部的圆环部分。他的继任者又经过了 25 年的努力，终于建成了这个高大雄伟的教堂大圆顶。

圣彼得教堂正面共有 5 个门。居中一座称作圣门，每隔 25 年才在复活节时开启一次。其上的祝福阳台是宣布每位新当选教皇的地方。在另一座叫作铜门的殿内，大理石地板上刻着大殿的内长 186.36 米。殿中后侧由 4 根内设壁龛的方形巨柱支撑着米开朗琪罗设计的教堂大圆顶，圆顶直径 42 米，内部高 119 米，圆顶正上开有一个 17 米高的天窗。

站在广场的远处看圆形拱顶，高达 136 米的天蓝色圆顶矗立天空、颜色醒目，给人高耸入云的感觉。

有位罗马人曾这样描述米开朗琪罗创造的大圆顶：这是一首庞大和谐的诗。拱形圆顶宏伟超群地显现在空中，那蓝灰色的天逐渐变成与拱顶相似的天蓝色，好似一种建筑学的美妙结合。当米开朗琪罗不朽的智慧孕育出这个圆顶。他一定意识到这种独一无二、至大无比的圆顶会震撼每位观赏者。

我们乘电梯来到教堂的殿顶，沿着圆顶内外壁之间的央层环绕着圆顶的拱形向上攀爬，终于登上了圆顶之上的天窗阳台。环眺四面，罗马景色尽收眼底：远处罗马新区、旧城有着明显的分界线；近处绿荫点缀中的古遗址，如星星般散落在楼群之间，与红、黄色的建筑交织在一起，丰富了这座古老城市的色彩。整个城区多为六层以下的楼群，形成了城市建筑物与天空之间一种缓平和谐的天际线。只有几座教堂的圆顶、钟塔矗立在大片建筑群之上，非常显眼。十分明显地点出了这座城市宗教崇神的建筑特色。

天际线和谐自然的勾勒，是城市建筑立体规划完美的体现。罗马城市建筑的平面艺术布局和立体高度限制的和谐，显示了意大利人走在世界前面的城市建筑学水平，而且几个世纪以来一直被严格地继承和遵循着。这一点，令人叹服并值得借鉴。

（发表于 1996 年 11 月 10 日《泰安日报》）

匆匆走过佛罗伦萨

从罗马乘车去威尼斯，中间经过佛罗伦萨。

我们只有一天的时间参观这座城市。

大家匆匆忙忙地走进佛罗伦萨的街巷之中，兴致勃勃地登上城外的山峦之巅，目睹了这座闻名世界的历史古城的艺术风采。

佛罗伦萨位于意大利中北部的丘陵谷地之中。一条叫阿尔诺的河静静地穿过市区，城市两旁山峦起伏。

公元前59年，奥古斯丁大帝在这片临水的山谷之中建立了一座边长500米的方形罗马式营地，其间由两条道路中分这就是佛罗伦萨的起源。最初两条垂直交会的道路仍然保留在今日城市的中心。只是街道比原来向外伸延了很长很长。

和意大利的其他古城一样，佛罗伦萨成为城邦之后，时而独立，时而被侵占，在漫长的社会纷争中一直不稳定。直到1289年，乐飞家族执政佛罗伦萨之后，使其进入一段政治比较稳定的时期。这个时期和其后的美迪奇家族执政时代，由于主政者的喜爱和倡导，佛罗伦萨的文化艺术得到了充分的发展。在断断续续的五六百年之间，出现了许多杰出的文学艺术家。其中，13世纪末的建筑大师阿尔诺夫为至今仍是这座城市主要建筑的圣玛利亚百花主教堂和被称为"主政者大厦"的威基欧大厦的建造奠基；大文学家但丁用佛罗伦萨方言写作，代替了当时普遍使用的拉丁文，随着他的作品流传，逐渐成为意大利的语言，但丁也就成了意大利文之父；十六世纪初，年仅26岁的建筑艺术大师米开朗琪罗在这里用了三年的时

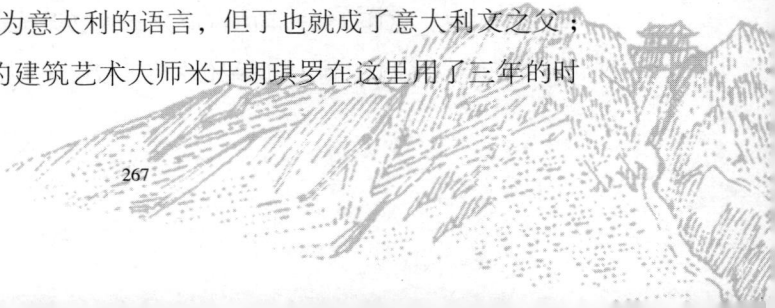

间完成了他的惊世之作——大卫雕像。还有大文豪薄伽丘等都在佛罗伦萨把文学和艺术的创作推向巅峰。佛罗伦萨现在有十几个艺术博物馆收藏和陈列着这些文学艺术瑰宝。

我们走进圣玛利亚百花主教堂，仔细地观察着这座教堂的大圆顶，大圆顶高114米，虽然稍逊于米开朗琪罗设计建造的梵蒂冈圣彼得大教堂的圆顶，但却比它早了120年。1420—1434年，建筑师布如涅列斯基第一个利用砖石拱形交叉排列建成了这座跨度45米的无支撑大圆顶，完成了利用券拱技术组成复合空间，形成建筑大空间的创造。

我们站在圣乔万尼广场圣洗堂的西门前，细致地欣赏着门上十五世纪中叶基贝尔蒂用了10年时间完成的10幅青铜浮雕。他用温和柔丽的技法，深度的透视眼光和古典纯真的意境，加上精湛的凿刻艺术生动地描绘出圣经上的故事。雕成的铜板上涂上一层金，使图案显得十分华贵。50年后，米开朗琪罗见到后赞叹不已，他称只有这座门才配作天堂之门。

我们来到佛罗伦萨的政治中心希纽瑞阿广场。红褐色大理石块垒成的高达8层的城堡叫威基欧大厦。这个城市几个世纪的主政者都曾生活在里边。大厦顶上有一个矗立天空的防御塔，通高达94米，它以大厦建造者命名，叫阿尔诺夫塔。广场上有十几尊精美的大理石雕像。引人注目的自然是威其欧大厦门前高达4米的大卫雕像。佛罗伦萨人告诉我们如何欣赏这尊雕像；"这个《圣经》上的英雄人物全神贯注，有坚强的眼光和必胜的信心。坚毅的精神力量使他的表情安详宁静，但全身紧张的肌肉却表现了敏捷矫健。尤其是颈部肌肉硬直，手握战胜葛利亚的武器——投掷器和石头，更是英姿飒爽"，"大师（指米开朗琪罗）虽然不相信效仿自然可以达到至高至上的美，但他解剖尸体，精心研究人体构造。他的审美观和研究所得的主要成果，完全表达在这座大理石雕像上。它是世界上最有名，最为世人欣赏的杰作。"

我们随着成群结队的游人走进意大利拥有最完整艺术作品的画廊——乌菲齐大厦。这座1581年由官僚公务大楼改成的艺术中心，共有45个展厅。陈列着16世纪到17世纪佛罗伦萨各个画派的代表作品。在这里，我

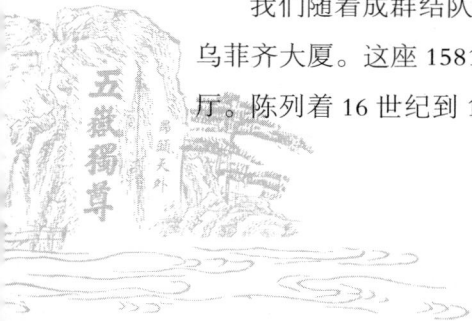

们欣赏到佛罗伦萨文艺复兴时代的一批珍贵名画，其中有佛罗伦萨画派创始者奇玛布艾的《宝座上的圣母》、伯提切利的《持石榴的圣母》、拉斐尔的《雷欧内十世》、米开朗琪罗的《东尼圆形面》和提奇阿诺的《乌尔滨诺的维纳斯》。漫步在名画荟萃的艺术长廊里，真是一种难得的艺术享受。

黄昏之前，我们乘车来到米开朗琪罗广场。大巴车沿着绿树掩映中的盘道驶上佛罗伦萨西边的一座山头。山头最高处矗立着一尊大卫雕像。慕名而来的人们涌向临城一侧的栏杆处，这就是19世纪的建筑师彼基建造的米开朗琪罗广场。广场其实就是建在高坡上的一个大阳台，站在这里可以一览无余地眺望整条山谷和坐落其中的佛罗伦萨城。圣玛丽亚百花主教堂的圆顶，彩色大理石镶砌的乔托钟楼和威基欧大厦之上的阿尔诺夫防御塔都高高地显露在大片橘红色瓦顶的建筑之上。在夕阳照耀下，整个城市色彩绚丽动人。佛罗伦萨恰如置于一片绿色中色彩斑斓的明珠。

佛罗伦萨人不仅让人们尽可能认真地去欣赏一件件精美的艺术品和一座座技艺高超的建筑物，还诱人登高俯视充满着艺术匠心的整座城市，给人留下难以忘却的记忆。

佛罗伦萨，这座意大利的文化艺术之都，名非虚传。

（发表于《风景名胜》杂志1998年第11期）

威尼斯水城与船

去意大利水城威尼斯之前，使馆的同志就告诉我们：不要忘记买只威尼斯小船的模型作纪念。

威尼斯是意大利的一座海岛城市。位于意大利半岛北部东侧的亚得里亚海域之中。岛屿面积约十五平方公里，主岛呈壶状。在壶腹状位置的海岛西部有一条 S 形的运河贯穿东西，成为这座城市的交通干道。另有许多水巷和街道纵横交错，把密密麻麻的楼群割成鳞片状。机动船在运河中往返，小木船穿行于窄窄的水巷之中。身临其境，有一种水动城移的感觉。

威尼斯是世界著名的水城之一。

威尼斯在海上架桥，使水城西部与意大利陆地相接。火车、汽车直接开到威尼斯运河西码头，成为进出威尼斯的主要交通工具，但不再深入其中。在水城中往来，交通工具仍然是船只，威尼斯不大，步行游览，沿水港岸边、过石桥、串小巷，深入水城腹里。也是一件不失雅兴之举。

810 年，威尼斯城开始建立。中间曾有东方民族徙居，建筑上受到过不同文化的影响。有些早期建筑反映出典型的拜占庭风格。更多的楼群是文艺复兴时期 16 世纪后期到 17 世纪初叶的建筑。这些建筑表现出兼容和谐的艺术特点，成为意大利建筑风格上的一种典型。

我们乘游艇沿运河缓缓驶进这座城市。

运河两岸矗立着一座座造型富有变化、沿河墙面雕饰华丽的楼房。楼房多为三层，上覆红瓦坡顶，下层临河开门。门前均由大理石砌成石台，石台高出水面不过盈尺。游艇推出的绿色水波，常见飞溅入室之态，造成

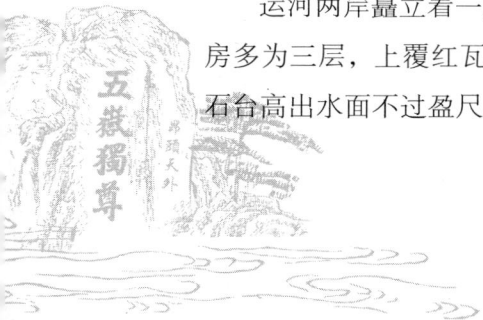

楼房随波飘动的错觉。河岸上时有造型精美、雕饰玲珑的建筑出现，彩色大理石明光闪烁，圆形、半圆形的镂空柱饰使楼层立面巧妙变化。许多建筑既有罗马建筑的稳重，又有拜占庭建筑的灵巧。

运河上的桥都是单拱大跨度。桥上筑廊，是人们过往和交易的地点。桥边码头小船簇集。

我们在运河东码头临海处上岸，首先去的是圣马可广场。这是意大利的一组著名建筑。圣马可教堂离海岸稍远，正门面西，前面有一个宽大的梯形广场。广场的北、西两面，以及南面与比雅斯钟塔之间都围以三层高的楼房，形成一个几近封闭的广场，叫圣马可大广场。可容纳上万人集会，是威尼斯宗教、政治活动中心。教堂向东留出南向之门后，即与托卡雷王宫的西楼面相接，使其与比雅斯钟楼西边楼房的东墙面之间又形成一个面积较小的广场，叫圣马可小广场。两个广场垂直相通。小广场南面即海，视野特别开阔。据传，意大利著名航海旅行家马可·波罗就是从这里乘船到中国的。这里有 11 世纪建成的具有典型拜占庭建筑风格的五顶圣马可大教堂；有 38 根拱形廊柱围绕，白色大理石贴面、银光点点的托卡雷王宫；有位于两个广场交会处高耸入云的比雅斯钟塔。设计者巧妙利用两个垂直交叉的主次广场构景，造成两个不同的空间视觉：大与小，封闭与开放。达到了一种多样统一、平面与立体垂直构景的艺术效果。是欧洲建筑史上的一种设计艺术典范。

登上比雅斯钟塔，水城全貌一览无余。大自然和城市建筑基调形成一种艳丽色彩的集锦：天空的蔚蓝、大海的碧绿、建筑屋面的一片橘红，与飘浮不定的朵朵白云相映，五彩缤纷。环视一下周围小岛的构筑也很有特色，不同的小岛都以大理石砌岸，使其与海水形成一个明显的轮廓，中间有教堂和钟楼矗立，很像一艘在大海中行进的船舶。不是自然，却很自然。

返回时，我们沿小巷步行。开始注意欣赏水巷中的威尼斯小船。威尼斯木作小船，有些像中国的独木舟，船身十分细长。但船头高高翘起，恰似一轮扁扁的弦月。船身通体油漆成红色或橙黄色，十分轻巧明快。身着民族服装的船夫站在船尾，用一根弯曲的橹桨推动着小船在水巷中灵便穿

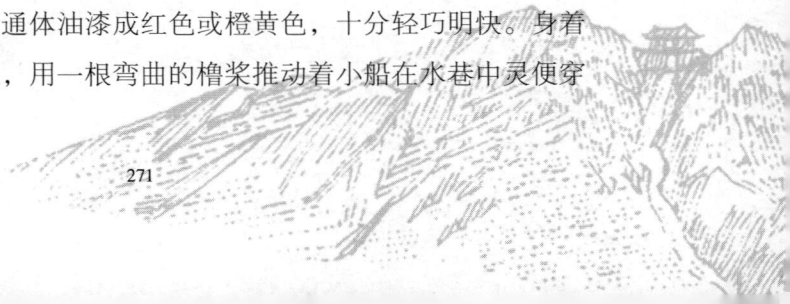

行。船中对坐的游客，悠然自得地欣赏着水城景色，常令步行者顿生跃跃欲试之想。

目睹这一情景，想起了使馆同志的话，便留神街旁店面中的纪念品。发现琳琅满目的旅游品中，种类最多的就是威尼斯小船模型。有金银或玉石雕制的精工之作，还有配以电动、转动如真之品，价值多在百元甚至千元以上。更有虽然简易又不失玲珑的塑料胶木之作，大小规格不一。每只卖20元至50元不等。这类纪念品很受欢迎，游人多以成打购买。

把玩着手中的威尼斯小船模型，我感到了威尼斯人旅游文章做得很有远见，也很灵活。他们注意营造一种高质量的旅游景观：精心保留着文艺复兴时代的建筑楼群，以水为路，船运为主；充分展示着威尼斯浑然一体的古老水城景色；注重推出有地方特点的游游纪念品，精美的威尼斯小船模型，几乎让每一位观光者都不忍空手而归。

这几乎是许多人都明白，却往往很难做好的事情。

（发表于 1997 年 1 月 26 日《泰安日报》）

从成田机场到山梨县水乡

当飞机从上海向东飞行两小时后，便从云海中降了下来。我们先看到一片水面，不知是海，还是大河。随即便是越来越清晰的绿色土地。只见一簇簇绿荫覆盖着山地、丘陵。更有许许多多粼光片片的水田。田野里，道路与河水交错，深绿色的是树木，浅绿色的是秧苗。如果不是空中小姐告诉即将到达日本成田机场，我真认为这是我国江南的水乡。

当乘着电列车由东京驶向山梨县时，我注意观察着这块土地，寻找着它与我国江南水乡的不同：这里的房舍不成村落聚集而建，多是一家一户稀稀疏疏撒在山脚林边，或者田间路旁；几乎每座房舍前都有汽车停放，或者有一块平整的停车场地；纵横在田野山间的公路上，最醒目的是路中间一条宽宽的白色隔离线。日本都市外的房舍大多数建成两层楼，屋面也如我们那样中间起脊，前后两面挂瓦。只是屋面平直，起脊很低。也能看到如同我国古代歇山九脊顶式的建筑，许多地方显露出我国唐代建筑的遗风。询问了随行的日本翻译，了解到日本房屋墙体多是木板钉成。屋顶上薄薄地覆盖着一种很轻的胶塑制品。这一方面是利于应对日本较多的地震，同时薄薄的墙体也可以减少占地面积。

田间农民正在插秧，也是人工操作。他们干得很仔细，秧苗的行距、株距十分均匀。与我们江南水乡不同的是每块水田边的地埂，都不用厚厚的土壤堆成，而是用立砖（大约七八厘米宽）砌成。远远望去一块块水田恰似一口口边沿薄薄的浅水池。这大概是为了节约土地，努力扩大耕地面积的措施吧。

（发表于 1991 年 6 月 22 日《泰安日报》）

273

白领带与碎石地面

　　在东京，我们曾两次看到穿着整齐的黑色西装，系着白色领带，结队前进的人群。按照中国的风俗，我曾猜测是一群参加不吉祥活动的人们。可这些人面目中毫无悲伤之情。不解此举，便去请教半岛伸司。半岛笑着解释，中国人以红色为吉祥色，日本人则以白色为吉祥色。这些穿黑西装系白领带的人们是参加婚礼宴会的。日本人把白色看作纯洁，故有此举。

　　回到宾馆，半岛取出自己的婚礼彩照，告诉我不仅亲友参加婚礼喜宴要系白领带，新娘子在举行婚礼时穿的第一套和服也必须是白色的。

　　第二天早上，我和半岛在凉台上观赏前面庭院中的景色，他指着一座小亭周围的碎石路面给我介绍说：这些围在小亭四周，供人们行走的碎石路面，在日本建筑造园艺术中也是一种象征。它不表示是路，而代表一种水面，也可以看成河流。半岛一说，令我似有所悟。这种造园艺术倒是很有意思的。只要注意，在日本园林或庭院中会常看到。

　　山梨县柳田泰云纪念馆的前庭，在高起的方台和泰云先生题刻的立石下面，就是一片宽阔的碎石地面；东京皇宫前面开阔的草坪树木之间，也有着一片几千平方米的碎石地面。而栽种风景树（主要是松树）的地方则都是高丘下围以碎石，而高凸的地面上又栽植着一层绿茸茸的草皮。表现了一种山水相依的情景。

　　这种海水与山陆交融的造园象征手法正是源于日本岛国的地理环境和山水形势。

（发表于 1991 年 7 月 6 日《泰安日报》）

美术馆与度假别墅

我们在山梨县和长野县参观了一些名目繁多的美术馆。

记得其中有一个收藏着几十幅素描稿似的画，是反映战争带来的痛苦、妇女儿童渴望和平的画面。翻译告诉我，这是叫作"爱"的美术馆。

还有一家两层展厅，都是主人收集到的不同时代的玻璃制品，美其名曰"玻璃博物馆"。

这里是位于山梨、长野两县之间的一片森林别墅区。树林之中，散布着许多小小的独立房舍，多是企业主购置的。或作别墅，或者开办美术馆。

我们住的"森步日意"山庄是泰云纪念馆附近唯一的一家小宾馆。请教过丰岛伸司，知道了山庄名字的大意是：漫步森林中愉快生活的一天。不言而喻，这是一家度假村性质的宾馆。

"森步日意"山庄是一座欧式风格的二层小楼，只有设在二楼的七个单间14个床位。每间客房只有七八平方米。但彩电、浴室、衣橱齐全。门厅前面有一个封闭的网球场。半岛介绍，日本的这类宾馆都有体育活动的场所，主要是为青年人周末度假，或者夏季避暑建造的。

我们是六月一日到的，正逢礼拜六，小小的山庄宾客盈门。加上来打工的青年学生，颇有些拥挤。可是到了六月三日（星期一）早餐时，整个楼房里只有我们几个和老板，还有他的两个长工。

"森步日意"山庄已是一片寂静。

（发表于 1991 年 8 月 10 日《泰安日报》）

岱庙城墙垛口形式的异同

　　1983 年，国家文物局拨款，岱庙修复了南门上的五凤楼和一段城墙。

　　1985 年，国家文物局专家组前来验收。当时，我有幸陪同。专家对城楼和墙体工程很满意，同时指出了一个错误：城墙前后都砌有防御功能的矩形垛口是不对的，应该只能朝外一面有。朝里一面是实墙，也称作女儿墙。随后，我们做了修正。后来，我先后参与主持了岱庙大部分城墙的复建工程，所修垛口均是矩形。

　　2001 年，泰安市政府搬迁到泰城西部，把原来院落中占用岱庙部分划归博物馆。我和市政府一位秘书长对接相关事宜，确定两院之间留出一条 8 米宽的道路，使岱庙西墙外的福全街南北贯通，恢复了历史风貌。从此，岱庙四至清晰，四面道路贯通。岱庙古建筑群重新独立于泰安老城区之中，显得十分巍峨。

　　2003 年，泰安市博物馆又完成了岱庙剩余残缺城墙的修复。人们可以登上城墙环游、俯瞰岱庙内外，别有一番景致。只是 2003 年修复中，岱庙城墙垛口改成了品字形。因为岱庙是仿帝王宫城建筑，宫城外墙除有防御功能外，最大的作用是突显皇城的高大威严。所以这次修复采用了北京故宫城墙的品字形垛口的形式，但已经修复的城墙垛口仍然保留。

　　岱庙城墙上出现两种垛口，确系有些不合规制，细心游览的人们也会注意到这种现象。这是一种失误，却能让人们在一个地方领略到两种古代城墙垛口不同的功能与风韵。

（节选自作者讲演稿《岱庙古建筑欣赏》）

愿泰城更美好

在泰山管委会副主任任上退居二线后，每天除看看报纸，浏览国家新闻大事外，我常常四处走走。

记得 2005 年，市里为发展泰安旅游经济，改善泰城旅游环境，决定进一步改造美化红门路、龙潭路。两侧人行道改铺大理石，并在人行道外辟出几处空地建成小品景点，供行人观赏休憩。

因家在红门路附近，红门路改造工程期间，我常去看看。

这期间，我注意到岱宗坊石筑台基上的三棵柏树（约有五十年树龄），树冠越来越大，树干越来越粗，已经遮挡了岱宗坊。既影响景观，树根又使牌坊地面石板突起，危及牌坊安全。心想这是一个挪走树的好时机。就给市长写了一封信：

> 市长：
>
> 　　岱宗坊台基上的柏树已有四五十年，树根突起，使牌坊石台基变形，已影响牌坊的安全。且树冠较大，遮挡了牌坊，影响人们对岱宗坊观瞻。再过些年，树会更大难移。
>
> 　　巴黎的凯旋门，北京天安门广场上的人民英雄纪念碑，周围都无高大树木遮挡。建议借改造红门路工程之机，移走这几棵树。

我为何直接给市长信，因为路归分管建委的副市长负责，岱宗坊属全国重点文保单位，要分管泰山管委的副市长处理。请市长出面协调会顺利

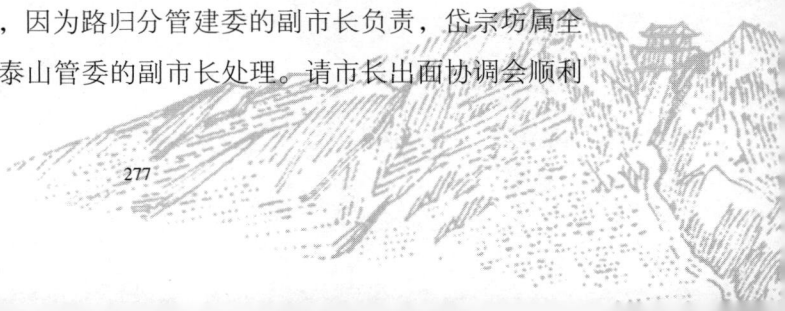

些。

　　信寄到市府，适逢办公室综合科长是原管委办公室副主任，认识信封上我的字，就直接转送市长办公室。

　　不久，树被移走，矗立在红门路中间石台之上的岱宗坊，展现出了全部风貌，十分引人注目。

　　此事，我有点爱操闲心，目的只是希望泰城越来越美好，让更多中外游人喜欢泰安、泰山。

我的家乡白龙峪

我出生在山东省泰安市城南一个叫大白峪的村子。大白峪村到泰安火车站（现易名泰山火车站）8 里路，与泰城、泰山隔着滂河相望。

1946 年农历六月初七，我出生了。后来查万年历，才知道那天公历是 7 月 5 日。

大白峪村是一个南北竖短，东西横长的村落。整个村子建在一片南高北低的山坡地上。村南是大片土质较贫瘠的岭地，村北到滂河却是一马平川的水浇地。我们村之所以叫大白峪，因为离我们村不远还有一个较小的同名村子叫小白峪。

白峪最早是叫白龙峪，它与泰山西溪上的黑龙潭一样，传说都是神龙居住之所。不过一白一黑罢了。

此说，《泰安米氏族谱》中有载。清道光二十七年（1847），壬午科副榜刘光祚所撰《米氏族谱序》中讲："泰郡米氏祖上自直隶枣强来迁泰邑。旧居安家庄，仅传二世，迁居白龙峪。族渐繁衍。"

听村中长者讲：村南原有一座庙，就是供奉小白龙的神庙，直到 20 世纪 60 年代才拆掉。白龙峪为何省略为白峪，我想，应该是当时的人们图方便，就把村名中的龙字去掉了。不过，人们省略了村名中的一个字，却是最初居民所祈求得到庇护的那个神龙的龙字。

旧时人们选择栖息之地，是十分看重风水的。我想，我的祖上之所以迁来泰邑，先居安家庄仅传二世，就迁居白龙峪。和这个村名的吉祥含义会有很大关系。

我的祖上迁来白龙峪后，不过四世，白龙峪就叫成了白峪。清道光六年（1826）《重修泰安县志·人物志》所记载我族六世祖的生平词条中，就称其为白峪村人："米希伊，白峪村人。性端谨，不苟言笑，不妄交人。家素贫，连日不举火，处之晏如。或馈以米薪，坚却之。有山水癖，游至佳处，坐对如痴人，长啸动林壑。工画山水，不轻与人。得其画幅如拱璧云。知县徐以'品重南宫'颜其门。"

村名变更，常常是与祖居人最初想法相去甚远，多生歧义。

20世纪90年代，因修建104国道，我们村西头部分人家搬迁到104国道路西，建成一处六排楼房的居民小区。这座新的居民小区就取名金玉小区，我想，取名者把白峪视作"白玉"，遂有金玉之名。后人如不细究，则很难想象金玉小区之名与白龙峪村名之间的关联。

我的家在村的东北角，位于村中的一条南北通道西侧的北首。这条通道南高北低，也是下雨时排水泄洪的沟渠。因此叫下沟。沿下沟北去是一条村里通往泰城的主要道路，直直地伸向滂河。过河穿过一个叫下旺的村落，再往东北方向行走不远，就能望见泰安火车站那高高矗立的石砌钟楼。

位于下沟两边的院落都建在一米多高的台基上。下沟在我家北面与一条东西向的排水沟交会，通向东边不远处的一个占地亩许的大湾坑。湾坑每年雨季之后就蓄满水。那是我儿时和小伙伴们经常戏水的地方，小时候我的"狗爬式"凫水就是在这个大湾坑中学会的。湾北面就是大白峪村完全小学。

我七岁要上学时，大白峪小学已分成了东西两校。一年级在西校。当我扛着一个四腿大木凳走到学校时，早已经敲钟上课了。我没敢进去，又扛着凳子回家了。母亲认为我年龄还小，就说第二年再上吧。不想第二年学校不招一年级新生，我直到九岁时才上小学。

读到一年级第二学期时，我就随母亲到在聊城三中当老师的父亲身边生活，从此，离开了这个童年生活的村子。现在，整个村落都拆迁了。夷为一片平地，等待开发建设。那条装满我童年记忆的下沟小街早已荡然无

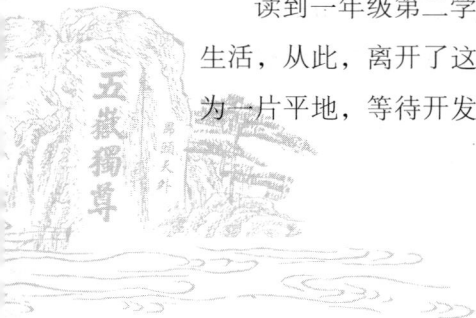

存。生我养我的那个曾经叫过白龙峪的村子只能留在记忆中了。

2021 年 8 月 16 日初稿
2023 年 5 月 31 日修改

![履痕点点]

后记

　　《泰山履痕》文集终于付梓了，了却了我的一个心愿。

　　我相信一个观点：大自然造就了泰山，人类社会历史的演进又改造和丰富了泰山，使其成为中国社会发展中的有机组成部分。同时，泰山也影响着人们对社会的改造。

　　经历告诉我：生有涯，学泰山无涯！

　　钱绍武先生1990年来泰山时，为我留下墨宝，今置于文集扉页，以示感念。山东知名书法家，我的大学同班同学张秀胜欣然题词。本书出版得到泰山文化研究会和泰安市文化和旅游局的大力支持，张磊同志做了大量工作。特别是泰安市泰山文化研究会会长，泰安市政协原主席郭德文同志欣然为本书作序，也得到了山东画报出版社和陈先云编辑的支持。书中泰山照片由刘水、邢永来、张仁东、乔云生、曲业芝、陈爱国等同志摄影。泰城东岳印务为初稿收集给予了热情的帮助。还有家人和朋友的一贯支持，在此一并表示感谢。

　　当然，这本书，只是我对泰山的认知，因为学识和能力有限，文集中浅识和谬误在所难免。欢迎读者指正。

米运昌

2024 年 7 月 23 日